KALEVALA

FINNISCH STRICKEN

JENNA KOSTET

KALEVALA

FINNISCH STRICKEN

Bibliografische Information der Deutschen Bibliothek.

Die Deutsche Bibliothek verzeichnet diese Publikation in der Deutschen Nationalbibliografie. Detaillierte bibliografische Daten sind im Internet über http://www.dnb.de/ abrufbar.

EIN BUCH DER EDITION MICHAEL FISCHER

1. Auflage 2023

Erstveröffentlicht bei Laine Publishing Oy, Tampere, Finnland
Published by agreement with Ferly Agency

Titel der Originalausgabe:
Knitted Kalevala

Aus dem Englischen übertragen von Verena Thiard-Laforet, Perchtoldsdorf

Projektleitung deutsche Ausgabe: Saskia Reusch
Cover, Layout und Satz: Emilia Ruppel

ISBN 978-3-7459-1799-4

Gedruckt bei PNB Print, Silakrogs, Ropazu novads, LV-2133 Lettland

INHALT

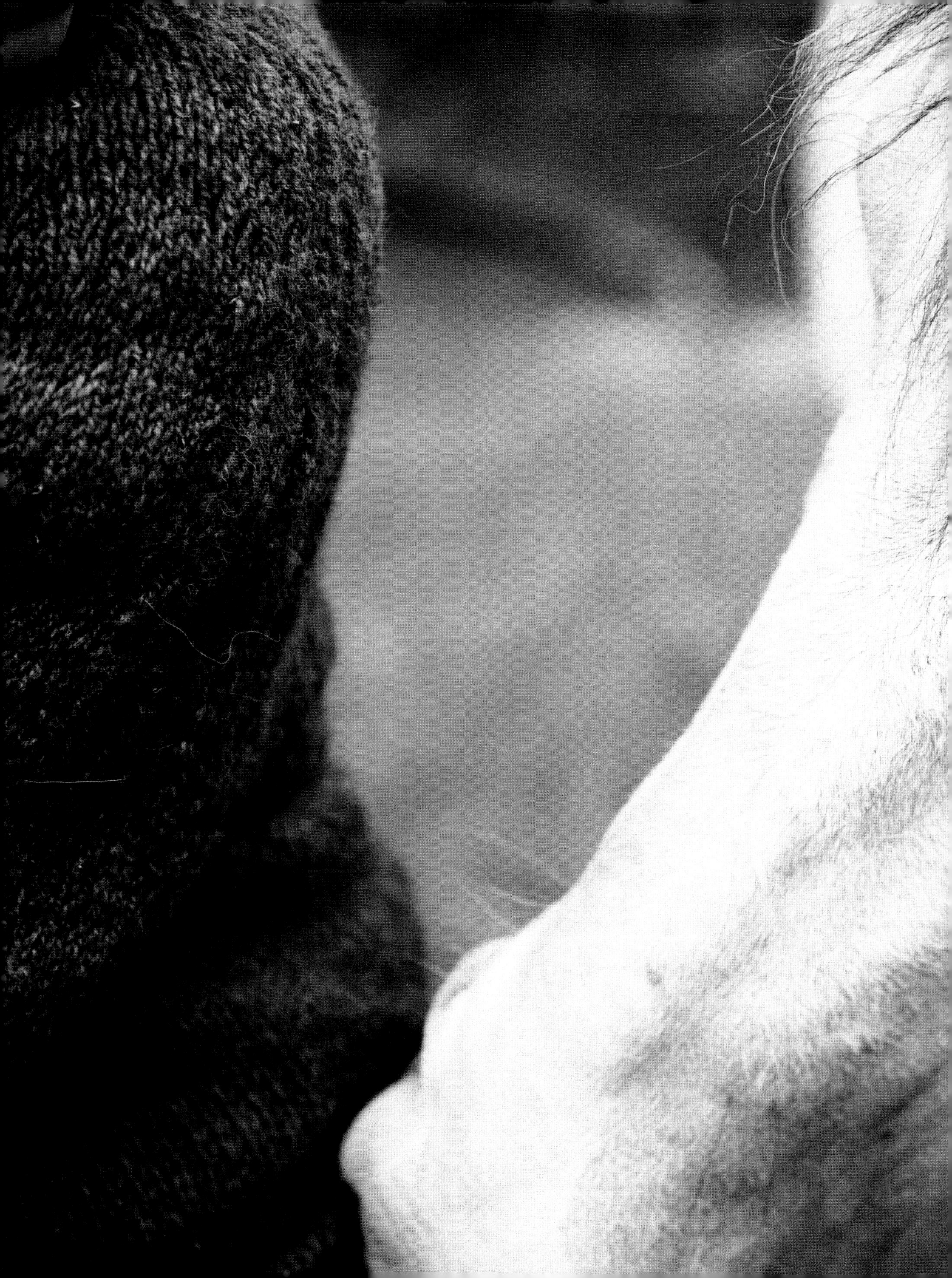

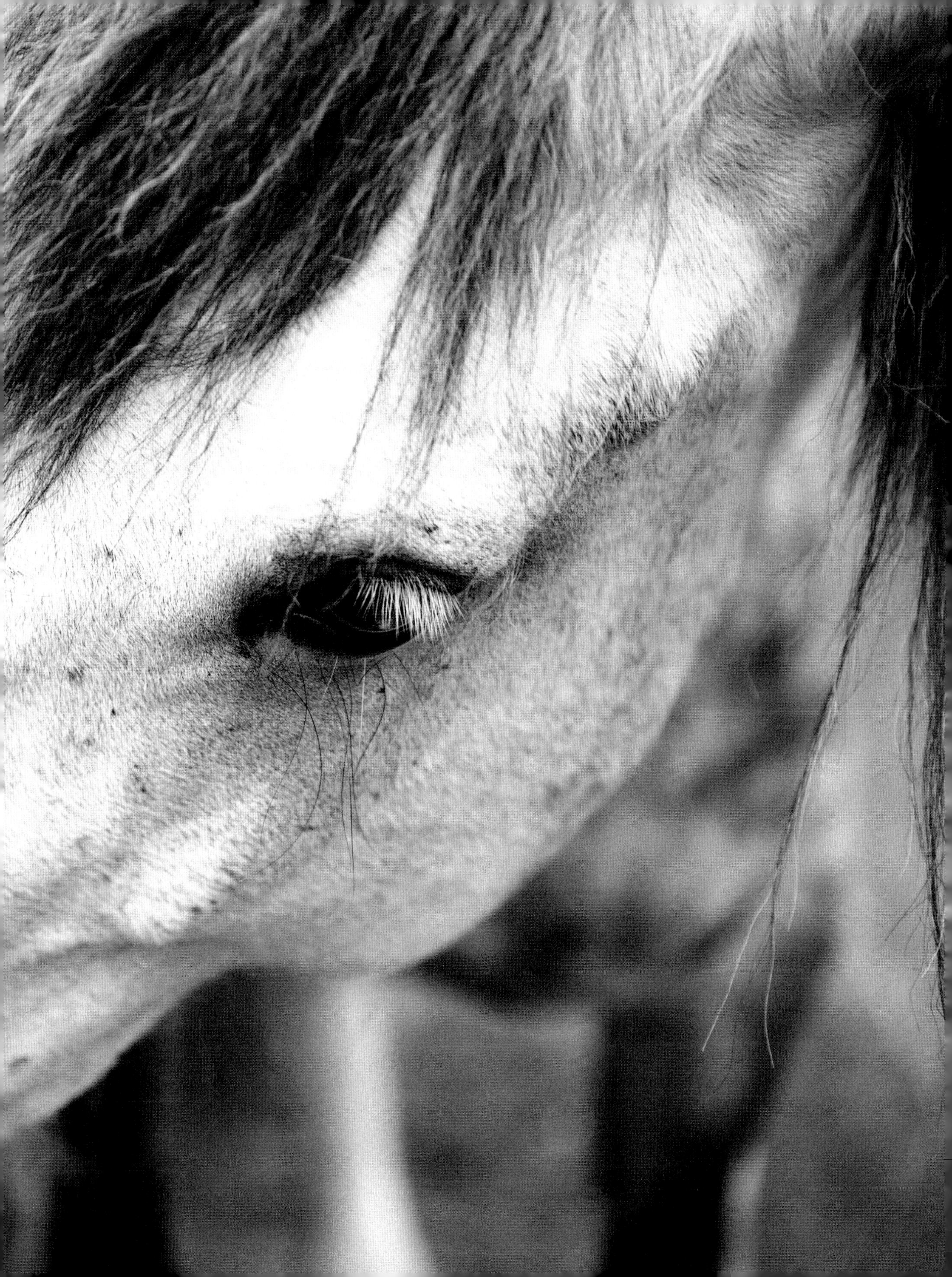

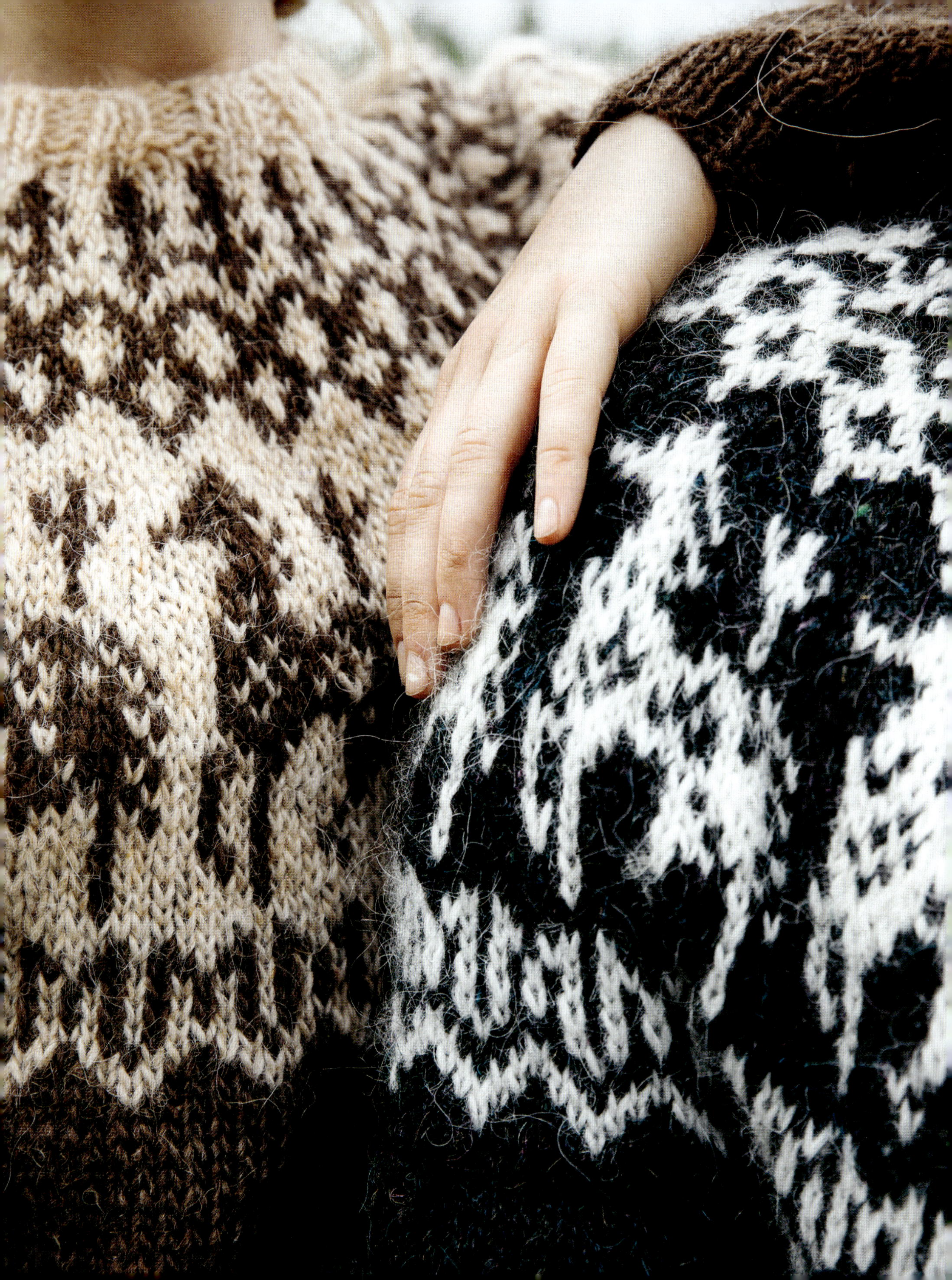

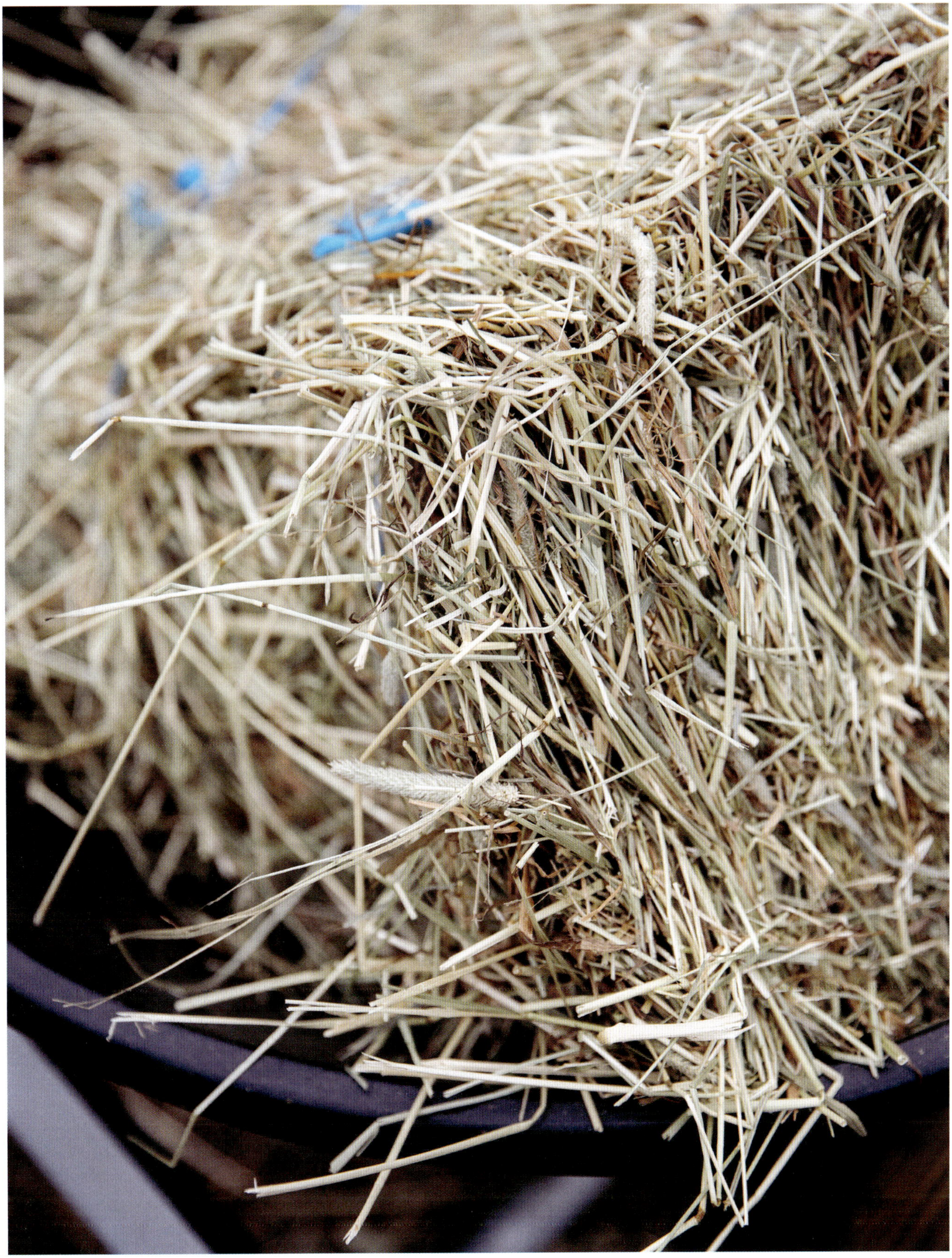

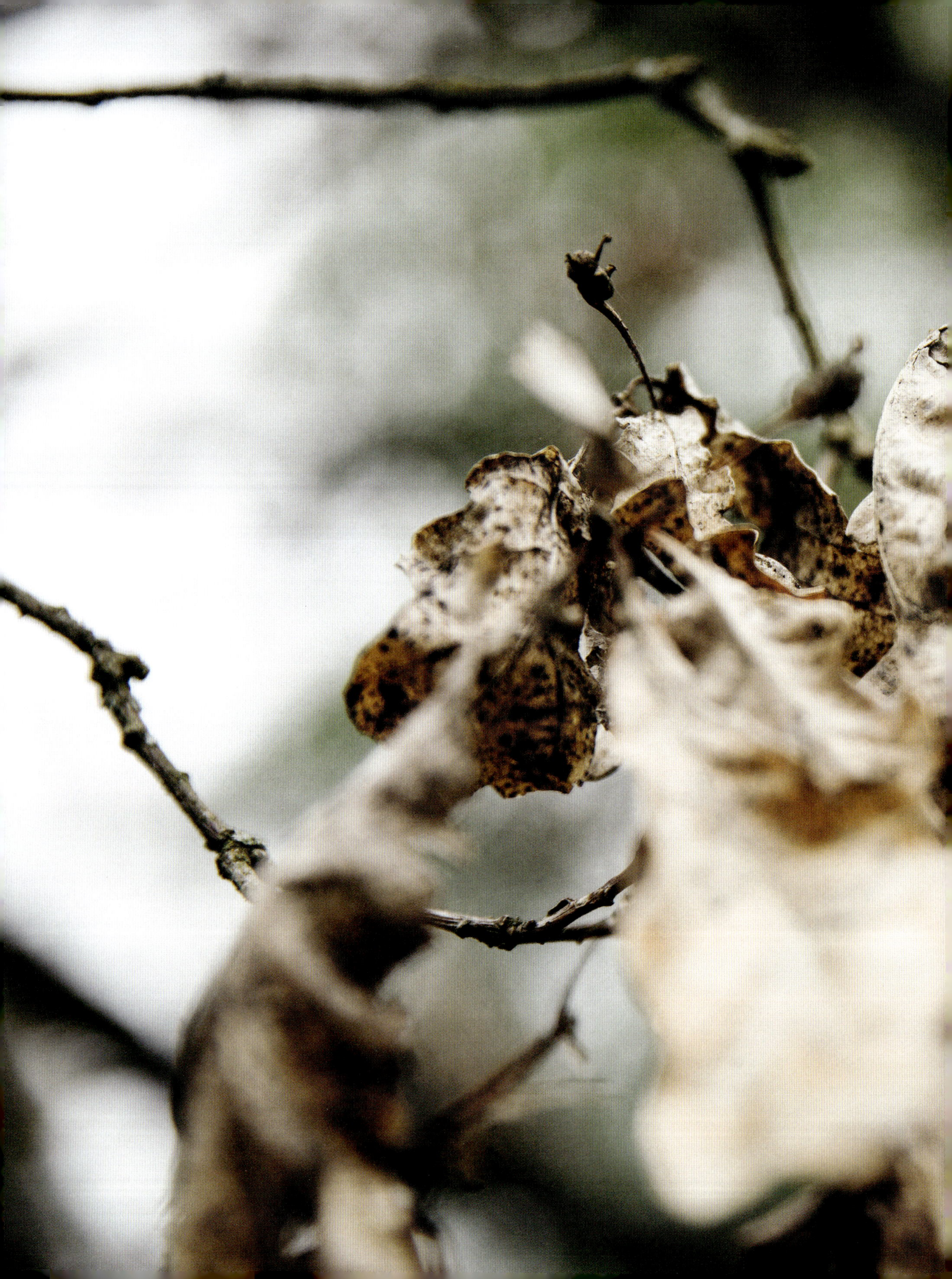

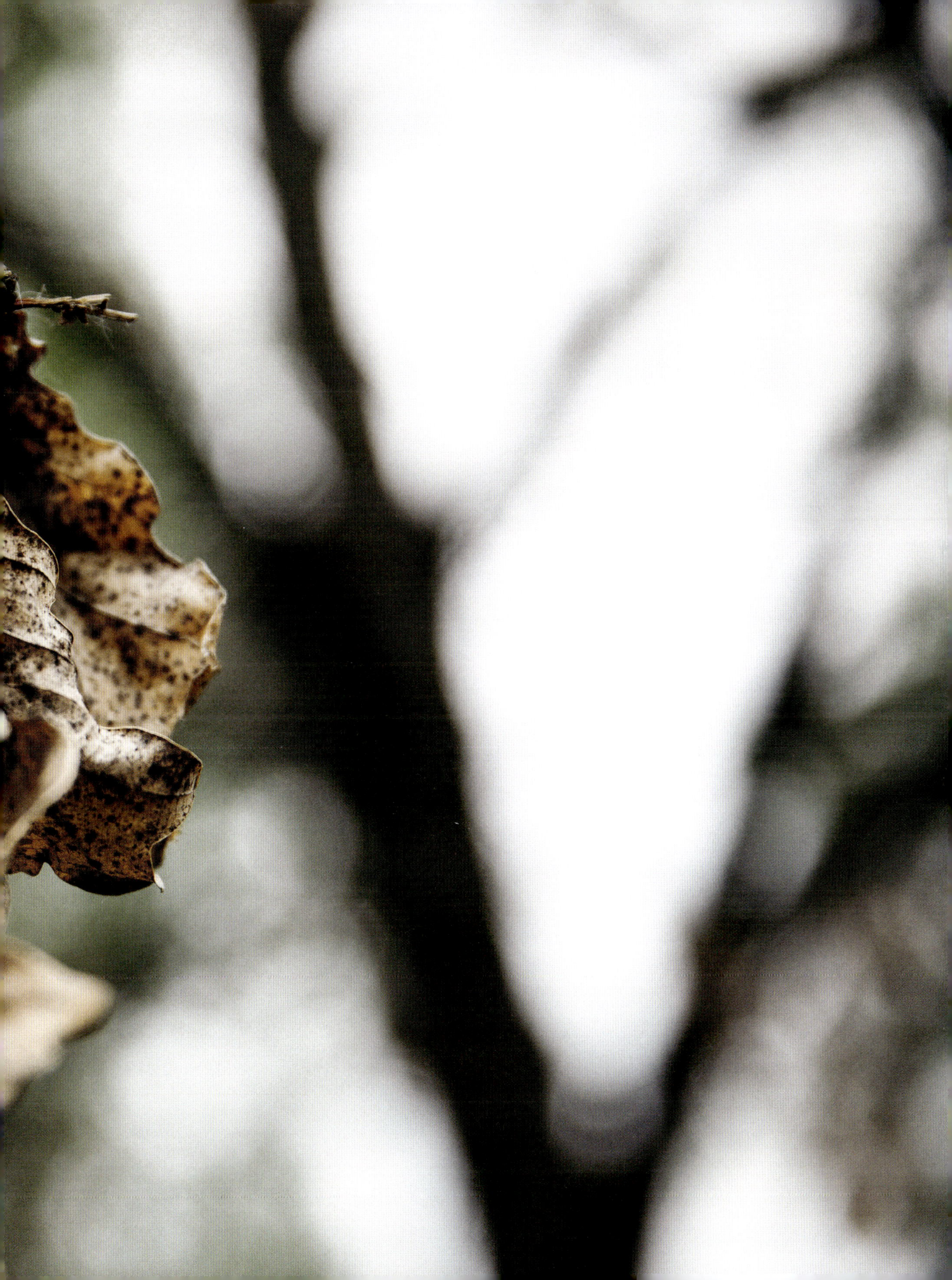

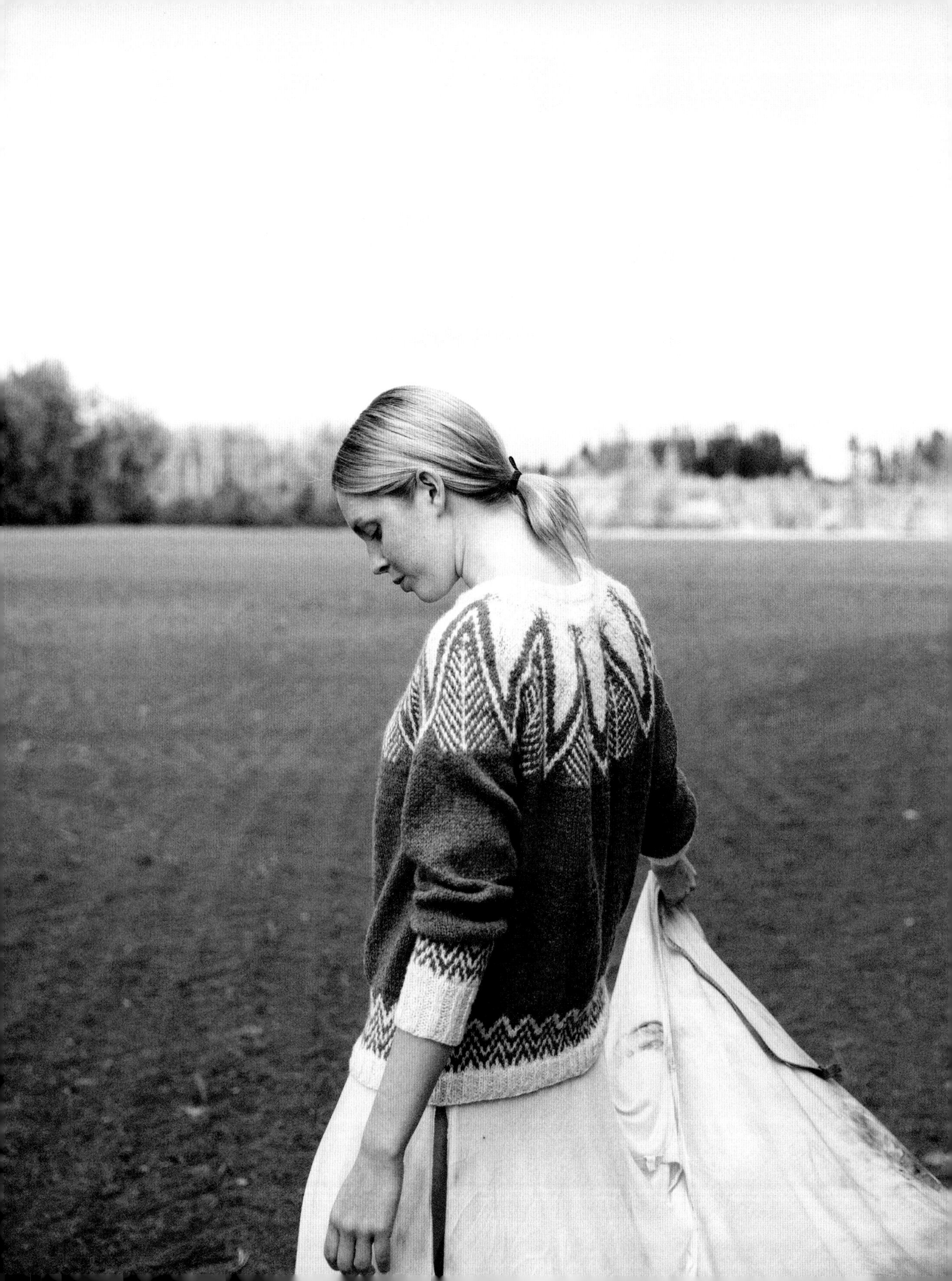

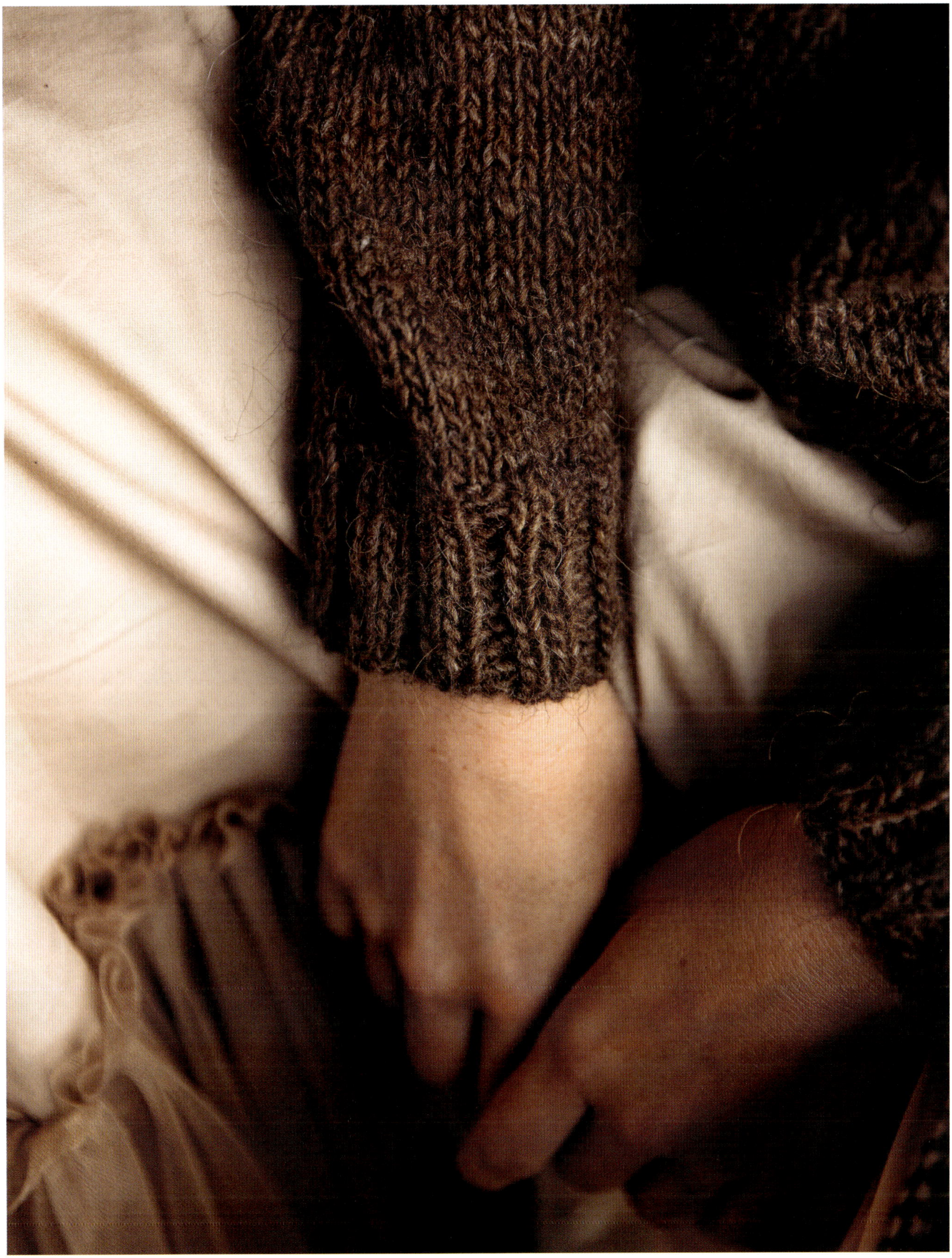

EINLEITUNG

Als die ganze Welt im Frühling 2020 in den Lockdown ging, begann ich, basierend auf den Gedichten des finnischen Nationalepos Kalevala, Pullover zu stricken. Schon vor einigen Jahren war unter finnischen Stricker*innen ein Hype um Islandpullover ausgebrochen, die sich mit ihren unterschiedlichen Einstrickmustern hervorragend für herrliche Farbkombinationen eigneten. Angesichts der großen Beliebtheit isländischer Strickmode taten mir die finnischen Wollproduzenten und ihre Wolle leid. Ich dachte mir, wenn der Rest der Welt sich von lokalen Mythen, Traditionen und mentalen Landschaften inspirieren lässt, warum nicht auch Finnland?

Soweit wir wissen, wird in Finnland seit dem 17. Jahrhundert gestrickt. Im 18. Jahrhundert fand das Stricken zunehmend Anklang in der breiten Bevölkerung, und bis zur Mitte des 19. Jahrhunderts wurde Handarbeiten in den Lehrplan der Grundschulen aufgenommen. [1] Wahrscheinlich wurde in Finnland schon viel früher gestrickt, da man im Kloster von Nådendal schon im 15. Jahrhundert Fäustlinge herstellte. Es ist aber auch möglich, dass es sich hier um die Nadelbinde-Technik handelte. Jedenfalls hielt man die Bewohner von Naantali, Masku und Raisio im Südwesten Finnlands dazu an, sich mit Strickwaren Geld dazuzuverdienen, und Wollsocken aus Naantali wurden auch in anderen Teilen des schwedischen Reichs, sowie auf dem Gebiet der heutigen baltischen Staaten und auch in Mitteleuropa verkauft. Im selben Jahrhundert stellte man in der Turku-Region vorne geknöpfte Strickjacken her, und viele Leute in ländlichen Gemeinden im Südwesten Finnlands verdienten sich einen Teil ihres Lebensunterhalts mit dem Stricken von Socken.[2]

In Finnland konnten Forscher die Geschichte des Strickens vor allem anhand von Rechtsunterlagen und Zolldokumenten untersuchen. Archäologische Ausgrabungen in Turku brachten auch Textilreste zutage, darunter Teile von Strickarbeiten aus dem späten 14. oder dem frühen 15. Jahrhundert, gemeinsam mit einer Nadel aus Holz, die wahrscheinlich zum Stricken benutzt wurde.[3] Da ich ein Volkskundestudium abgeschlossen habe und aus Raisio in Südwestfinnland stamme, freut es mich ganz besonders, dass die Region für die Geschichte des Strickens so wichtig war. Ich befinde mich hier sozusagen in der Wiege der finnischen Stricktradition.

Finnland besitzt auch seine eigene traditionelle Strickmode. Als wir in den 1920ern unsere Unabhängigkeit erlangten und die Frage unserer nationalen Identität an Bedeutung gewann, bemühte man sich, diese Tradition zu dokumentieren. Die Martha-Organisation begann traditionelle Handarbeiten zu sammeln, und alten finnischen Strickmustern wurde gegenüber ausländischen Entwürfen Vorrang eingeräumt. Zu den traditionellen Mustern zählten beispielsweise der Korsnäs-Pullover, der Tikkuri-Pullover, der aus Hailuoto am Bottnischen Meerbusen stammt, der ostbuttnische Jussi-Pullover und verschiedene regionale Fäustlingmuster.[4] In Finnland entwickelte sich das Stricken zu einer Technik, die von der Mutter an die Tochter weitergegeben wurde, eine geschätzte Fertigkeit, die im Alltag von Nutzen war.[5] Heute sind Stricker*innen Teil einer Generationenkette. Obwohl Stricken noch immer im Grundschulunterricht gelehrt wird, haben die meisten von uns diese Fertigkeit und die damit verbundene Leidenschaft von unseren Müttern und Großmüttern übernommen oder sie zunehmend auch von den Strick-Communities auf Instagram und Facebook gelernt.

WARUM DAS KALEVALA?

Ich studierte von 2004 bis 2009 Ethnologie und Folkloristik an der Universität von Turku. Damals las ich das Kalevala von der ersten bis zur letzten Zeile, und als ich im Frühling 2020 meine Stricknadeln zückte und einen warmen Islandpullover stricken wollte, erinnerte ich mich an das erste Gedicht im Buch – „Die Entstehung der Welt“. Einen Pullover, basierend auf diesem Gedicht zu stricken, schien angebracht, als die Pandemie in vollem Gange war und es den Anschein hatte, als stünde das Ende der Welt kurz bevor. Das Kalevala besteht aus 50 Gedichten – oder Runen bzw. Gesängen - und anhand dieser Gedichte eine Strickmustersammlung zusammenzustellen,

war eine Aufgabe, die meine Fantasie beflügelte.
Elias Lönnrot (1802-1884), der Sohn eines armen Schneiders, wurde 1822 an der Königlichen Akademie zu Turku aufgenommen und studierte dort Medizin, Griechisch, Latein, Geschichte und Literatur. Während er auf Laukko Manor als Privatlehrer arbeitete, hörte er die Ballade „Die Ermordung Elinas" (die in eben diesem Herrenhaus spielte) und begann, sich für Volksdichtung zu interessieren. Nachdem die Akademie 1827 im Großen Brand von Turku schwer beschädigt worden war, reiste Lönnrot ein Jahr durch Karelien[6] und sammelte und dokumentierte Volks lieder und -gedichte. Er fügte dieses Material zusammen, adaptierte es und schrieb auch ein paar eigene Verse. Somit erschuf er das Kalevala, dessen Erstfassung (das „Alte Kalevala") 1835 und dessen Letztfassung (das „Neue Kalevala") 1849 veröffentlicht wurde.[7]
Die deutschen Kalevala-Zitate in diesem Buch stammen aus der Übersetzung von Anton Schiefner, die 1852 veröffentlicht wurde. Schiefners Fassung war die erste deutsche Übersetzung des gesamten Kalevala. Die aktuellste Übersetzung stammt aus dem Jahr 2004 von Gisbert Jänicke.

Es gibt viele Theorien hinsichtlich des Ursprungs der Kalevala-Gedichte. Die meisten der von Lönnrot zusammengetragenen Gedichte wurden in Teilen von Ostkarelien dokumentiert und das Kalevala, wie wir es kennen, basiert auf Versen, die dort gesammelt wurden. Doch haben Untersuchungen ergeben, dass das Versmaß des Kalevala auch in Volksliedern, die in Finnland weitverbreitet waren, verwendet wurde. Das Versmaß des Kalevala ist ein trochäischer Tetrameter, der für baltisch-finnische Gedichte, lyrische Lieder, Heldenepen und Beschwörungen genutzt wurde. Im Kalevala umfasst ein Vers für gewöhnlich acht Silben, und die Gedichte bedienen sich auch des Stilmittels der Alliteration und Wiederholung.
In Finnland ging die Verwendung des Versmaßes im 16. Jahrhundert bedingt durch die Reformation zurück, doch in Weißkarelien überlebte die traditionelle Form etwas länger.[8]
Man vermutet, dass neben der Reformation Anschuldigungen wegen Hexerei im 17. Jahrhundert dazu führten, dass Seher-Familien (Finnisch: tietäjät), die Kenner der lokalen Folklore waren, vor allem aus den ostbottnischen Regionen und aus Kainuu Richtung Osten nach Karelien zogen.[9]
Jede Menge choralähnliche Poesie, die nach der Reformation ebenfalls im Abnehmen begriffen war, wurde in Westfinnland zusammengetragen.[10]
Schon vor Lönnrot trugen verschiedene Personen Werke finnischer Folklore und mündliche Überlieferungen zusammen. Diese Fülle an Materialien wurde vom Volksdichtungsarchiv [11] archiviert und digitalisiert, das von der Suomalaisen Kirjallisuuden Seura (SKS), der finnischen Literaturgesellschaft, gepflegt wird. Wenn Sie Finnisch sprechen und sich für das Kalevala und finnische Volksdichtung interessieren, lohnt sich ein Blick in das digitalisierte Archiv, in dem man nach verschiedenen Kriterien suchen kann, sowie auf die „Open Kalevala"-Website des SKS (siehe Bibliografie am Buchende).

Die Finnen von heute haben ein finno-ugristisches und ein uralisches Erbe, und unsere Kultur wurde sowohl von den Nachbarn im Osten als auch im Westen beeinflusst. Neben der finnischsprachigen Bevölkerung ist das Gebiet des modernen Finnland Heimat bedeutender Minderheiten, deren Muttersprache Schwedisch, Samisch oder Karelisch ist. Man sollte vielleicht besser von baltisch-finnischer Mythologie anstelle von finnischer Mythologie sprechen, da die benachbarten Stämme und Völker großen Einfluss auf die Traditionen der jeweils anderen hatten. Im autonomen Großfürstentum Finnland des 19. Jahrhunderts begann man eine auf dem Kalevala basierende finnische National-identität aufzubauen und das Epos hatte auch auf die finnische Kunst und Kultur einen enormen Einfluss.[12] So wurden die karelischen Wurzeln des Kalevala oft ausgeblendet oder vergessen.[13]

TRADITION, KREATIVITÄT, INSPIRATION

Spricht man von Identität, geht es darum, gleich zu sein und gleich zu bleiben, indem man sich von anderen unterscheidet. […] Traditionen beruhen auf der ererbten Natur von Dingen. Dinge, die zeitlich, sozial und geografisch einen Einfluss haben und deshalb Teil einer Kultur werden. Doch natürlich geht es bei Traditionen auch darum, Dinge loszulassen und sie neu zu erschaffen.[14]

Eine auf dem Kalevala basierende Sammlung von Strickmustern verbindet mehrere Dinge, die mir am Herzen liegen: finnische, baltisch-finnische und skandinavische Mythologie, Erzählkunst und Handarbeitstraditionen. Viele meiner Colourwork-Muster basieren auf oder sind inspiriert von traditioneller finnischer, skandinavischer oder baltischer Strickmode, von ihren Themen oder der finnischen Natur. Wiederkehrende Elemente sind norwegische Schneekristalle, skandinavische und deutsche Runen, isländische Rundpassen und Motive aus der traditionellen Stickkunst oder den brettchengewebten Borten alter finnischer Trachten.

Auch wenn das Wort Tradition die Vergangenheit impliziert, hat es auch viel mit Veränderung zu tun. Kultur befindet sich in ständigem Wandel – und das muss sie auch, um überleben zu können.[15] Beim Handarbeiten sind die kulturellen Veränderungen oft materieller Natur: Strickmotive entwickeln sich weiter oder wandern von der Rundpasse auf den Saum, ein Sockenbündchen oder einen Schal und werden so zu neuem Leben erweckt. Als Volkskundlerin und Designerin wird mir jedes Mal warm ums Herz, wenn ich sehe, dass eines meiner Muster auf einem Pullover neu gestaltet wurde. Was die von mir eingesetzten traditionellen Symbole und Zeichen angeht, habe ich versucht, so genau wie möglich herauszufinden, wie sie ursprünglich verwendet wurden und welche Bedeutung sie in den Augen der Menschen der jeweiligen Kultur hatten.

Das Wichtigste beim Designen von Strickmode sind für mich die Geschichten, die Traditionen und die Möglichkeit, sie fortsetzen zu können sowie die Freude an der Kreativität. Ich hoffe, dass dieses Buch Freude und Inspiration bietet und dass Sie sich durch die Betätigung mit Ihren Stricknadeln und einem Wollknäuel eine Verschnaufpause von der geschäftigen Welt um uns herum verschaffen können. In dieser Sammlung finden Sie nur einen kleinen Teil der Kalevala-Gedichte. Denn es gibt noch unzählige Geschichten auf dieser Welt, die darauf warten, gestrickt zu werden!

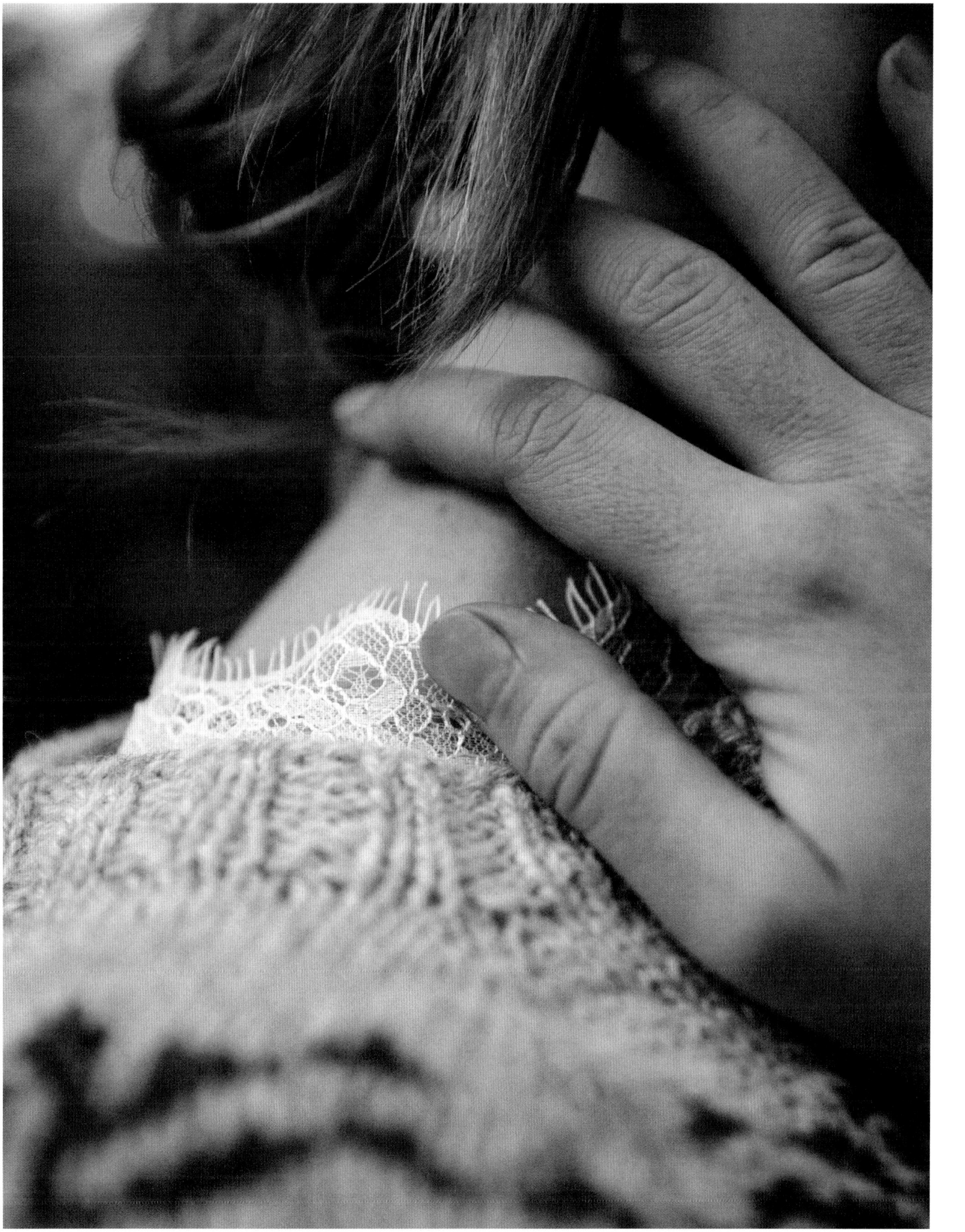

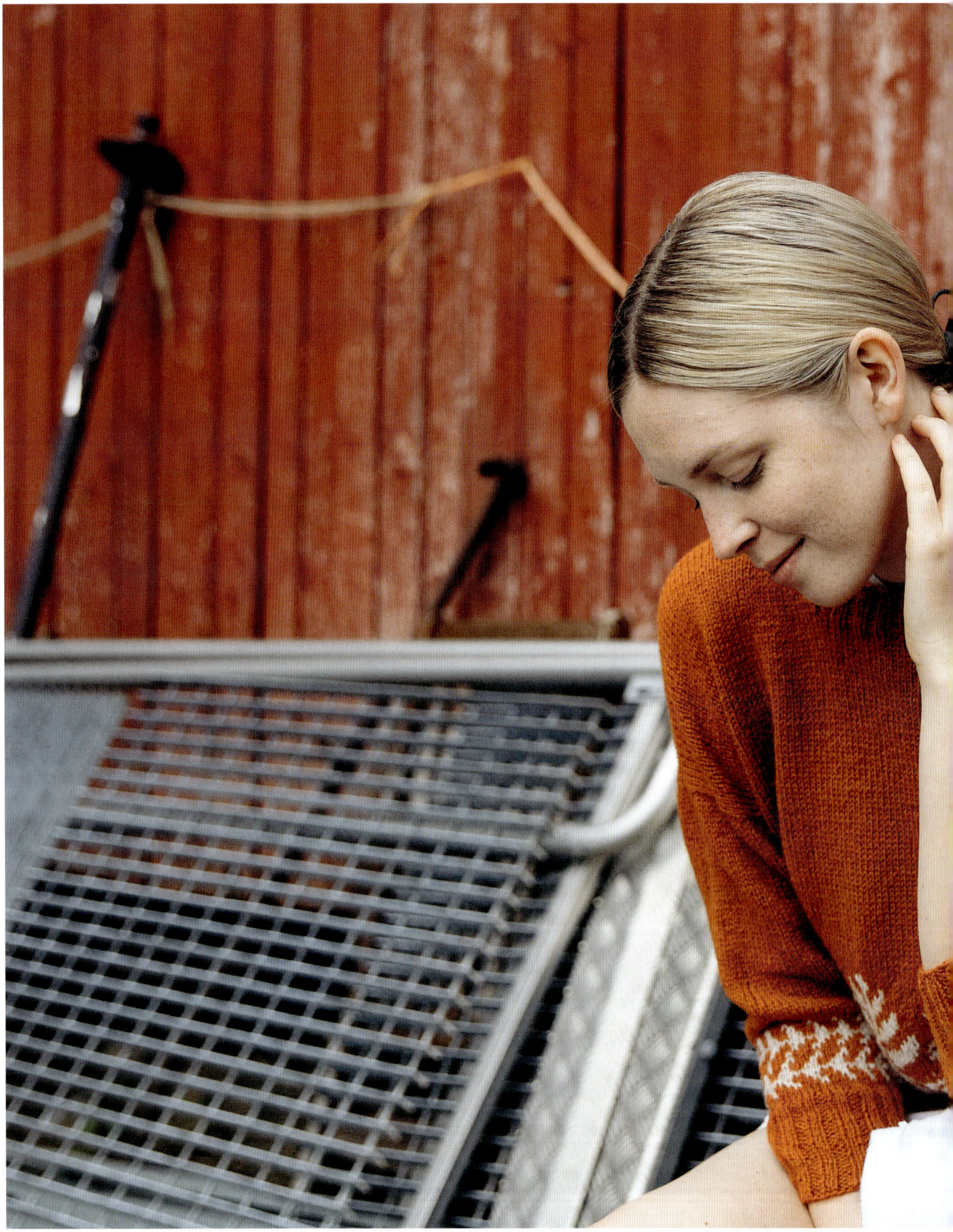

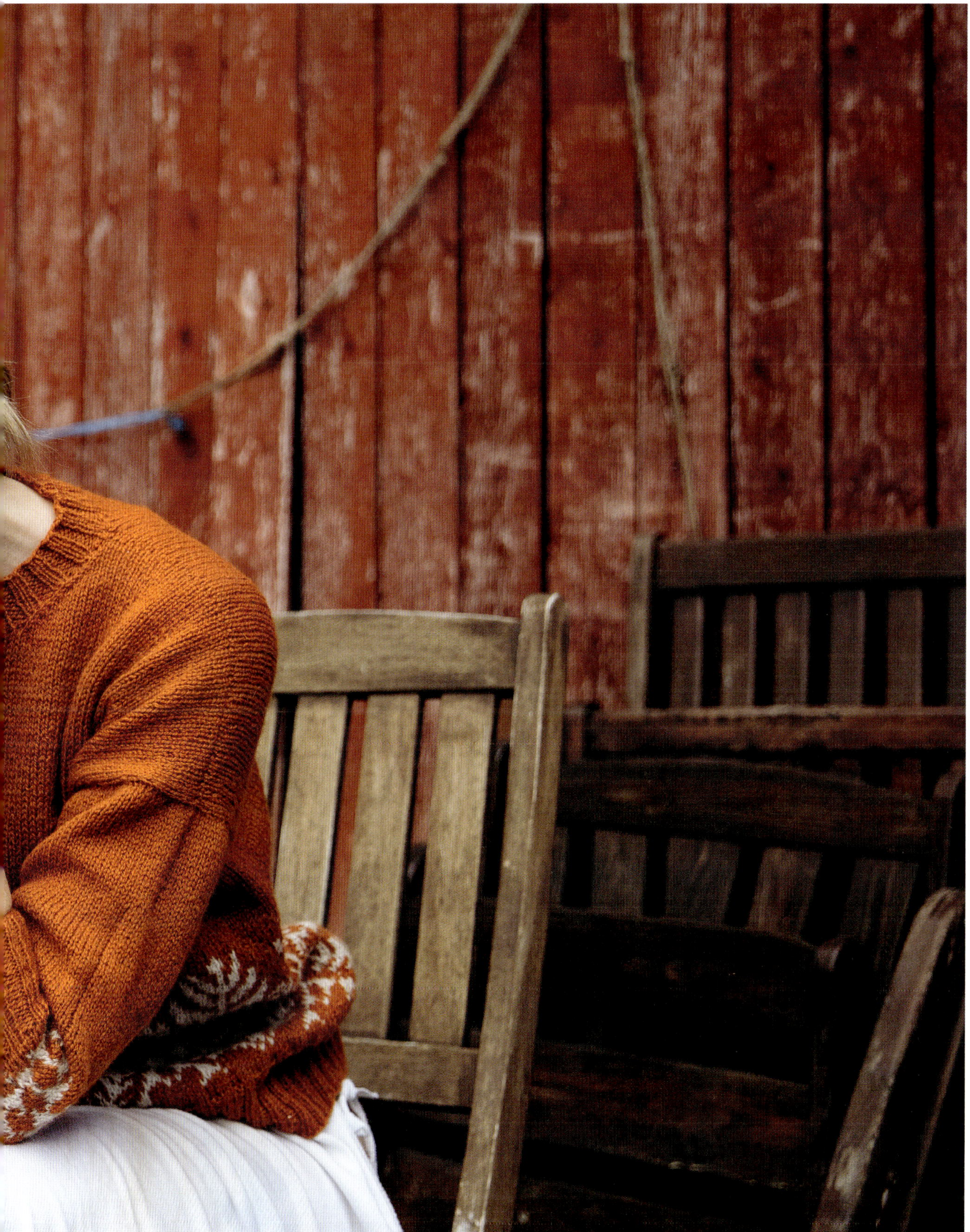

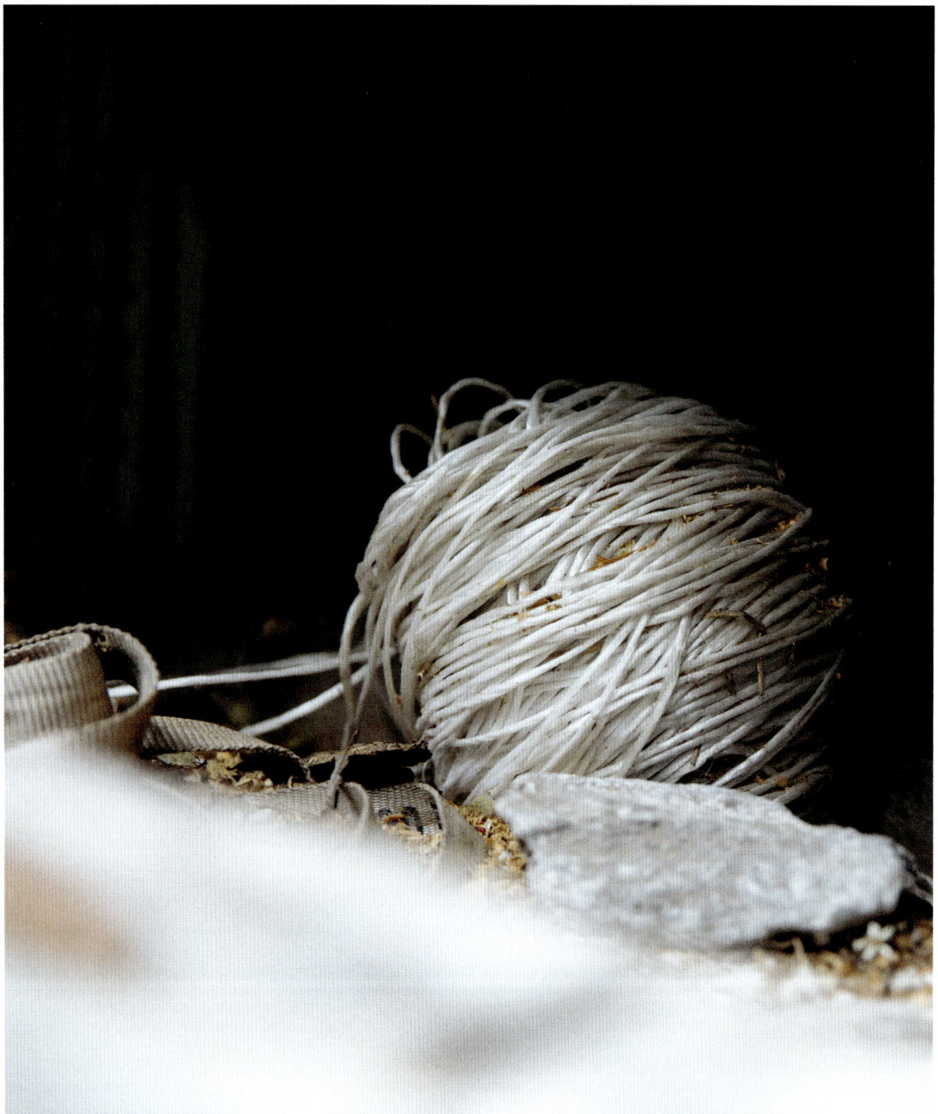

GRUNDLAGEN

DAS GARN

Für die Modelle in diesem Buch wollte ich eigentlich finnische Wolle verwenden. Doch aufgrund der eingeschränkten Verfügbarkeit wurden einige Modelle mit anderen, leichter erhältlichen nordischen Garnen gestrickt. Ich kann Ihnen nur ans Herz legen, lokale Wollverarbeitungsbetriebe ausfindig zu machen und sich für ein biologisches Garn zu entscheiden, bei dem das Wohlergehen der Tiere gewährleistet wurde.

Eine Maschenprobe anzufertigen, ist immer empfehlenswert, vor allem, wenn Ihr Garn vom im Projekt angegebenen Modell abweicht. Achten Sie darauf, dass Ihr Garn dieselbe Lauflänge hat. Es empfiehlt sich auch, ein Garn mit ähnlichem Faseranteil zu verwenden. Das bedeutet, dass sich die Garne ähnlich verhalten.

Wenn Ihre Maschenprobe nicht mit den Angaben in der Anleitung übereinstimmt, müssen Sie das Muster anpassen und benötigen vielleicht mehr oder weniger Garn. Beachten Sie auch, dass die anderen Eigenschaften Ihres Garns ebenfalls das Endergebnis beeinflussen.

COLOURWORK-DESIGN

FARBDOMINANZ

Bevor Sie mit den Einstrickmustern in diesem Buch beginnen, ist es sinnvoll, sich über die Farbdominanz Gedanken zu machen. Die Farbdominanz sorgt dafür, dass sich die Kontrastfarbe von der Grundfarbe abhebt. Der Faden in Kontrastfarbe wird immer unter dem Faden in Grundfarbe geführt. Das heißt, die Kontrastfarbe befindet sich immer links und die Grundfarbe immer rechts. Wenn Sie nach der Kontinental-Methode stricken, liegen beide Garnfäden auf dem linken Zeigefinger. Die Kontrastfarbe liegt dem Körper dabei näher als die Grundfarbe. Wenn Sie mit Farbdominanz keine Erfahrung haben, finden Sie online zahlreiche Video-Tutorials zu dem Thema (zum Beispiel auf YouTube).

SPANNFÄDEN

Beim mehrfarbigen Stricken werden manchmal einige Maschen in einer Farbe gearbeitet, während man die andere(n) hinter der Arbeit mitführt. So entstehen auf der Rückseite lange Spannfäden. Man kann die Spannfäden miteinander verweben, indem man das mitgeführte Garn vor der nächsten Masche über den Arbeitsfaden legt und so die Garne verkreuzt.
Das sichert die Spannfäden auf der Rückseite der Strickarbeit. Ich verwebe mein(e) Garn(e) für gewöhnlich alle 3 bis 5 Maschen, je nach Garndicke.

HINWEIS ZUR FARBWAHL

Wenn es um die Auswahl von Farben für Colourwork-Designs geht, lohnt es sich zu wissen, dass bei einer sehr hellen Grundfarbe die Spannfäden einer sehr dunklen Kontrastfarbe möglicherweise durch die Maschen durchscheinen, vor allem, wenn Sie eher locker stricken. Behalten Sie das im Hinterkopf, wenn Sie sich für eine Kontrastfarbe entscheiden und Ihre Grundfarbe Weiß oder eine andere helle Farbe ist.

ZÄHLMUSTER

Die Zählmuster werden von unten nach oben und von rechts nach links gelesen.
ANMERKUNG! Die Zählmuster können als PDF-Datei unter lainepublishing.com/knitted-kalevala heruntergeladen werden, Passwort: Kalevala2022

ZUNAHMEN, ABNAHMEN UND VERKÜRZTE REIHEN

ZUNAHMEN

Für eine Zunahme (1 M zun) nehmen Sie mit der linken Nadel einen Querfaden vor der nächsten Masche (zwischen den beiden Nadeln) auf und stricken ihn rechts oder links verschränkt ab, damit keine Lücke entsteht.

Wenn Sie eine rechts geneigte Zunahme stricken, den Querfaden mit der linken Nadel von hinten nach vorne aufnehmen und dann in das hintere Maschenglied einstechen und abstricken.

Wenn Sie eine links geneigte Zunahme stricken, mit der linken Nadel den Querfaden von vorne nach hinten aufnehmen, in das vordere Maschenglied einstechen und abstricken.

ABNAHMEN

Die Abnahmen am Arm so arbeiten, dass sie in Richtung des M-Markierers zeigen.

Rechts geneigte Abnahme: Zwei Maschen zusammenstricken.

Links geneigte Abnahme: Zwei Maschen durch die beiden hinteren Maschenglieder zusammenstricken. Sie können für die Abnahme auch zwei Maschen rechts abgehoben zusammenstricken. Dazu die zwei

Maschen, die zusammengestrickt werden sollen, wie zum Rechts-stricken abheben, wieder auf die linke Nadel heben und dann über die hinteren Maschenglieder rechts zusammenstricken.

VERKÜRZTE REIHEN

In einigen Anleitungen werden verkürzte Reihen gestrickt, um den hinteren Halsausschnitt höher zu ziehen und die Passform zu verbessern. In diesem Buch stricken wir die verkürzten Reihen mit Doppelmasche. Die Arbeit wenden und die erste Masche mit dem Faden vor der Arbeit wie zum Linksstricken abheben und den Arbeitsfaden über die rechte Nadel fest nach hinten ziehen, sodass beide Maschenglieder auf der Nadel liegen, die jetzt wie zwei Maschen aussehen (eine Doppelmasche). Diese Doppelmasche immer als eine Masche zählen. Sie können aber auch andere Methoden zum Stricken verkürzter Reihen verwenden.

MASCHEN ANSCHLAGEN UND ABKETTEN

Für die Modelle in diesem Buch habe ich einen einfachen Kreuzanschlag verwendet. Wenn Sie möchten, können Sie sich auch anderer Techniken bedienen (zum Beispiel Strickstücke elastisch abketten, die im Rippenmuster begonnen werden).
Unterarmmaschen lassen sich gut mit einem aufgestrickten Maschenanschlag, dem Kordelanschlag oder dem Daumenanschlag aufnehmen.

ABKÜRZUNGEN

1/1 Rippenmuster = 1 Masche rechts, 1 Masche links im Wechsel

2/2 Rippenmuster = 2 Maschen rechts, 2 Maschen links im Wechsel

abk = abketten

anschl = anschlagen

arb = arbeiten

DM = Doppelmasche

DM stricken = 1 Masche wie zum Linksstricken auf die rechte Nadel heben und das Garn über die Nadel nach hinten ziehen, sodass die beiden Maschenglieder auf der Nadel wie zwei Maschen aussehen (Doppelmasche).

fortf = fortfahren

GF = Grundfarbe

KF = Kontrastfarbe

li = links/linke

M = Masche(n)

Rd = Runde

re = rechts/rechte

RS = Rückseite (der Arbeit)

VS = Vorderseite (der Arbeit)

1 M zun = 1 Masche zunehmen

2 M re zus-str = 2 Maschen rechts zusammenstricken (1 Masche abgenommen)

2 M re abgeh zus-str = 2 Maschen rechts abgehoben zusammenstricken: die zwei Maschen, die zusammengestrickt werden sollen, wie zum Rechtsstricken abheben, beide Maschen wieder auf die linke Nadel heben und über das hintere Maschenglied rechts zusammenstricken (1 Masche links geneigt abgenommen)

2 M li abgeh zus-str = 2 Maschen links abgehoben zusammenstricken: die zwei Maschen, die zusammengestrickt werden sollen, wie zum Linksstricken abheben, beide Maschen wieder auf die linke Nadel heben und über das hintere Maschenglied links zusammenstricken (1 Masche rechts geneigt abgenommen).

2 M re überz zus-str = 2 Maschen rechts überzogen zusammenstricken: eine Masche wird wie zum Rechtsstricken abgehoben, die folgende Masche rechts gestrickt und die zuvor abgehobene dann über die gestrickte Masche gezogen (1 Masche links geneigt abgenommen).

2 M re verschr zus-str = 2 Maschen rechts verschränkt zusammenstricken: Hierbei sticht man zum Zusammenstricken nicht in die vorderen, sondern in die hinteren Maschenglieder der nächsten beiden Maschen ein.

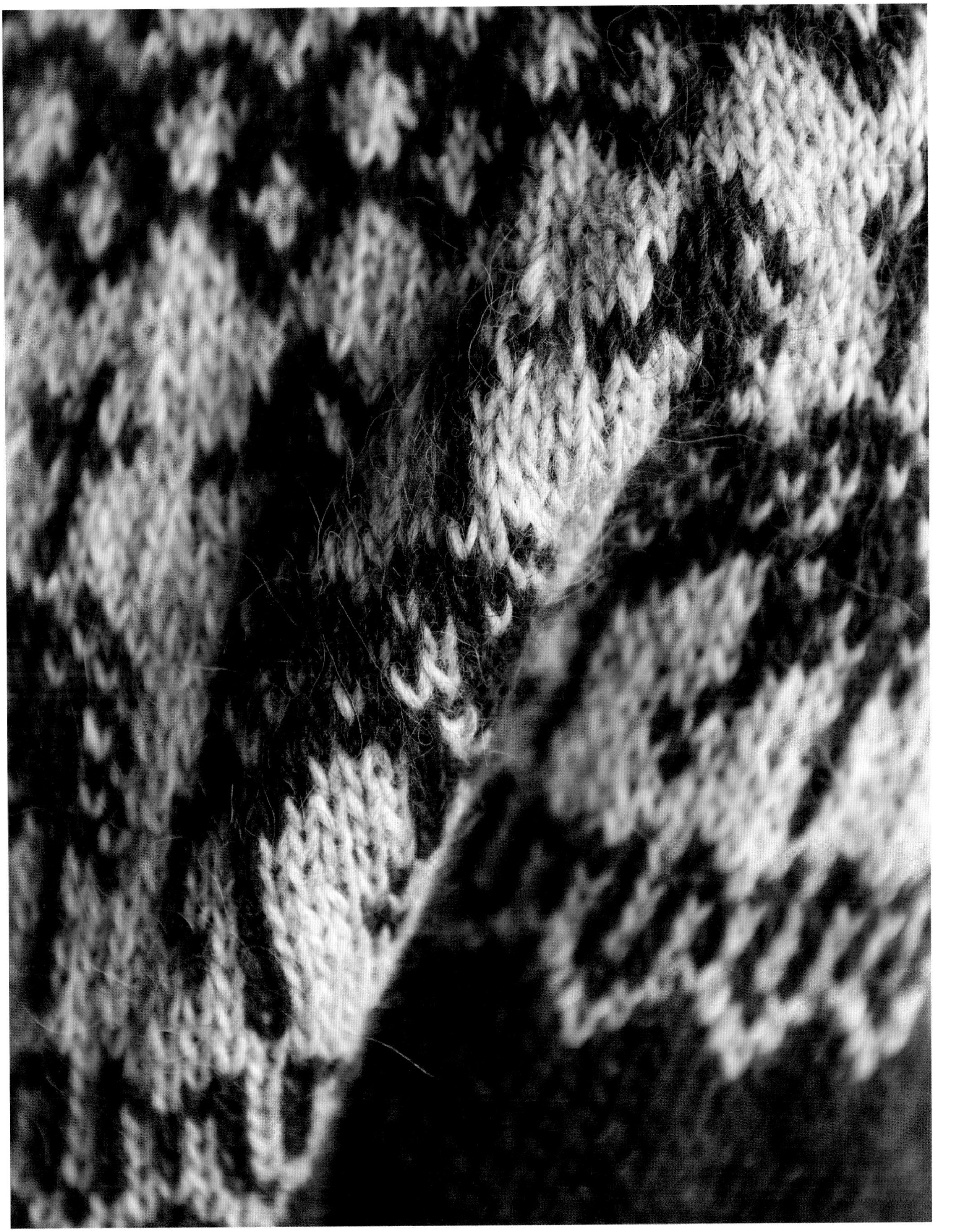

MAAILMAN SYNTY

DIE ENTSTEHUNG DER WELT

Da erhebt die Wassermutter,
Sie, der Lüfte schöne Tochter,
Aus dem Meere ihre Knie,
Aus der Flut die Schulterblätter,
Wo die Ent' ein Nest sich bauen,
Wo sie friedlich weilen könnte.
Entlein nun der schöne Vogel
Schwebt herbei und schaut rings um sich,
Sieht das Knie der Wassermutter
Auf dem blauen Meeresrücken,
Hält's für einen Wiesenhügel,
Meint, es wäre frischer Rasen.
Hin nun fliegt sie, schwebet langsam,
Läßt sich auf das Knie dann nieder;
Bauet dort ihr Nestlein fertig,
Legt hinein die goldnen Eier,
Goldner Eier ganze sechse,
Siebentes ein Ei von Eisen.

(Kalevala, 1. Gesang, Vers 195–212)

Im ersten Gesang des Kalevala steigt Ilmatar, eine Göttin der Lüfte, hinab ins Meer und wird von Wind und Wasser geschwängert. Daraufhin baut eine Ente ein Nest auf ihrem Knie, legt darin Eier, die später ins Wasser fallen und zerbrechen. Aus den zerbrochenen Schalen entstehen der Mond, die Sonne, der Himmel, die Erde und die Wolken. Die Wassermutter formt außerdem Inseln, Buchten und Küsten daraus und bringt schließlich ihren Sohn Wäinämöinen zur Welt.

Der Mythos von der Entstehung der Welt ist, laut Forschern der baltisch-finnischen Volksdichtung, eines der am besten untersuchten Folkloremotive. Zu der in Finnland bekannten Version gibt es Pendants in anderen Kulturen im Süden und Osten der Region.[16] Der Gedanke, dass das Universum, wie im Kalevala, von einer Frau erschaffen wurde, gründet sich auch auf mündlich überlieferter Dichtung.[17] Der Weltenbaum, das kosmische Ei und der Erdtaucher, für gewöhnlich ein Vogel, sind ebenfalls wiederkehrende Elemente in den Schöpfungsmythen auf der ganzen Welt.

Das Jacquardmuster für den Maailman-Synty-Pullover umfasst eine Runenreihe mit dem Namen Othala[18], was so viel heißt wie „Geschichte, Erbe." Das Muster beinhaltet auch ein Vogelmotiv, den karelischen Kuckuck, der traditionell der ostfinnischen Strick- und Stickkunst zugeordnet wird. In Karelien wurden der Kuckuck und der Lebensbaum oft mit rotem Garn auf Leinen gestickt.[19] Ursprünglich waren zwei einander zugewandte Vögel (Pfaue) ein gebräuchliches Motiv in orientalischen Kulturen, ähnlich dem kosmischen Ei-Mythos. Auf diesem Pullover flankieren die Vögel das Ei und beschützen es.

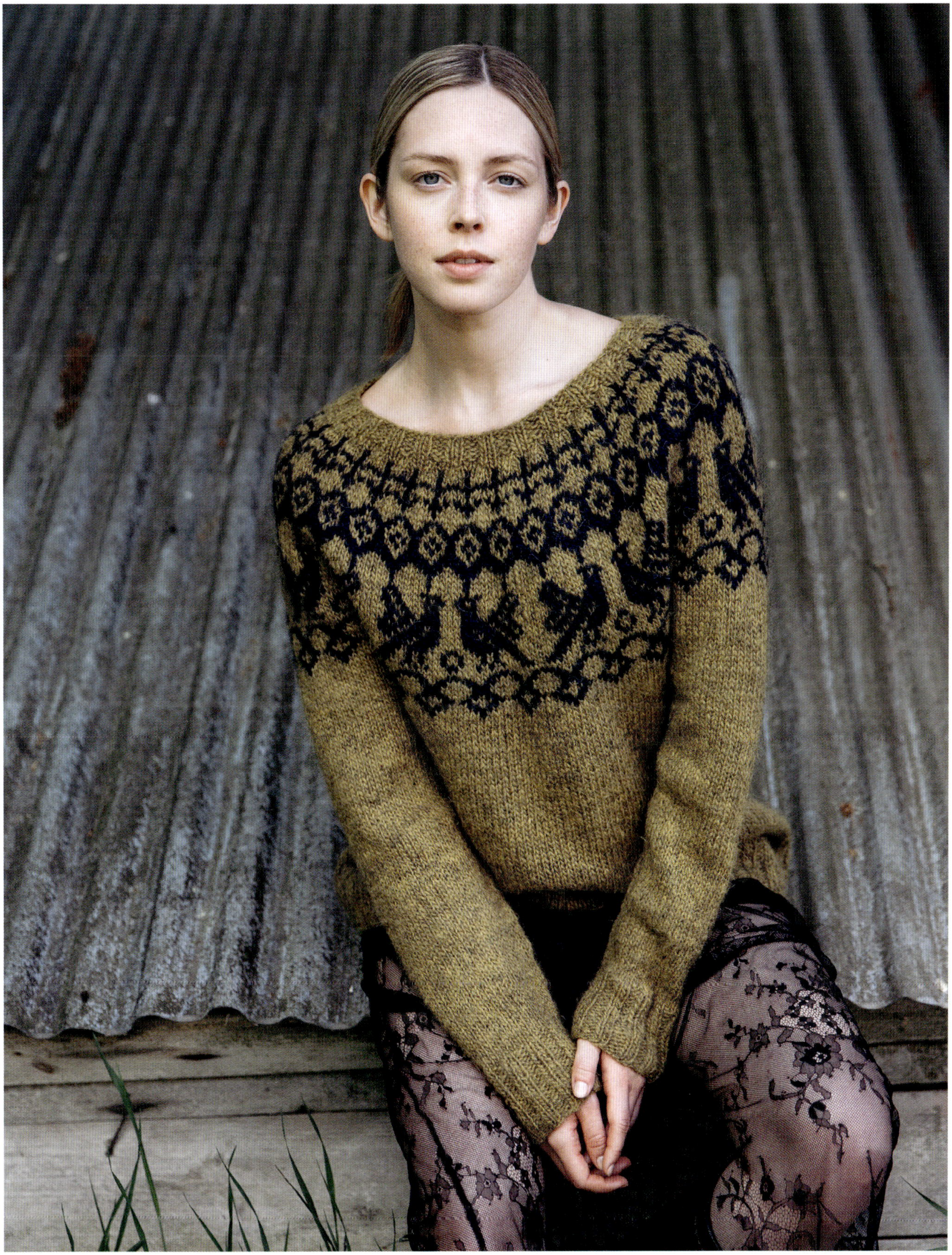

Maailman Synty

Dieser Pullover wird von unten nach oben gestrickt und ihn ziert eine Rundpasse mit Jacquardmuster. Ich habe hier mit nur einer Kontrastfarbe gearbeitet. Sie können aber für die verschiedenen Abschnitte auch unterschiedliche Farben verwenden und übrig gebliebene Garnreste aus anderen Projekten aufbrauchen. Aus isländischer Wolle gestrickt, ist dieser Pullover besonders warm und eignet sich gut für draußen. Sie können aber auch ein dünneres Garn verwenden, damit er sich in Innenräumen tragen lässt.

GRÖSSEN

XXS (XS, S, M, L) (XL, 2XL, 3XL, 4XL)
Der Pullover hat eine leichte Oversize-Passform.
Er sollte mit einer Bequemlichkeitszugabe von 5–15 cm im Brustbereich gestrickt werden.

MASSE DER FERTIGEN ARBEIT

Brustumfang: 82 (89, 98,104,116) (120,131,142,147) cm.
Rundpassenhöhe: 23 (23, 24, 25, 26) (27, 29, 33, 34,5) cm.
Rumpflänge: 40 (42,43,44,46) (48, 50, 54, 55) cm.
Ärmellänge: 40 (42,43,44,46) (48, 50, 54,55) cm.

GARN

Ístex von Léttlopi (100 % Wolle, 100 m/50 g).
Grundfarbe: 9426 Golden Hear (Messing)
Kontrastfarbe: 9420 Navy Blue (Mitternachtsblau)
Sie können das Garn durch ein anderes Garn mit vergleichbarem Gewicht und entsprechender Lauflänge ersetzen. Gute Alternativen sind zum Beispiel die finnischen Garne Uuhi von Jalovilla und Tenho von Kaarama Lankastudio, das deutsche BC Garn Northern Lights und das amerikanische Garn Shelter von Brooklyn Tweed.

GARNMENGE

GF: 840 (1010,1190,1310,1380) (1450,1590,1795,1920) m.
KF: 160 (175,195,230,240) (265, 295, 390,455) m.

Wenn Sie das Garn Ístex von Léttlopi verwenden, benötigen Sie
GF: 9 (11, 12,14,14) (15,16,18, 20) Knäuel.
KF: 2 (2, 2, 3, 3) (3, 3, 4, 5) Knäuel.

NADELN

Für Glatt rechts und Jacquardmuster: Rundstricknadel Nr. 4,5; 80–100 cm lang
Für die Bündchen: Rundstricknadel (80–100 cm lang) und Nadelspiel (falls nicht mit Magic Loop gearbeitet wird) Nr. 4,0. Falls notwendig, die Nadelstärke wechseln, damit die Maschenprobe übereinstimmt.

SONSTIGES

Maschenmarkierer, Maschenhalter oder Hilfsfaden, Stopfnadel

MASCHENPROBE

18 M x 20 Rd = 10 x 10 cm glatt rechts mit Nadel Nr. 4,5; leicht gespannt.

RUMPF

148 (160,176,188,208) (216, 236,256,264) M in GF mit Nadeln Nr. 4,0 anschlagen. Die Arb zur Rd schließen und am Beginn der Rd einen M-Markierer setzen. 8 cm im 2/2 Rippenmuster str.

Mit Nadel Nr. 4,5 weiterarb. Glatt re str, bis der Rumpf 40 (42, 43, 44, 46) (48, 50, 54, 55) cm misst.

Nun die Arbeit in Vorderteil/Rückteil und Armausschnitte unterteilen. Wenn Sie die M für die Armausschnitte auf einen M-Halter bzw. einen Hilfsfaden legen, werden diese später mit dem Maschenstich geschlossen. Wenn Sie die M abketten, werden sie mit dem Matratzenstich zusammengenäht.

Die Rumpfmaschen nach folgender Unterteilung auf einem M-Halter bzw. Hilfsfaden stilllegen: 8 (8,10,12,12) (13,14,16,18) M für den ersten Armausschnitt stilllegen oder abk; 66 (72,78, 82, 92) (95, 104,112,114) M für das Vorderteil auf der Stricknadel lassen bzw. stilllegen. Dann 8 (8,10,12,12) (13,14,16,18) M für den zweiten Armausschnitt stilllegen oder abk; die nächsten 66 (72,78, 82, 92) (95,104,112,114) M für das Rückteil auf der Stricknadel lassen bzw. stilllegen. Die Arbeit beiseitelegen und die Ärmel str.

ÄRMEL

36 (40,40, 44,44) (48,48, 52,52) M in GF mit Nadeln Nr. 4,0 anschlagen. Die Arb zur Rd schließen und am Beginn der Rd einen M-Markierer setzen. 5 cm bzw. die gewünschte Höhe im 2/2 Rippenmuster str.
Mit Nadel Nr. 4,5 glatt re weiterarb. In der nächsten Rd vor und nach der markierten M 1 M zun. Dann in jeder 5. Rd insgesamt 13 (12,14,15,16) (15,17, 20,22) x jeweils vor und nach der markierten M 1 M zun. Auf der Nadel liegen jetzt 62 (64, 68,74, 76) (78, 82, 92, 96) M.

Glatt re weiterarbeiten, bis der Ärmel 40 (42,43, 44,46) (48, 50, 54, 55) cm misst.
Dann 4 (4, 5, 6, 6) (6, 7, 8, 9) M stilllegen oder abk. Die mittleren 54 (56,58, 62, 64) (65, 68, 76, 78) M auf der Nadel lassen und die letzten 4 (4, 5, 6, 6) (7, 7, 8, 9) M stilllegen oder abk.

Die Ärmel und der Rumpf werden später miteinander verbunden.

Den zweiten Ärmel ebenso str.

RUNDPASSE

Weiter in GF und mit Nadel Nr. 4,5 arb. Rumpf und Ärmel folgendermaßen verbinden: die 54 (56, 58, 62, 64) (65, 68, 76, 78) Ärmel-M (linker Ärmel) auf die Rundstricknadel mit den Rumpf-M str; die 66 (72, 78, 82, 92) (95, 104, 112, 114) M für die Vorderseite str; die 54 (56, 58, 62, 64) (65, 68, 76, 78) M des zweiten Ärmels auf die Rundstricknadel str (rechter Ärmel); die 66 (72, 78, 82, 92) (95, 104, 112, 114) M für die Rückseite str. Auf der Nadel liegen jetzt 240 (256, 272, 288, 312) (320, 344, 376, 384) M.

0 (0, 1, 3,4) (6, 8,12,14) Rd glatt re str und das Jacquardmuster nach Zählmuster 1 arb. Bei diesem Modell ist der Musterrapport nicht zentriert. Wenn Sie das Muster mittig ausrichten möchten, legen Sie fest, welcher Teil vorne in der Mitte liegen soll, und zählen Sie nach, wo Sie mit den Zählmustern beginnen müssen. Zählmuster 1, 2 und 3 an derselben Stelle beginnen.

Wenn Sie das Zählmuster 1 fertiggestrickt haben, 1 Rd glatt re str und dabei gleichmäßig verteilt 2 (0, 0, 0, 6) (0, 4,2, 0) M abn, indem Sie jeweils 2 M re zus-str.
Für die Größen XS, M, XL und 4 XL mit Zählmuster 2 A und für die Größen XXS, S, L, 2 XL und 3 XL mit Zählmuster 2 B weiterarb.

Sind Sie mit Zählmuster 2 fertig, in GF 1 Rd glatt re str und dabei gleichmäßig verteilt 28 (32, 34, 36, 40) (40, 53, 45, 41) M abn, indem Sie jeweils 2 M re zus-str. Auf der Nadel liegen jetzt 210 (224, 238, 252, 266) (280, 287,329, 343) M. Mit Zählmuster 3 weiterarb. Für die Größen XS und S die Rd 1,19 und 21 auslassen. Nach dem Arbeiten von Zählmuster 3 liegen noch 120 (128,136, 144,152) (160,164,188,196) M auf der Nadel. In GF weiterarb. 1 Rd glatt re str und dabei gleichmäßig verteilt 36 (40,44,48, 56) (60, 68, 80, 84) M abn, indem Sie jeweils 2 M re zus-str.
Auf der Nadel liegen jetzt 84 (88,92, 96, 96, 100, 96,108, 112) M.

HALSAUSSCHNITT

Bevor Sie mit dem Halssausschnitt fortf, sollten Sie überprüfen, ob er passt. Wenn nötig noch eine Rd mit Abnahmen str, bevor Sie mit dem Rippenmuster beginnen.
Zu Nadeln Nr. 4,0 wechseln und 3 cm bzw. die gewünschte Höhe im 2/2 Rippenmuster arb. Zuletzt M locker abk.

FERTIGSTELLEN

Alle Garnenden vernähen, den Pullover befeuchten und auf Maß spannen.

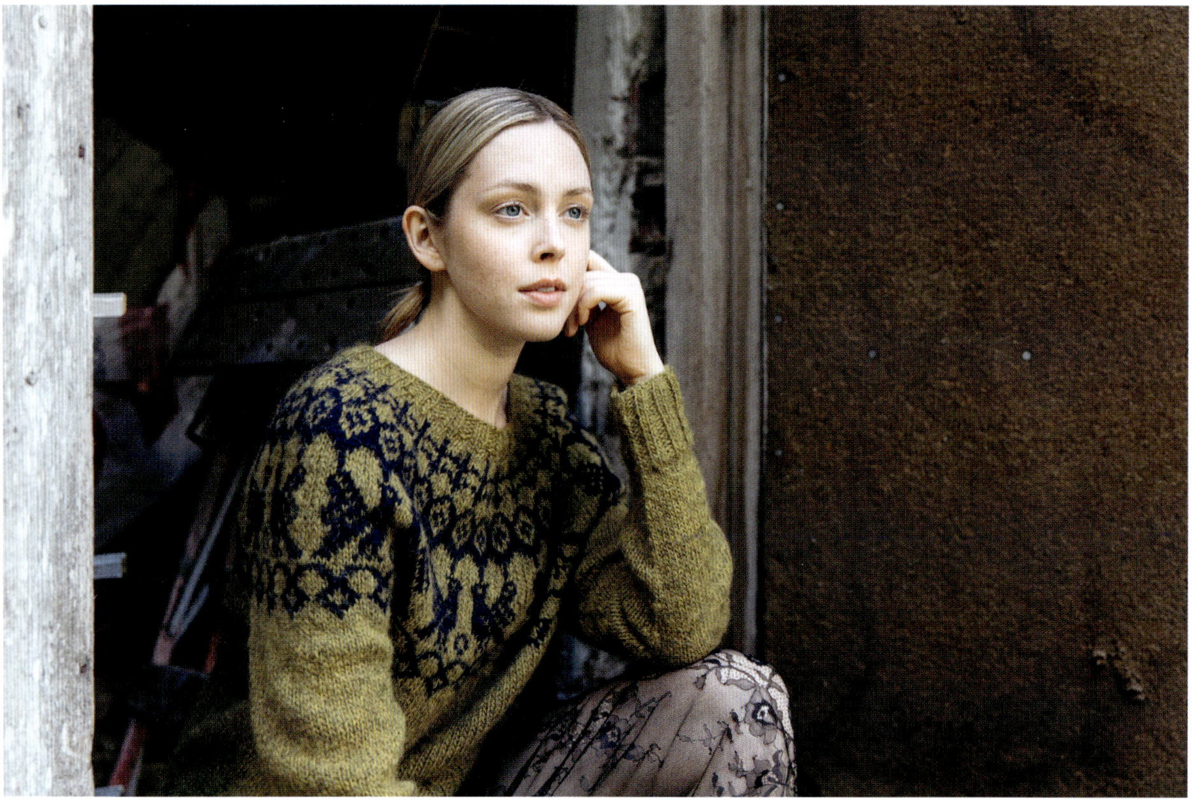

ZÄHLMUSTER 1

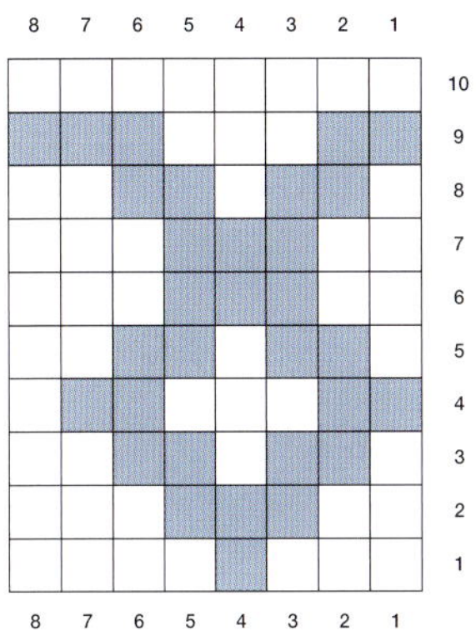

ZÄHLMUSTER 3

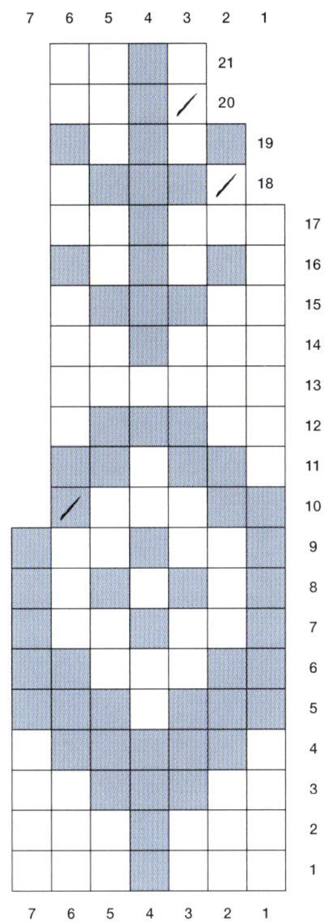

ZEICHENERKLÄRUNG

- GF
- KF
- 2 M RE ZUS-STR

ZÄHLMUSTER 2 A

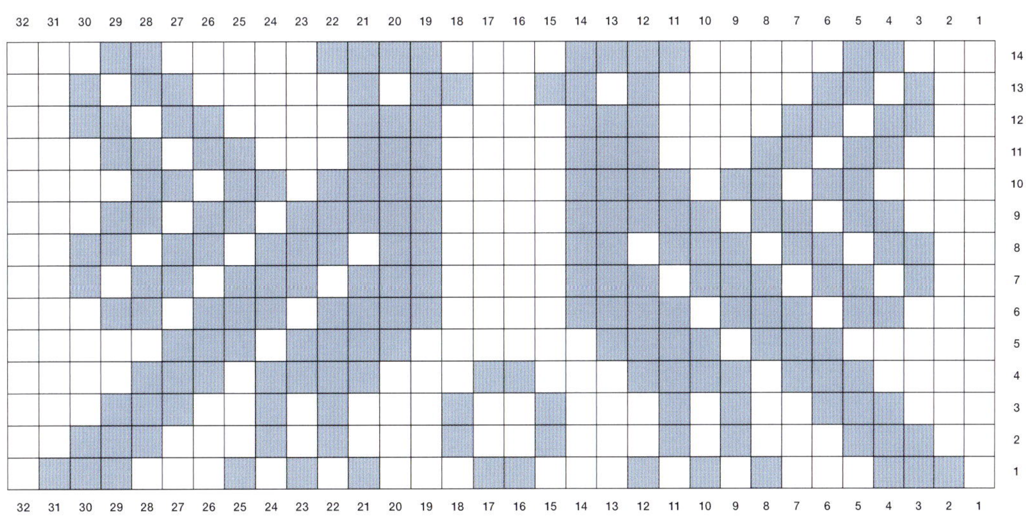

ZÄHLMUSTER 2 B

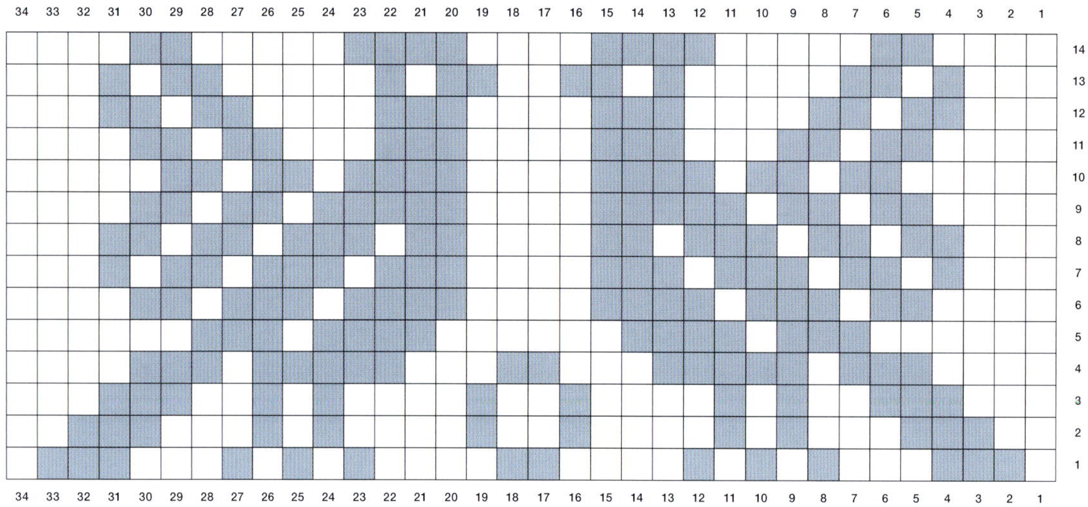

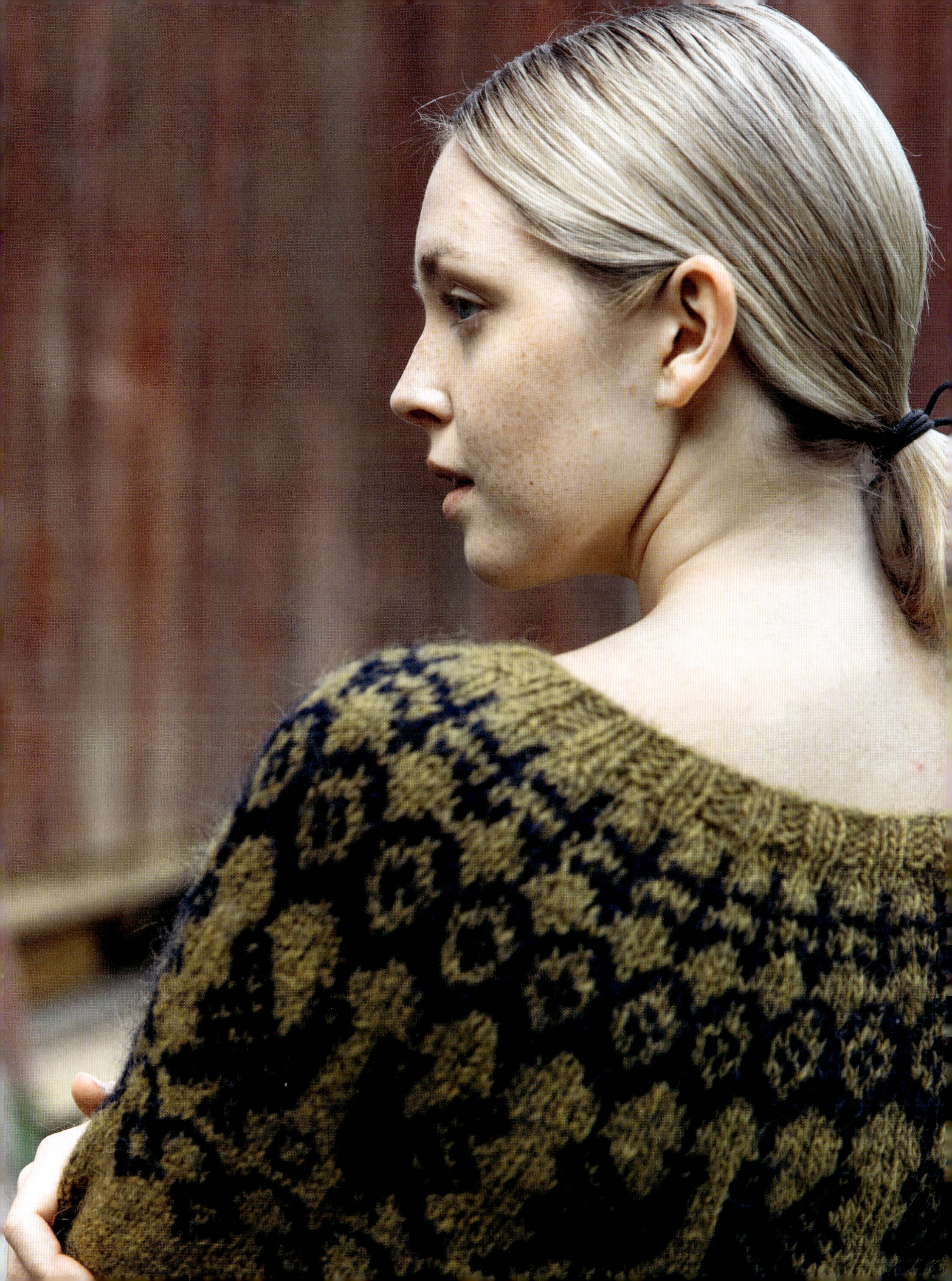

SUOLAULU

DAS MOORLIED

Sang auf Joukahainens Krummholz
Zaubernd junge Baumessprossen,
Weidenbuschwerk auf das Kummet,
Weiden an des Riemens Ende,
Sang den schöngeschmückten Schlitten
In den See als schlechtes Strauchwerk,
Bannt' die perlenreiche Peitsche
An den Meeresstrand als Schilfrohr,
Sang das Roß mit weißer Stirne
An den Wasserfall als Steinblock.
Sang das Schwert mit goldnem Schafte
Dann als Blitzstrahl an den Himmel,
Bannt' des Bogens bunte Wölbung
Auf die Flut als Regenbogen,
Wandelte die flücht'gen Pfeile
Um zu Habichten, die kreisen,
Dann den Hund mit krummer Schnauze
Um zum Felsblock auf dem Boden.
Sang dem Mann die Mütz' vom Kopfe,
Wandelt' sie in Wolkenhaufen,
Sang die Handschuh' von den Händen
In den See als Wasserblumen,
Ließ das blaue wollne Wämschen
Lämmerwolken an den Himmel,
Ließ die prächt'ge Gürtelbinde
Dort zu Sternenscharen warden.
Sang den Joukahainen selber
Bis zum Gurt in tiefe Sümpfe,
Bis zur Hüft' in Wasserwiesen,
Bis zum Arm in Sandestiefeln.

(Kalevala, 3. Gesang, Vers 301–330)

Im dritten Gesang des Kalevala misst sich Wäinämöinen mit seinem Erzfeind Joukahainen in der Zauberei und anderen Fertigkeiten und zaubert am Ende Joukahainen durch seinen Gesang in den Sumpf. Verzweifelt verspricht Joukahainen Wäinämöinen seine Schwester Aino zur Frau. Joukahainens Mutter freut sich, dass ihre Tochter einen so berühmten Mann heiraten soll, Aino aber sträubt sich, den schon alten und graubärtigen Wäinämöinen zum Mann zu nehmen.

Nicht wenige Forscher der finnischen Volksdichtung halten den Gesangwettstreit für eine der Schlüsselpassagen des Kalevala. Darin wird eine archaische Schöpfungsgeschichte mit dem universellen Motiv des Duells zwischen zwei Magiern verknüpft. Die Kontrahenten, einer davon alt und der andere jung und hitzköpfig, sind das Spiegelbild des jeweils anderen. Zwei Helden mit unterschiedlichen Fertigkeiten und Fähigkeiten stehen einander gegenüber. Es ist von Beginn an ein ungleicher Kampf.[20]

Jemanden im Morast versinken zu lassen, ist mehr als nur eine Metapher: sich auf frühe Quellen stützend, vermuten Forscher, dass dieses Vorgehen als Bestrafungsmethode oder Opfergabe eingesetzt wurde. Ertränken entwickelte sich im christlichen Zeitalter zu einer beliebten Hinrichtungsmethode, da es nach dem Gesetz des Moses nicht zu Blutschuld führte. Für den Gesangwettstreit selbst gibt es in anderen Mythologien Entsprechungen, auch in den altnordischen und Nahost-Kulturen.[21]

Die Natur und die Sümpfe Finnlands inspirierten mich zu einem Muster, dessen Farben und Motive mit den finnischen Feuchtwiesen harmonieren. Das Jacquardmuster stellt nicht den Gesangwettstreit selbst dar: Stattdessen zeigt es die üppige Landschaft des Sumpfes und die Pflanzen und Tiere, die darin wohnen. Die weißen Formen auf dunklem Hintergrund erinnern an Wollgras und andere Sumpfpflanzen. Die Schneekristalle am unteren Ende symbolisieren den Winter und den Dauerfrost. Das Muster kombiniert die traditionellen norwegischen Selbu-Schneeflocken mit verschiedenen Blatt- und Pflanzenmotiven.

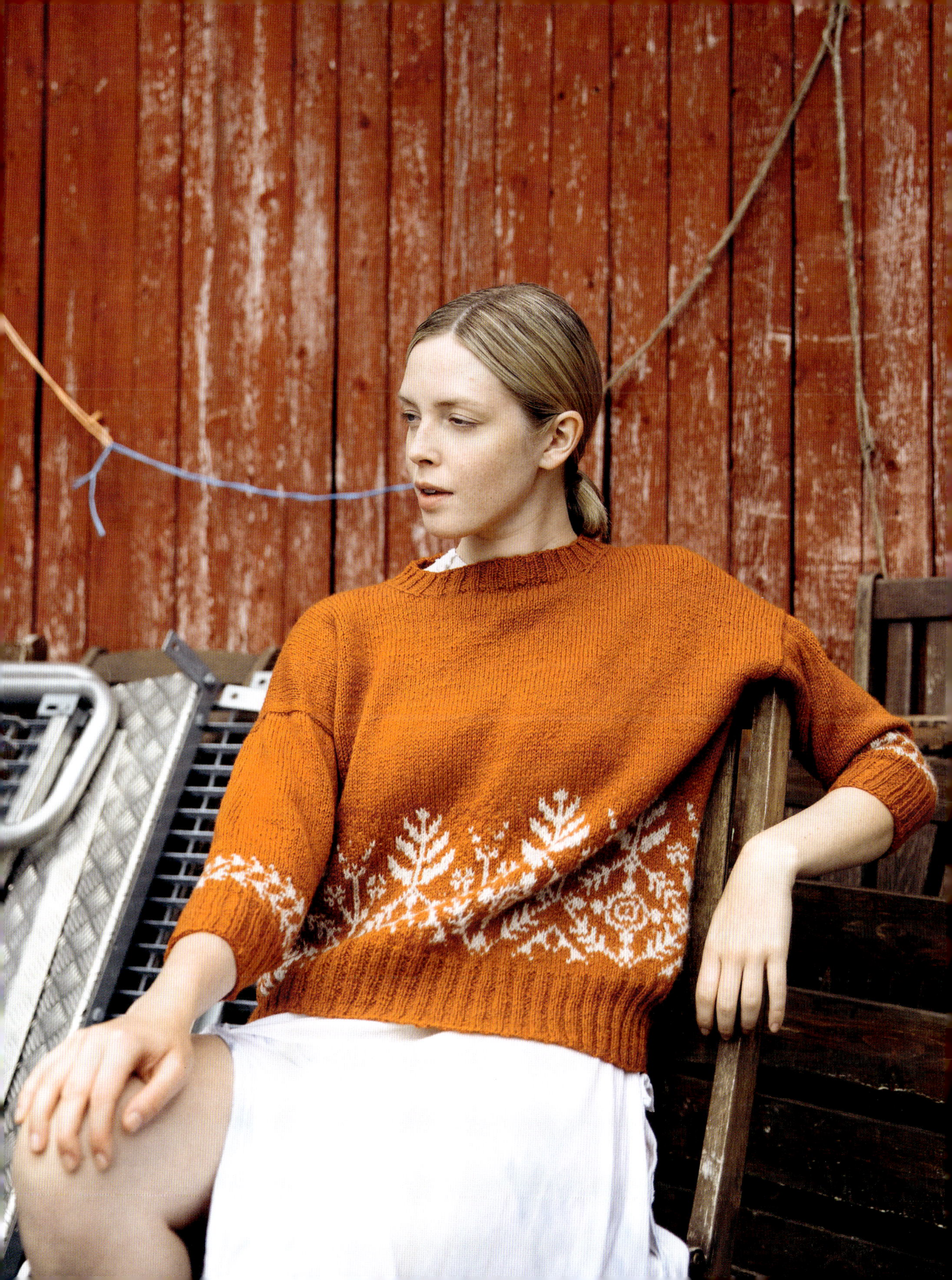

Suolaulu-Sweater

Der Sweater wird in einem Stück von unten nach oben gestrickt. Er hat Dreiviertelärmel, einen kurzen Saum und überschnittene Schultern. Das Jacquardmuster wird auf den Saum und die Ärmelbündchen gestrickt. Die Form des Sweaters lässt sich ganz leicht verändern, indem man die Ärmel oder den Rumpf länger strickt. Beachten Sie aber, dass Sie dafür auch mehr Garn benötigen. Der Sweater wurde erstmals im Herbst 2020 veröffentlicht und ist mein Lieblingsmodell aus der Kalevala-Serie.

GRÖSSEN

XS (S, M, L, XL) (2XL, 3XL, 4XL, 5XL)
Der Sweater hat eine leichte Oversize-Passform. Er sollte mit einer Bequemlichkeitszugabe von 5–10 cm im Brustbereich gestrickt werden.

MASSE DER FERTIGEN ARBEIT

Brustumfang: 86 (98, 111, 123, 135) (148,160,172,185) cm.
Rumpflänge: 35 (36, 37, 41,42) (44, 48, 50, 52) cm.
Armlochhöhe: 19 (20,21, 22, 24) (26, 28,30, 32) cm.
Ärmellänge: 32 (33, 34, 35, 36) (37, 37, 38, 39) cm.

GARN

Finull von Rauma (100 % norwegische Wolle, 175 m/50 g).
GF: 434 (Terrakotta)
KF: 4078 Light Marled Beige (Beige meliert)
Sie können das Garn durch ein anderes Garn mit vergleichbarem Gewicht und entsprechender Lauflänge ersetzen. Gute Alternativen sind zum Beispiel das finnische Garn Tukuwool Fingering oder Suoma Single von Pom Pom, das kanadische Garn Rustic Heather Sport von Lichen and Lace, das deutsche BC Garn Bio Shetland, das amerikanische Garn Loft von Brooklyn Tweed oder das portugiesische Garn Pegulhal von Rosa Pomar.

GARNMENGE

GF: 989 (1123,1263,1518,1704) (1915, 2189, 2436, 2703) m.
KF: 166 (189, 212, 255, 286) (322, 368,410,454) m.

Wenn Sie Finull von Rauma verwenden, benötigen Sie:
GF: 6 (7, 8,9,10) (11,13,14, 15) Knäuel.
KF: 1 (2, 2, 2, 2) (2, 3, 3, 3) Knäuel.

NADELN

Für Glatt rechts und Jacquardmuster: Rundstricknadel Nr. 3,5; 80–100 cm lang
Für die Bündchen: Rundstricknadel (80–100 cm lang) und Nadelspiel (falls nicht mit Magic Loop gearbeitet wird) Nr. 3,0.

SONSTIGES

Maschenmarkierer, Maschenhalter oder Hilfsfaden, Stopfnadel

MASCHENPROBE

26 M x 30 Rd = 10 x 10 cm; glatt rechts mit Nadel Nr. 3,5; leicht gespannt.

RUMPF

224 (256, 288, 320, 352) (384,416,448,480) M in GF mit Nadeln Nr. 3,0 anschlagen. Die Arbeit zur Rd schließen und am Beginn der Rd einen M-Markierer setzen. Für das Bündchen 8 cm im 2/2 Rippenmuster str.

Mit Nadel Nr. 3,5 glatt re weiterarb, 3 Rd glatt re str und dann mit dem Jacquardmuster für den Rumpf nach Zählmuster A beginnen. Den Musterrapport in jeder Rd 7 (8, 9,10,11) (12,13,14,15) x wdh. Wenn Sie das Zählmuster fertiggestrickt haben, in GF und glatt re weiterarb, bis der Rumpf 35 (36, 37,41, 42) (44,48, 50, 52) cm misst.

Jetzt die M in Vorder- und Rückteil aufteilen. 8 (0, 24,16, 8) (0, 24,16, 8) M für die Rückseite auf einem M-Halter, bzw. Hilfsfaden stilllegen, 112 (128,144, 160,176) (192, 208, 224, 240) M für die Vorderseite von der linken auf die rechte Nadel nehmen und die restlichen M zu den anderen stillgelegten M für das Rückteil legen. Für die Rückseite sind jetzt 112 (128,144,160,176) (192,208, 224,240) M stillgelegt.

Mit der Vorderseite weitermachen. Die Vorder- und Rückseite werden offen gestrickt (die Rd nicht schließen, sondern auf der Rundstricknadel in R hin- und herstr).

VORDERSEITE

In R nur über die M für die Vorderseite arb. 12 (13,14,15,16) (17,18,19, 20) cm glatt re str. In der nächsten Hin-R 43 (49,54, 60, 67) (73, 78, 86, 91) M für die linke Schulter str und stilllegen. Dann 26 (30,36,40,42) (46,52,52, 58) M für den vorderen Halsausschnitt str und ebenfalls stilllegen. Bis zum Ende der R str und ab hier nur mit den M der rechten Schulter weitermachen.

Rechte Schulter: Glatt re arb. In der Rück-R alle M li str. In der Hin-R folgende Abnahmen arb: 1 M re, 2 M re überz zus-str, re M bis ans Ende der R str. Diese beiden R (li M in Rück-R und Abnahmen in Hin-R) wdh, bis noch 35 (40,44,49, 55) (60, 65, 72,78) M übrig sind.
Dann glatt re ohne Abnahmen weiterarb, bis der Armausschnitt 19 (20, 21,22, 24) (26,28, 30,32) cm misst.
Die M der rechten Schulter stilllegen.

Linke Schulter: Wie die rechte Schulter str. Aber die Abnahmen in der Hin-R folgendermaßen arb: bis 3 M vor dem R-Ende re M str, 2 M re zus-str, 1 M re str. Diese beiden R (li M in Rück-R und Abnahmen in Hin-R) wdh, bis noch 35 (40,44,49, 55) (60, 65,72, 78) M übrig sind. Dann glatt re ohne Abnahmen weiterarb, bis der Armausschnitt, wie bei der rechten Schulter, 19 (20, 21, 22, 24) (26, 28, 30, 32) cm misst.

Die M der Vorderseite stilllegen und mit der Rückseite weitermachen.

RÜCKSEITE

Die 112 (128, 144, 160, 176) (192, 208, 224, 240) M glatt re str, bis die Rückseite mit einer Armausschnitthöhe von 19 (20, 21, 22, 24) (26, 28, 30, 32) cm genauso hoch wie die Vorderseite ist.

Jetzt die Vorder- mit der Rückseite verbinden. Die Arbeit auf links wenden und die vorderen und hinteren Schultermaschen zusammenstr, indem Sie sie mit 3 Nadeln abk. Für jede Schulter 35 (40, 44, 49, 55) (60, 65, 72, 78) M abketten. Arbeit wieder auf rechts wenden.

HALSAUSSCHNITT

In GF und mit Nadeln Nr. 3,0 zuerst die M aus dem hinteren Halsausschnitt, dann aus der linken Halsausschnittkante, dem vorderen Halsausschnitt und der rechten Halsausschnittkante aufnehmen und re verschr abstr (etwa 1/3 von hinten, 1/3 von vorne und 1/3 von den Seiten nehmen). Sie müssen hier keine bestimmte M-Anzahl aufnehmen, sie sollte aber durch 4 teilbar sein. Die Arbeit zur Rd schließen und am Beginn der Rd einen M-Markierer setzen. Für das Bündchen 3 cm im 2/2 Rippenmuster str und dann locker abk.

ÄRMEL

In GF und mit Nadel Nr. 3,5 96 (100,104,108,112) (116,120,124,128) M aus dem Armausschnitt aufnehmen und re verschr abstr. Am Beginn der Rd einen M-Markierer setzen. 2 Rd glatt re str. Dann die Abnahmen folgendermaßen arb: Jeweils vor und nach der markierten M 1 M abn. Dabei nach dem M-Markierer 2 M re zus-str und vor dem M-Markierer 2 M re überz zus-str (= 2 Abnahmen). Diese Abnahmen in jeder 3. (3., 3., 4., 4.) (4., 4., 4., 5.) Rd wdh, bis noch 60 (64, 68, 72, 80) (84,92, 96,100) M übrig sind.

Das Jacquardmuster am Ärmel nach Zählmuster B arb. Dann in GF 3 Rd glatt re str.

Mit Nadeln Nr. 3,0 im 2/2 Rippenmuster weiterarb. Gleichzeitig M abn, indem Sie in jeder 2. Rd am Beginn der Rd 2 M re zus-str/2 M li zus-str und am Ende der Rd 2 M re abgeh zus-str/2 M li abgeh zus-str (die Abnahmen jeweils vor und nach der markierten M vornehmen), bis noch 40 (44,48,52, 54) (58, 62, 66,70) M übrig sind.
Im 2/2 Rippenmuster weiterstr, bis das Bündchen 8 cm misst. Der Ärmel sollte jetzt 32 (33, 34, 35, 36) (37, 37, 38,39) cm lang sein. M locker abk.

FERTIGSTELLEN

Alle Garnenden vernähen, den Sweater befeuchten und auf Maß spannen.

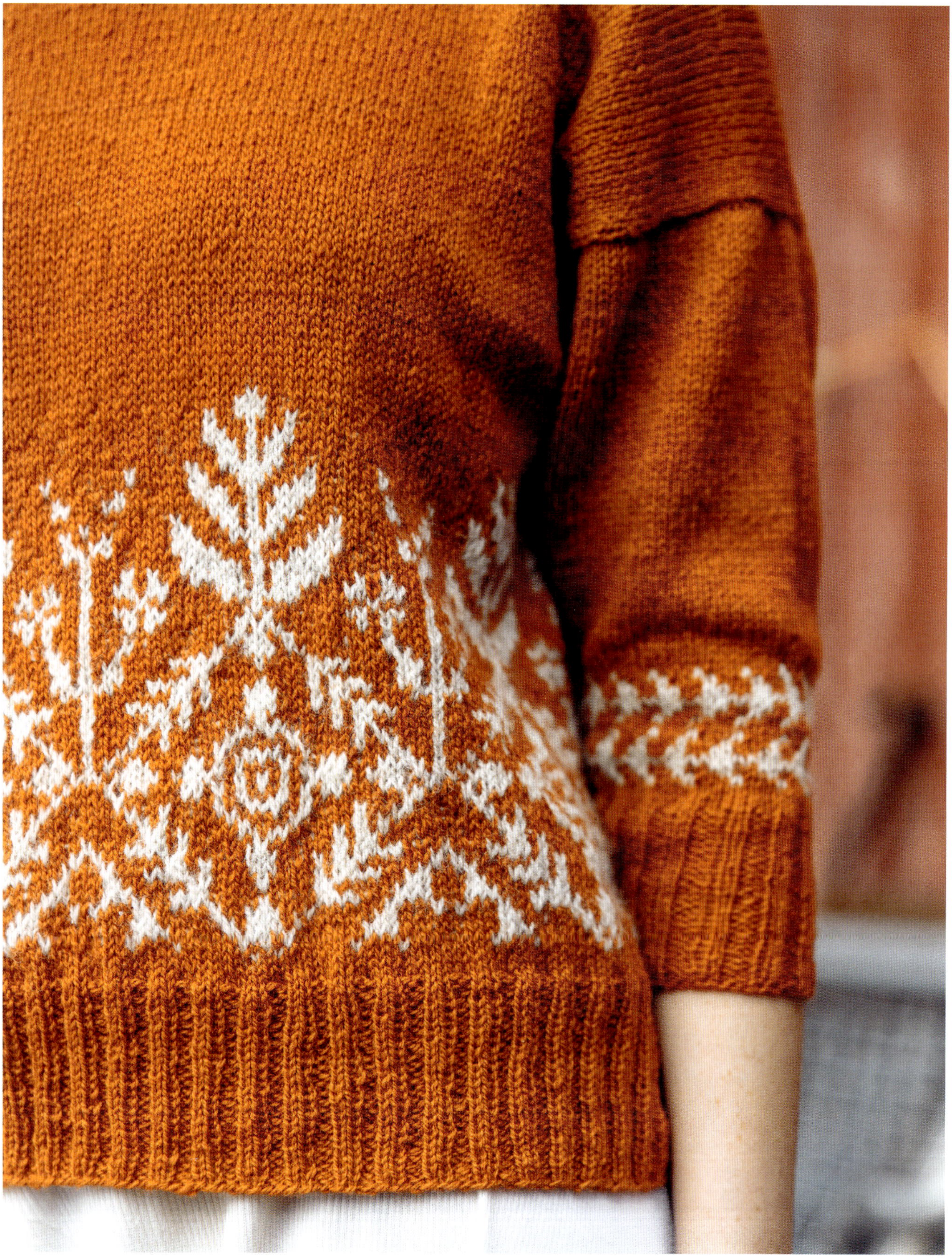

ZÄHLMUSTER A

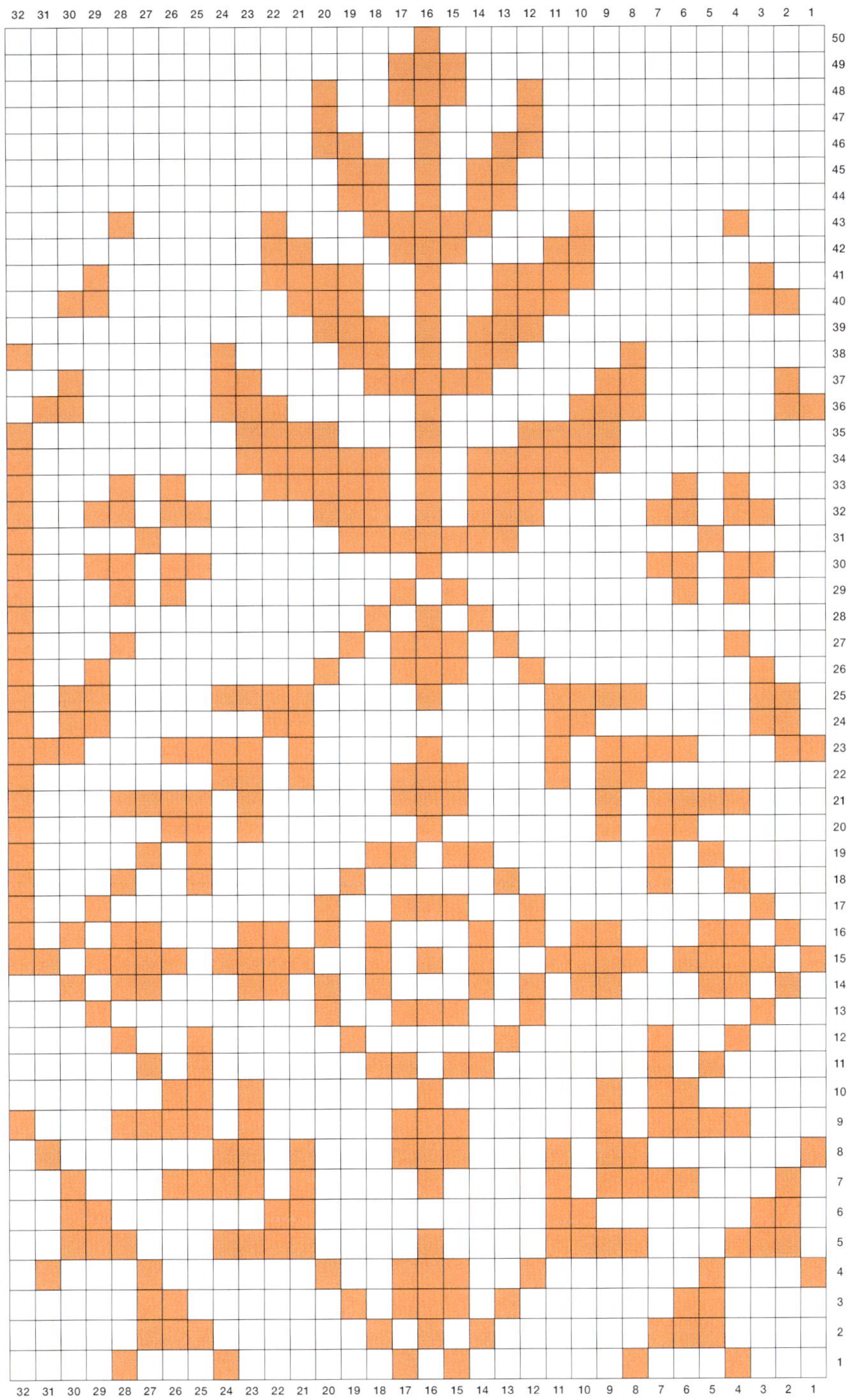

ZÄHLMUSTER B

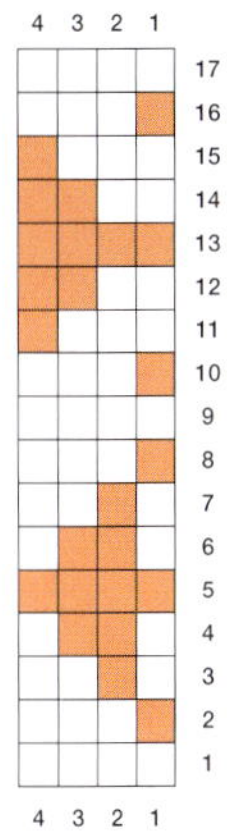

ZEICHENERKLÄRUNG

- GF (white square)
- KF (orange square)

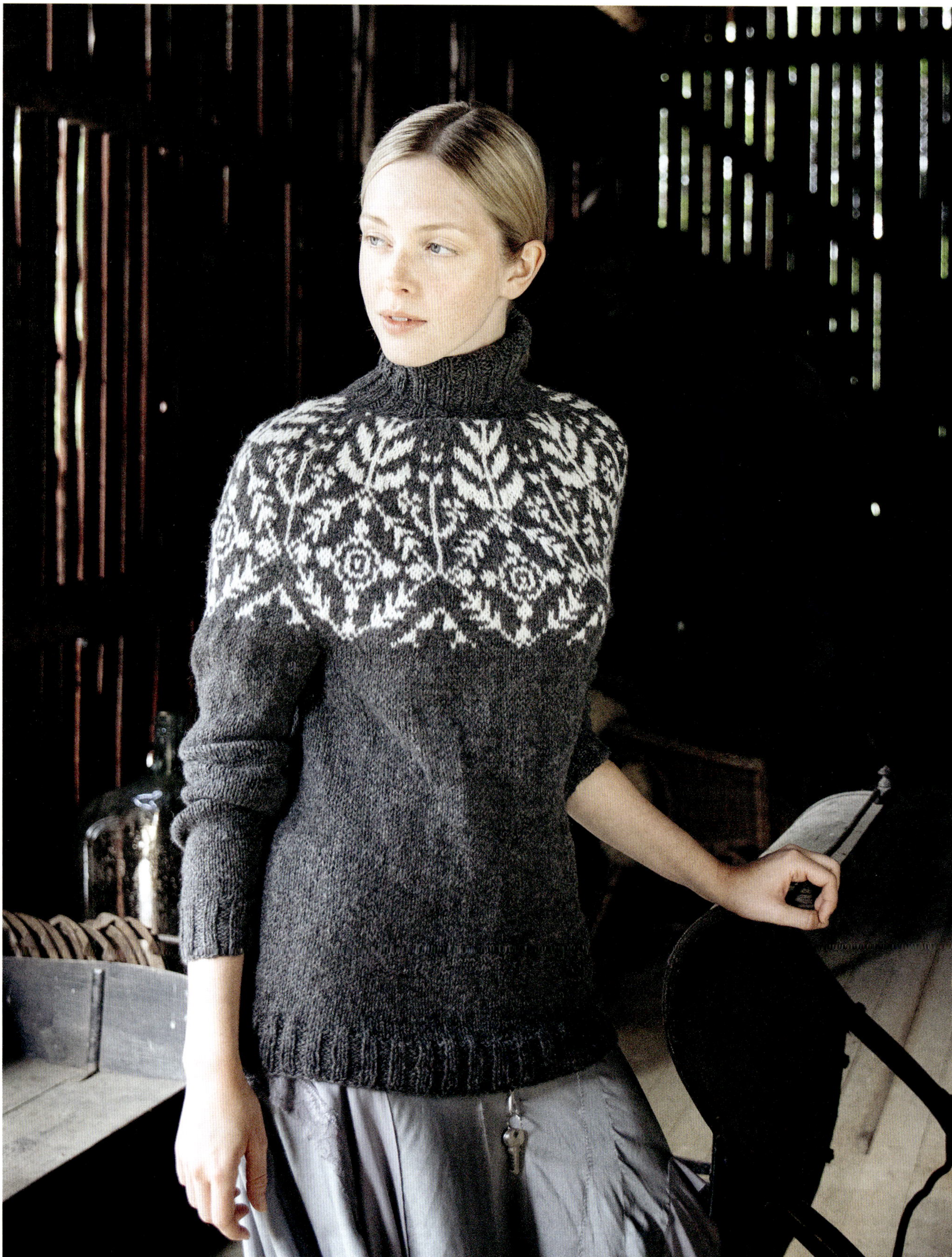

Suolaulu-Pullover mit Rundpassenmuster

*Bei diesem Modell übernehmen wir das Jacquardmuster des Suolaulu-Sweaters von Seite 38, das hier in die Rundpasse eingestrickt wird. Der Pullover wird von unten nach oben gestrickt und seine Schneekristall- und Blumenmotive sind entstanden, als Stricker*innen mich baten, den ursprünglichen Sweater in einen Pullover mit Rundpasse zu verwandeln. Durch das besonders dicke Garn hält er bei Aktivitäten im Freien schön warm und der Rollkragen schützt vor Wind. Das schöne Einstrickmuster wirkt hier fast wie eine Statement-Kette.*

GRÖSSEN

XS (S, M, L) (XL, 2XL, 3XL) (4XL, 5XL, 6XL)
Der Pullover hat eine leichte Oversize-Passform.
Er sollte mit einer Bequemlichkeitszugabe von 5–10 cm im Brustbereich gestrickt werden.

MASSE DER FERTIGEN ARBEIT

Brustumfang: 84 (88, 93, 101) (105, 109 114, 126 139, 153) cm.
Rumpflänge: 40 (42, 43, 45) (46, 47, 48) (48, 49, 50) cm.
Rundpassenhöhe: 25,5 (26, 26, 27) (27,5; 28; 29) (30; 32; 33,5) cm.
Ärmellänge: 42 (43,44, 45) (45, 46, 47) (47, 48, 49) cm.

GARN

Jensen von Isager (100 % Wolle, 250 m/100 g).
GF: 4S (Dunkelgrau)
KF: 0 (Weiß)
Sie können das Garn durch ein anderes Garn mit vergleichbarem Gewicht und entsprechender Lauflänge ersetzen. Gute Alternativen sind zum Beispiel das finnische Garn Tukuwool DK oder Suoma DK von Pom Pom, das isländische Garn Plötulopi von Ístex und das britische Garn Knit by Numbers DK von John Arbon Textiles.

GARNMENGE

GF: 850 (894, 938, 992) (1138, 1186, 1228) (1282, 1348, 1425) m.
KF: 130 (139, 148, 159) (167, 175, 186) (197, 219, 236) m.

Wenn Sie das Garn Jensen von Isager verwenden, benötigen Sie:
GF: 4 (4, 4, 4) (5, 5, 5) (6, 6, 6) Knäuel.
KF: 1 (1, 1, 1) (1, 1, 1) (1, 1, 1) Knäuel.

NADELN

Für Glatt rechts und Jacquardmuster: Rundstricknadeln Nr. 4,0; 40 und 80 cm lang
Für die Bündchen: Rundstricknadeln (40 und 80 cm lang) und Nadelspiel (falls nicht mit Magic Loop gearbeitet wird) Nr. 3,5. Falls notwendig, die Nadelstärke wechseln, damit die Maschenprobe übereinstimmt.

SONSTIGES

Maschenmarkierer, Maschenhalter oder Hilfsfaden, Stopfnadel

MASCHENPROBE

19 M x 22 Rd = 10 x 10 cm; glatt rechts mit Nadeln Nr. 4,0; leicht gespannt.

RUMPF

160 (168, 176, 192) (200, 208, 2016) (240, 264, 290) M in GF mit Nadeln Nr. 3,5 anschlagen. Die Arbeit zur Rd schließen und am Beginn der Rd einen M-Markierer setzen. Dann 8 cm im 2/2 Rippenmuster str.

Mit Nadeln Nr. 4,0 glatt re weiterarb, bis der Rumpf 40 (42, 43, 45) (46, 47, 48) (48, 49, 50) cm misst.

Jetzt die M in Vorder- und Rückteil aufteilen. Wenn Sie die M für den Armausschnitt auf einem M-Halter bzw. einen Hilfsfaden stilllegen, werden diese später mit dem Maschenstich geschlossen. Wenn Sie die M abketten, werden sie mit dem Matratzenstich zusammengenäht. 9 (10, 11, 13) (14, 15, 16) (16, 16, 16) M für den Armausschnitt abk oder stilllegen, für die Vorderseite 71 (74, 77, 83) (86, 89, 92) (104, 116, 127) M re str, für den zweiten Armausschnitt 9 (10, 11, 13) (14, 15, 16) (16, 16, 16 M abk bzw. stillegen und die restlichen M re str. Die Arbeit beiseitelegen und die Ärmel str.

ÄRMEL

40 (40, 44, 44) (48, 48, 52) (52, 52, 56) M in GF mit Nadeln Nr. 3,5 anschlagen. Die Arbeit zur Rd schließen und am Beginn der Rd einen M-Markierer setzen. 8 cm im 2/2 Rippenmuster str.

Mit Nadeln Nr. 4,0 glatt re weiterarb. Die Zunahmen wie folgt str: 1 M re, 1 M zun, bis zur letzten M vor der Markierung re M str, 1 M zun, 1 M re. Die Zunahmen in jeder 6. (7., 7., 7.) (7., 7., 7.) (8., 8., 8.) Rd insgesamt 13 (14,13,15) (14,16,16) (18, 20, 21) x str. Auf der Nadel liegen jetzt 66 (68, 70, 74) (76, 80, 84) (88, 92, 98) M.

Glatt re ohne Zunahmen weiterarb, bis der Ärmel 42 (43,44, 45) (45, 46, 47) (47, 48, 49) cm misst. Jetzt links und rechts der Markierung gleichmäßig 9 (10,11,13) (14,15,16) (16,16,18) M für den Armausschnitt abk oder stilllegen. Auf der Nadel liegen jetzt noch 57 (58, 59, 61) (62, 65, 68) (72, 76, 80) M. Den ersten Ärmel beiseitelegen.

Den zweiten Ärmel ebenso str.

RUNDPASSE

Jetzt Rumpf und Ärmel miteinander verbinden. In GF und mit Nadeln Nr. 4,0 die 57 (58, 59, 61) (62, 65, 68) (72, 76, 80) M des rechten Ärmels re auf die Rundstricknadel str, dann 71 (74, 77, 83) (86, 89, 92) (104,116, 127) M re für die Vorderseite str, 57 (58,59, 61) (62, 65, 68) (72, 76, 80) M des linken Ärmels re auf die Rundstricknadel str und zuletzt 71 (74, 77, 83) (86, 89, 92) (104, 116, 127) M re für die Rückseite str. Die Arbeit zur Rd schließen und am Beginn der Rd einen M-Markierer setzen. Auf der Nadel liegen jetzt 256 (264, 272, 288) (296, 308, 320) (352, 384, 414) M.

Am Ende der nächsten Rd:
Nur bei Größe XL: 1 M zun.
Nur bei Größe 2XL: 2x 2 M re zus-str.
Nur bei Größe 6XL: 2x 1 M zun.

0 (1, 1, 2) (3, 3, 4) (4, 5, 5) Rd glatt re weiterarb. In der nächsten Rd M-Markierer entfernen, 12 (12,12, 22) (22, 24, 2) (12, 22, 0) M re str, M-Markierer setzen (neuer Rd-Anfang) und mit dem Jacquardmuster nach Zählmuster A (B, C, A) (B, C, A) (A, A, A) beginnen. Den Musterrapport in jeder Rd 8 (8, 8, 9) (9, 9,10) (11,12,13) x wdh. Wenn nötig, zu kürzeren Rundstricknadeln wechseln. Wenn Sie mit dem Zählmuster fertig sind, liegen noch 88 (96,104, 99) (108,117, 110) (121,132,143) M auf der Nadel.

ROLLKRAGEN

1. Rd: Glatt re str und dabei gleichmäßig verteilt 10 (14, 16,13) (18, 20,17) (20, 22, 26) M abn, indem Sie jeweils 2 M re zus-str.
2. Rd: Glatt re str und dabei gleichmäßig verteilt 10 (14, 16, 7) (9,11, 9) (11, 14, 18) M abn, indem Sie jeweils 2 M re zus-str.
3. Rd: Glatt re str und dabei gleichmäßig verteilt (0, 0, 7) (9, 10, 8) (10, 12, 15) M abn, indem Sie jeweils 2 M re zus-str. Auf der Nadel liegen jetzt 68 (68, 72, 72) (72, 76, 76) (80, 84, 84) M. Nachdem Sie die Abnahmen fertiggestellt haben, noch 1 (1, 1, 1) (1, 2, 2) (3, 3, 3) Rd glatt re weiterarb.

Mit Nadeln Nr. 3,5 im 2/2 Rippenmuster fortf, bis der Kragen 20 cm misst. Dann locker abk.

FERTIGSTELLEN

Die Armausschnitte mithilfe des Maschen- oder Matratzenstiches schließen und alle Garnenden vernähen. Den Pullover befeuchten und auf Maß spannen.

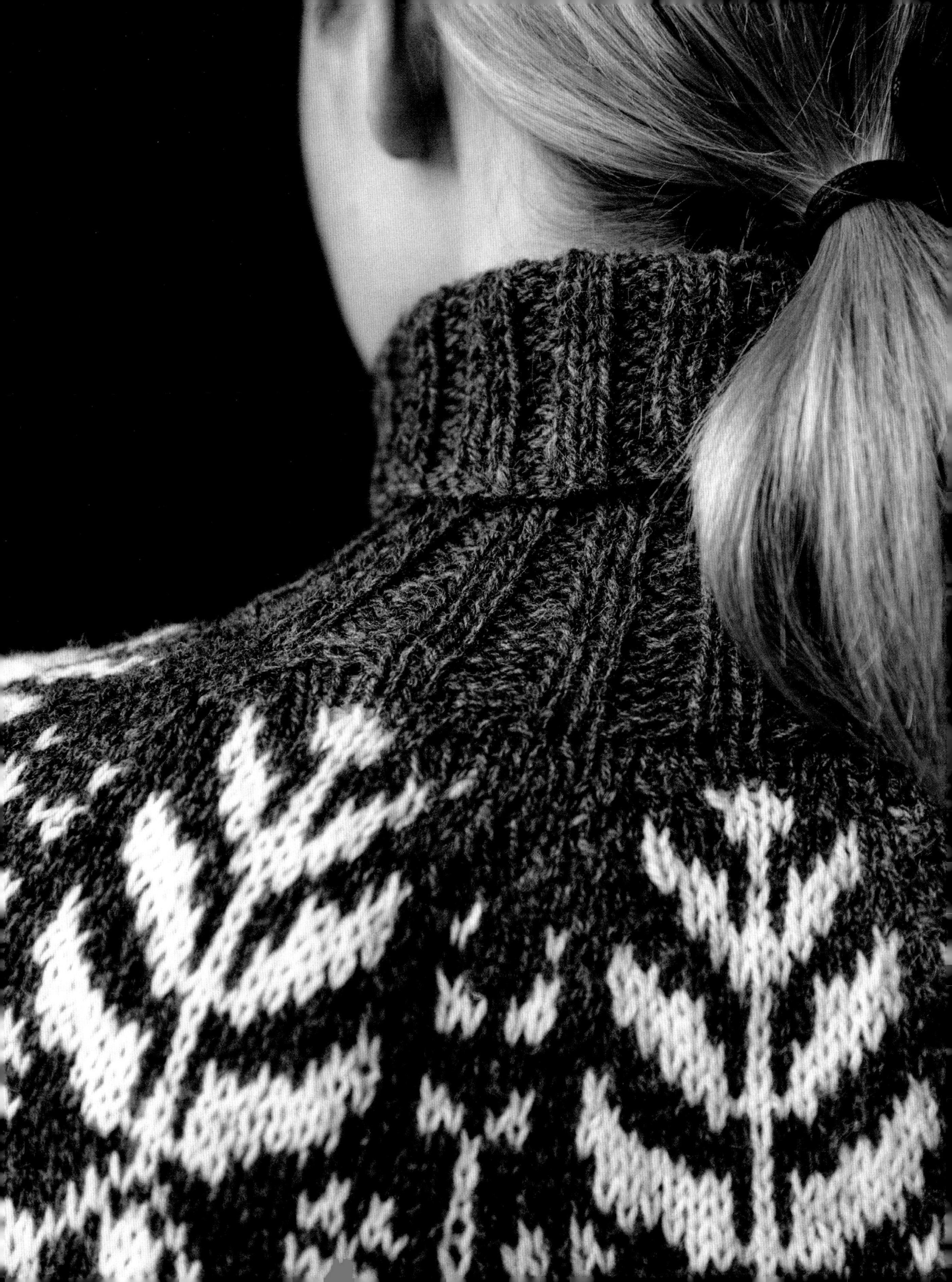

ZÄHLMUSTER A

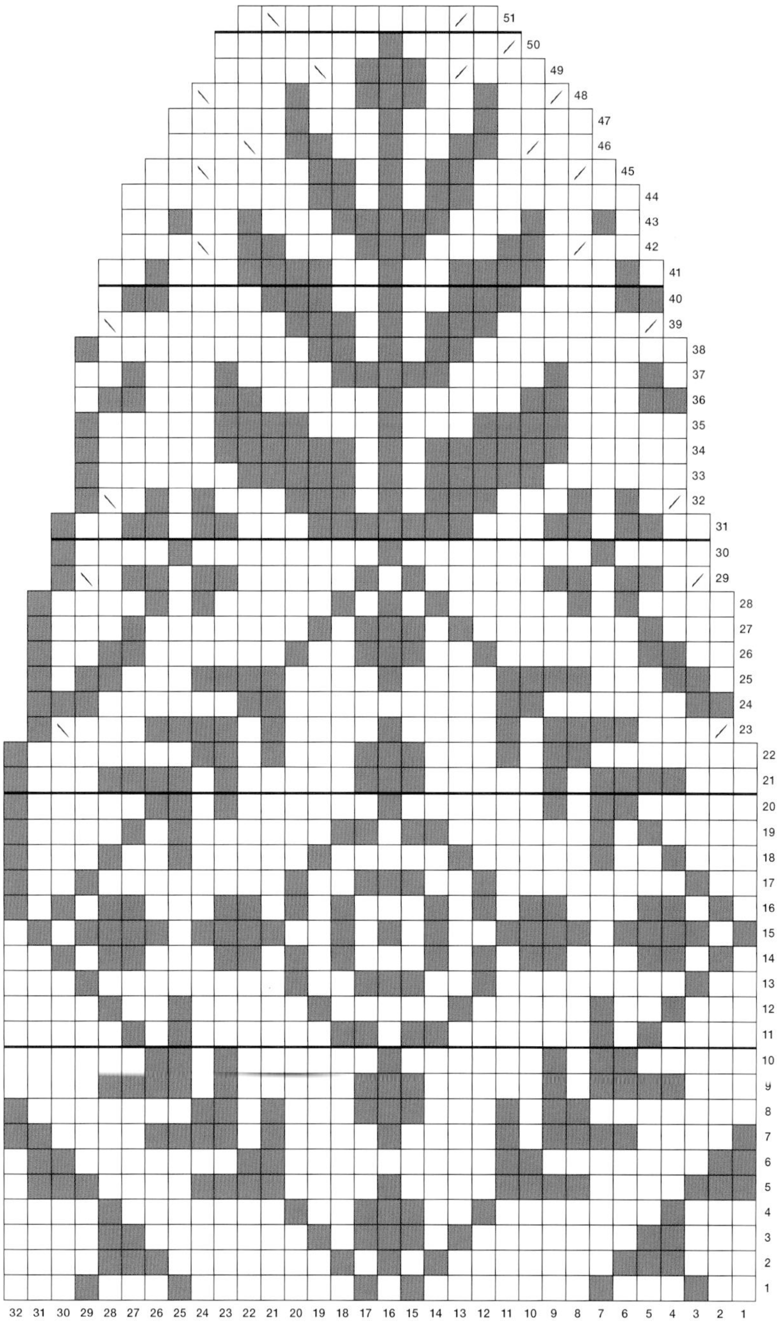

ZEICHENERKLÄRUNG

GF

KF

2 M RE ZUS-STR

2 M RE ABGEH ZUS-STR

ZÄHLMUSTER B

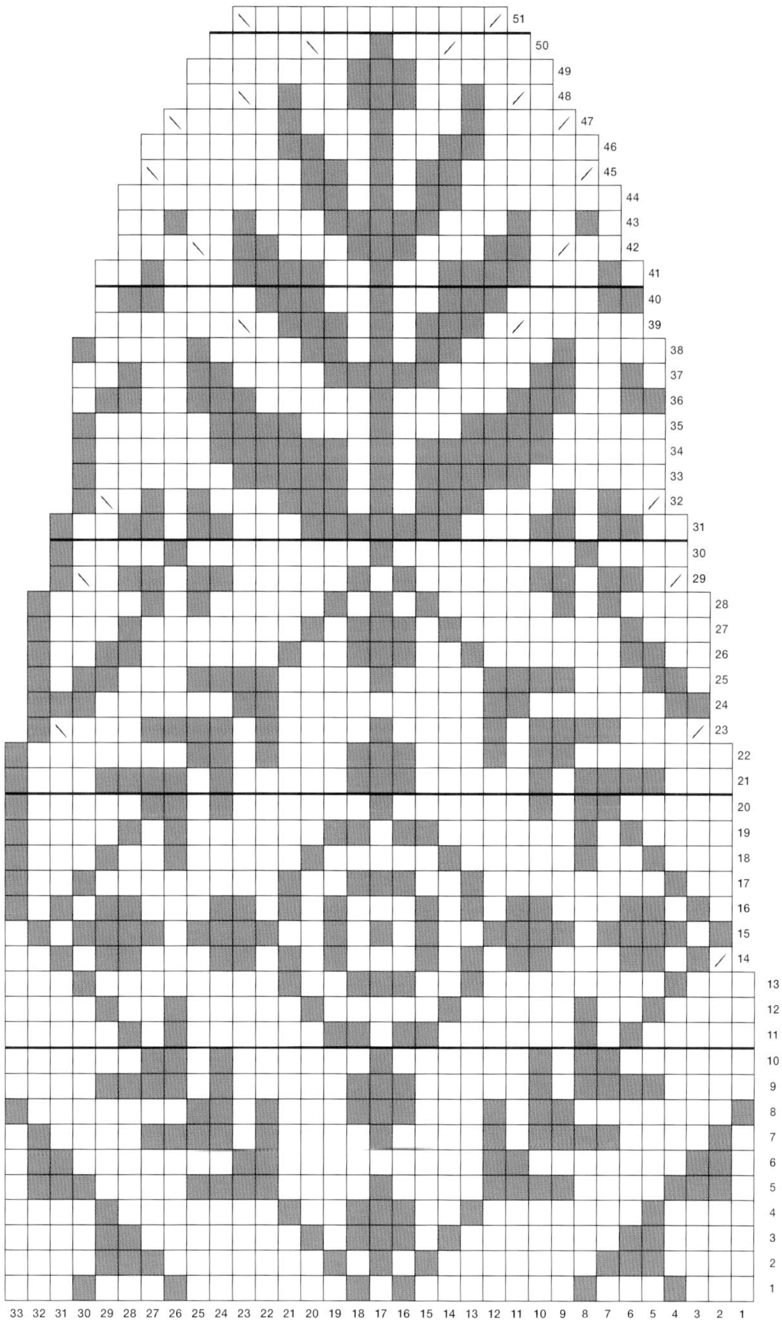

ZÄHLMUSTER C

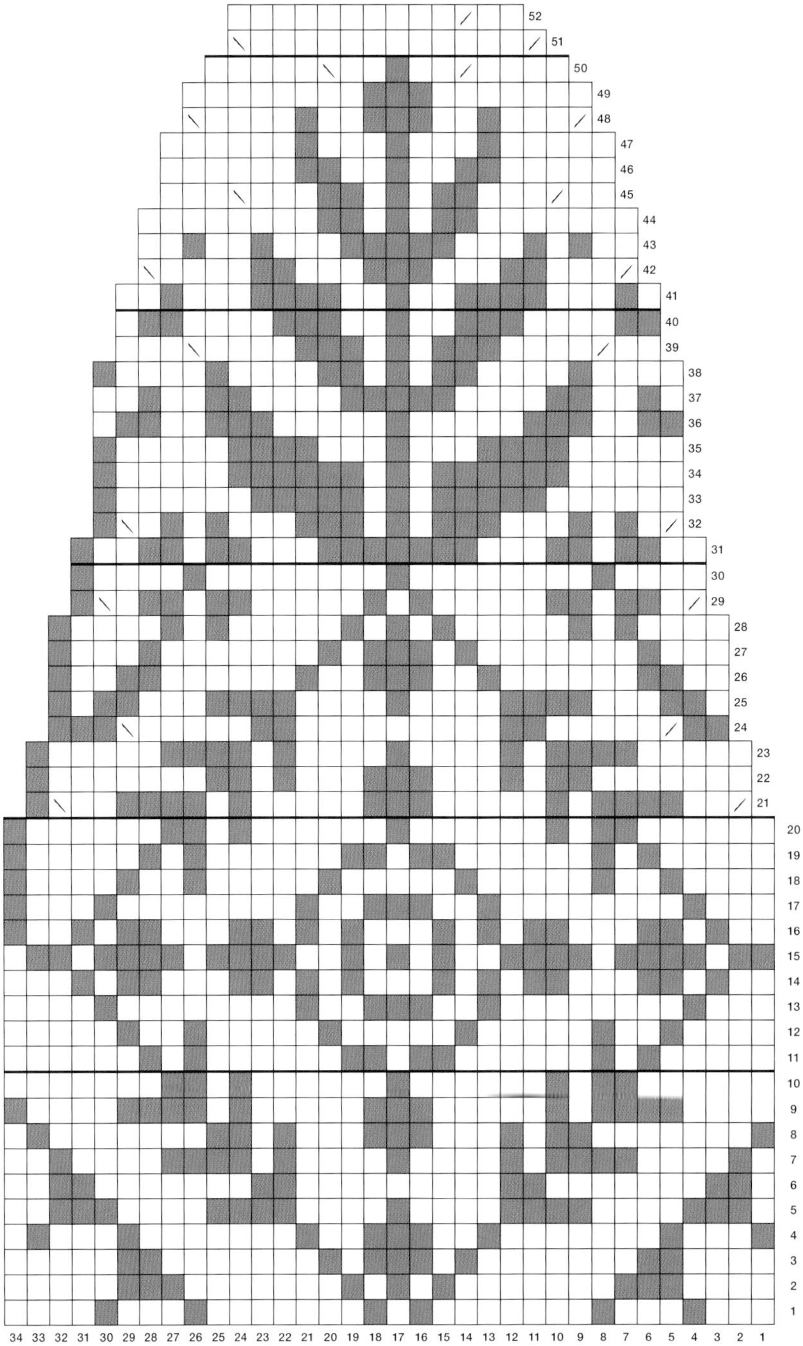

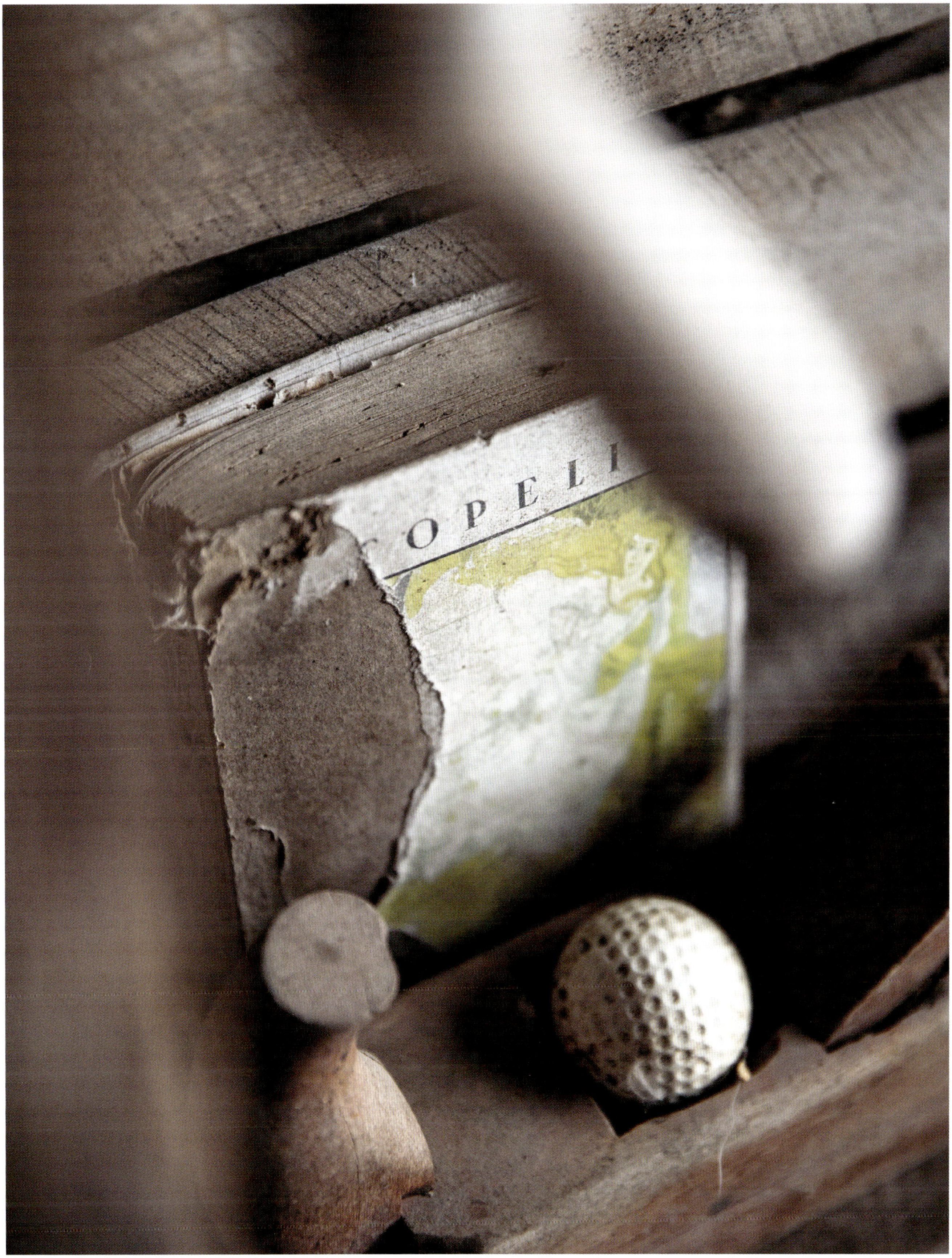

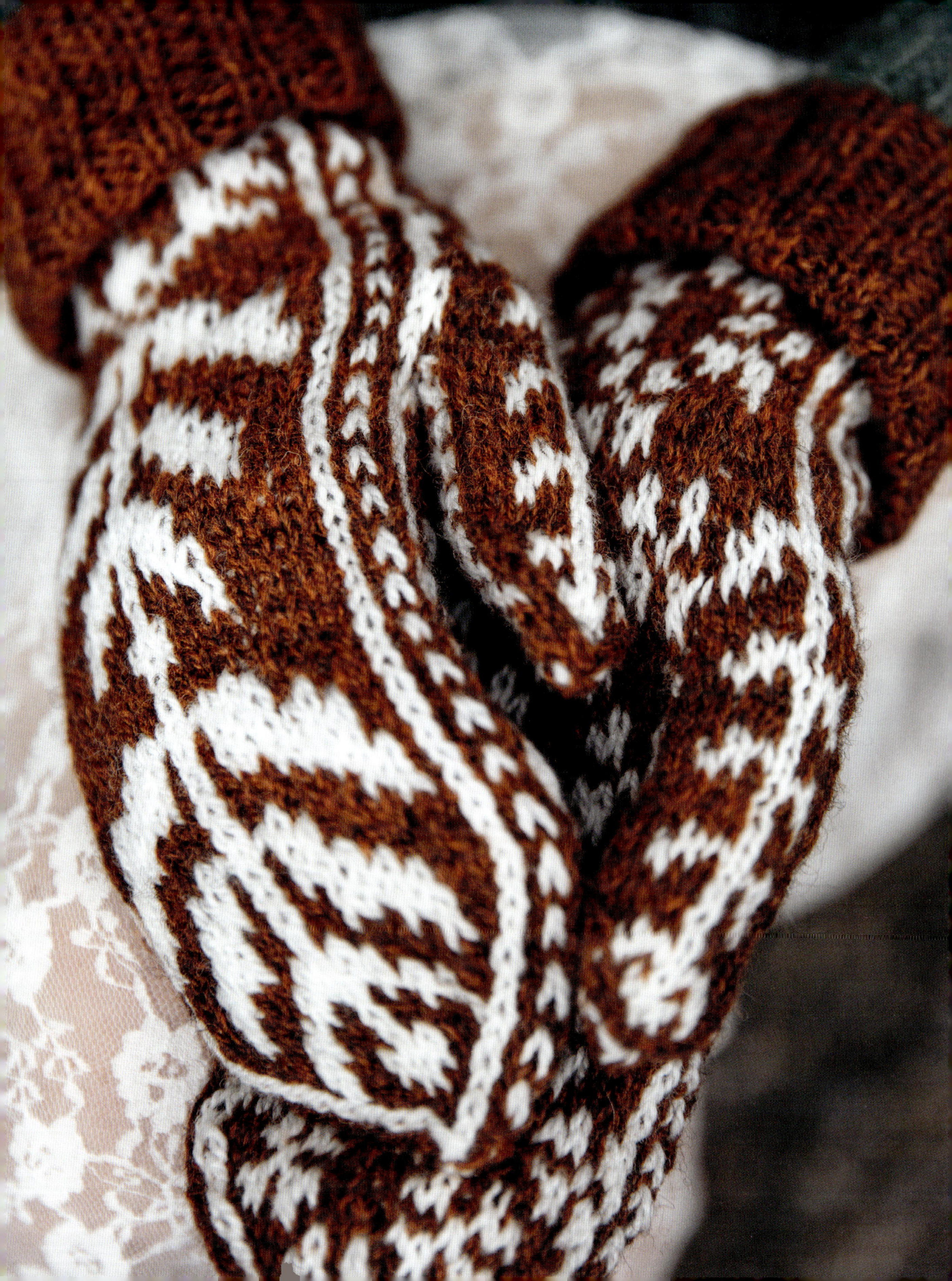

Suolaulu-Fäustlinge

Wir beginnen beim langen gerippten Bündchen, das man umschlagen kann, und übernehmen die Blätter aus dem Jacquardmuster des Suolaulu Sweaters (von Seite 38). Die Fäustlinge lassen sich ganz leicht in fingerlose Handschuhe verwandeln. Einfach den oberen Teil des floralen Musters, die Abnahmen und die Daumenspitze weglassen und die Oberkanten mit einem Rippenmuster abschließen.

GRÖSSEN

XS/S (M/L)

MASSE DER FERTIGEN ARBEIT

Umfang: 17 (18) cm.
Bündchenlänge: 16 (16) cm.
Gesamtlänge: 34 (35,5) cm.

GARN

Finull von Rauma (100 % norwegische Wolle, 175 m/50 g).
GF: 4121 Dark Orange Heather (Kaffeebraun)
KF: 0400 Weiß
Sie können das Garn durch ein anderes Garn mit vergleichbarem Gewicht und entsprechender Lauflänge ersetzen. Eine gute Alternative sind zum Beispiel das finnische Garn Tukuwool Sock, das portugiesische Garn Pegulhal von Rosa Pomar, das kanadische Garn Rustic Heather Sport von Lichen and Lace und die amerikanischen Garne Wilder von Spincycle Yarns und Recollect von The Farmer‘s Daughter.

GARNMENGE

GF: 170 (195) m.
KF: 70 (88) m.

Wenn Sie Finull von Rauma verwenden, benötigen Sie:
GF: 1 (2) Knäuel.
KF: 1 (1) Knäuel.

NADELN

Für glatt re und Jacquardmuster: ein Nadelspiel Nr. 3,5
Für das Rippenmuster: ein Nadelspiel Nr. 3,0.
Falls notwendig, die Nadelstärke wechseln, damit die Maschenprobe übereinstimmt. Die Anleitung ist auf das Arbeiten mit einem Nadelspiel ausgerichtet, aber Sie können auch eine 80–100 cm lange Rundstricknadel verwenden und mit Magic Loop arbeiten.

MASCHENPROBE

26 M x 30 Rd = 10 x 10 cm glatt rechts mit Nadeln Nr. 3,5; leicht gespannt.

LINKER FÄUSTLING

48 (52) M in GF mit Nadeln Nr. 3,0 anschlagen. Die Maschen gleichmäßig auf 4 Nadeln aufteilen. Die Arbeit zur Rd schließen und am Beginn der Rd einen M-Markierer setzen. 16 cm im 2/2 Rippenmuster str. Das lange Bündchen kann beim Tragen einmal umgeschlagen werden.

Mit Nadeln Nr. 3,5 weiterarb und das Jacquardmuster nach Zählmuster A in der entsprechenden Größe str. Wenn Sie an der Stelle für den Daumen angelangt sind (im Zählmuster blau gekennzeichnet), die folgenden 3 M nach dem Zählmuster für den Daumen arb. Dann weiter nach Zählmuster A und B arb und die Zunahmen für den Daumen, wie in Zählmuster B angegeben, str.

Nach Ende der 19. Rd, bis zu den Daumen-M str und diese 11 (11) M stilllegen. Dafür in der nächsten Rd 3 (3) M neu anschlagen. Jetzt haben Sie noch 48 (52) M. Weiter nach Zählmuster A str. Sobald Sie mit dem Zählmuster fertig sind, das Garn abschneiden und vernähen.

DAUMEN

Die 11 (11) stillgelegten M für den Daumen auf 3 Nadeln des Nadelspiels Nr. 3,5 verteilen. Mit der GF aus dem Daumenkeil 9 (9) M aufnehmen und re verschr abstr. Jetzt liegen 20 (20) M auf der Nadel. In Rd weiter nach Zählmuster B str. Sobald Sie mit dem Zählmuster fertig sind, das Garn abschneiden und vernähen.

RECHTER FÄUSTLING

Spiegelverkehrt zum linken Fäustling arb. Die Stelle für den rechten Daumen ist im Zählmuster rot markiert.

FERTIGSTELLEN

Alle Garnenden vernähen, Fäustlinge befeuchten und auf Maß spannen.

ZÄHLMUSTER XS/S

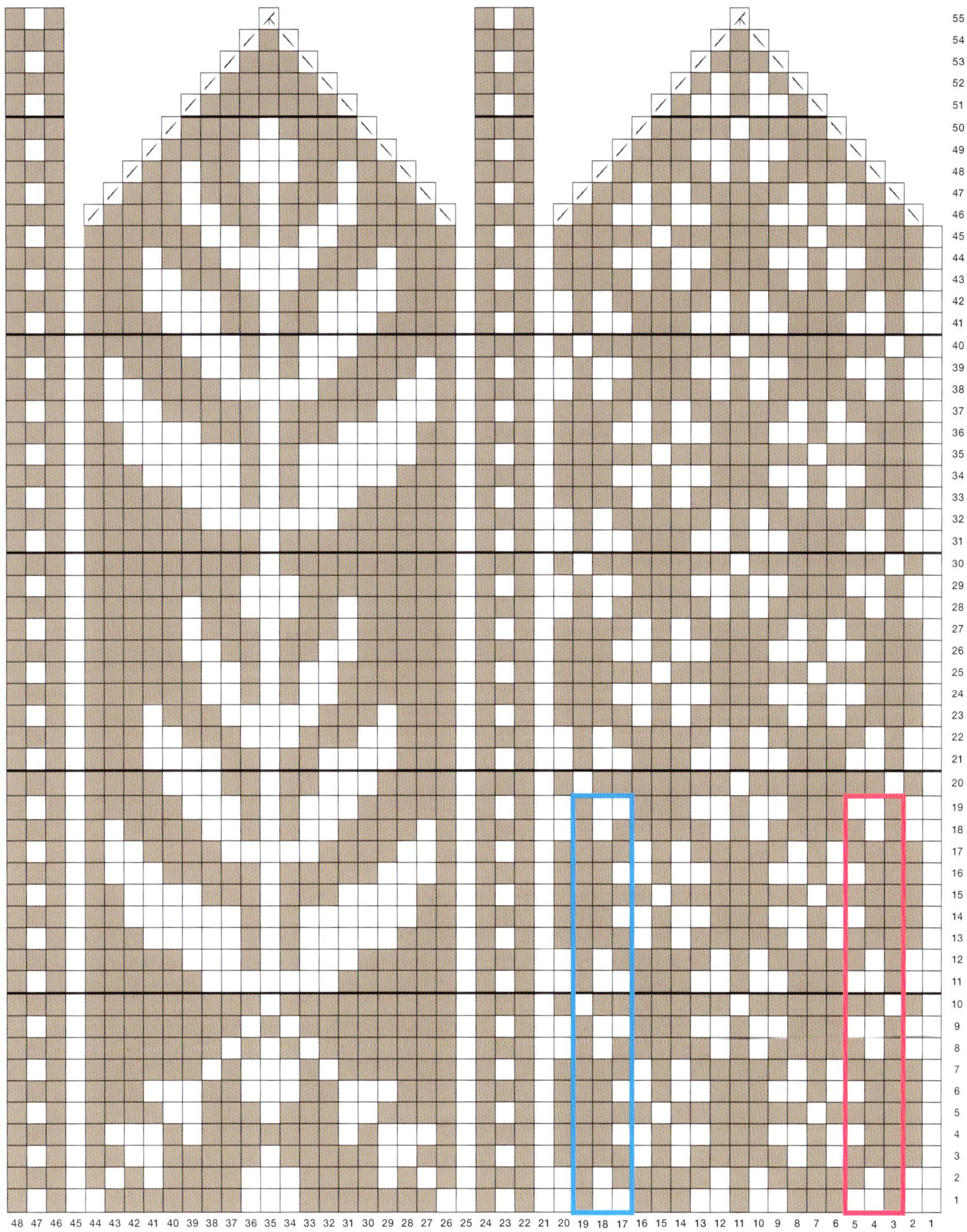

ZEICHENERKLÄRUNG

- GF
- KF
- 2 M RE ZUS-STR
- 2 M RE ABGEH ZUS-STR
- 3 M RE ZUS-STR
- LINKER DAUMEN
- RECHTER DAUMEN

ZÄHLMUSTER A M/L

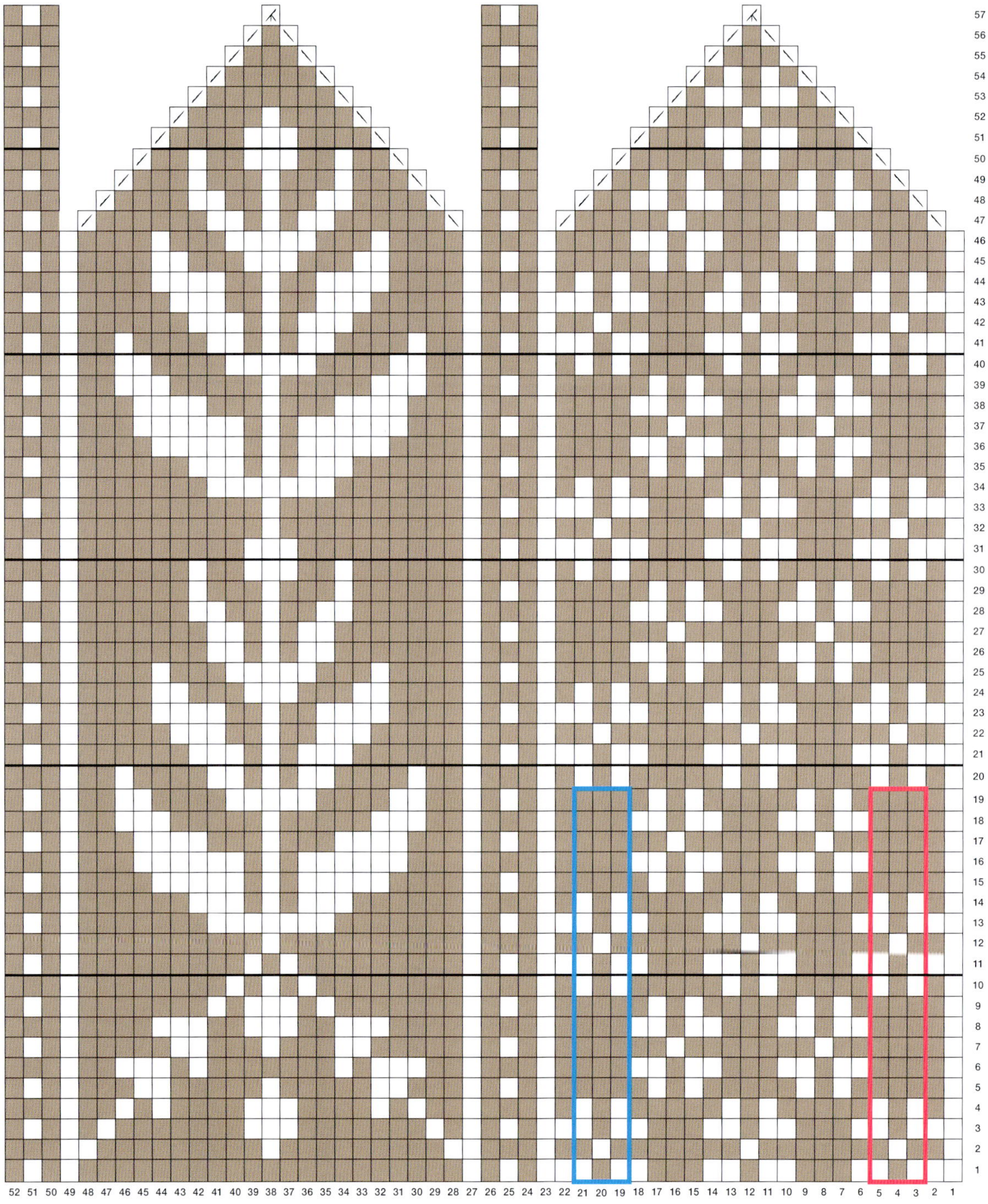

ZÄHLMUSTER B - DAUMEN

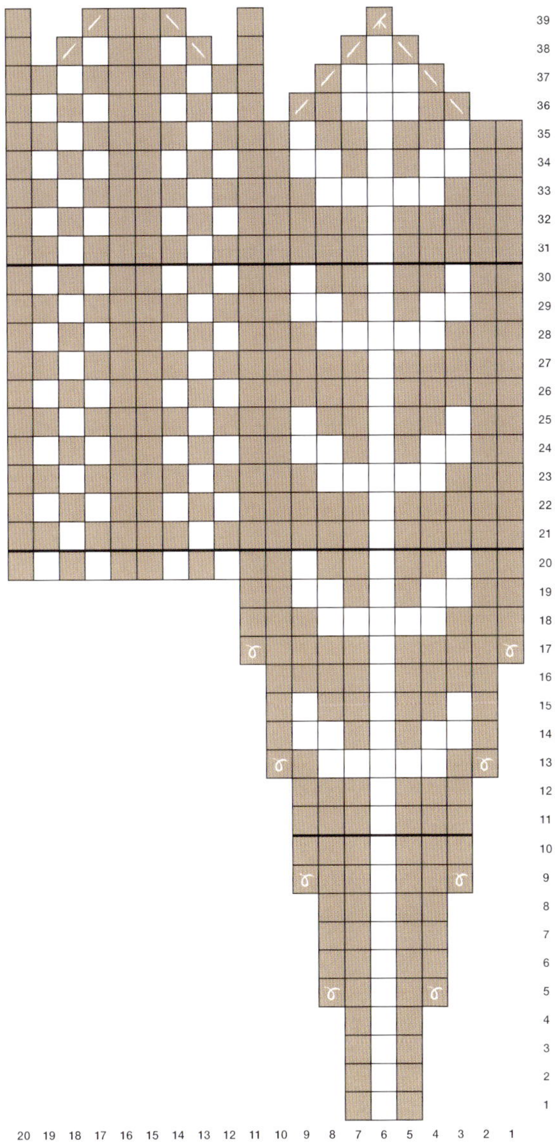

ZEICHENERKLÄRUNG

- GF
- KF
- 2 M RE ZUS-STR
- 2 M RE ABGEH ZUS-STR
- 3 M RE ZUS-STR

KULTAINEN KÄKI

DER GOLDENE KUCKUCK

Bittrer Tränen viele rannen
Von den armen, alten Wangen
Auf die starkbewegten Brüste.
Eine Träne floss, die zweite,
Bittrer Tränen viele rannen
Von den starkbewegten Brüsten
Auf den feinen Saum des Kleides.
Eine Träne floss, die zweite,
Bittrer Tränen viele rannen,
Von dem feinen Saum des Kleides
Auf die rotgestreiften Strümpfe.
Eine Träne floss, die zweite,
Bittrer Tränen viele rannen
Von den rotgestreiften Strümpfen
Auf die goldgestickten Schuhe.
Eine Träne floss, die zweite,
Bittrer Tränen rannen reichlich
Von den goldgestickten Schuhen
Unter ihre beiden Füße,
Auf die Erde, ihr zu Frommen.

Als sie auf den Boden kamen,
Bildeten Sie breite Bäche,
Flossen als drei große Flüsse
Aus dem reichen Tränenwasser,
Das vom Haupt herabgekommen,
Von den Schläfen abgeflossen.
Drei in jedem dieser Bäche
Brausen reißend Wasserfälle,
In dem Schaum des Wasserfalles
Stehen drei vereinte Felsen,
An dem Rande jedes Felsens
Hebet sich ein Goldner Hügel,
Auf der Spitze jedes Hügels
Wachsen auf drei schöne Birken,
In dem Wipfel jeder Birke
Sitzt ein goldnes Kuckucks-Kleeblatt.

(Kalevala, 4. Gesang, Vers 452–288)

Das Muster des Kultainen-Käki-Pullovers basiert auf dem vierten Gesang des Kalevala, in dem Aino, die Wäinämöinen versprochen ist, sich im Meer ertränkt, da sie keinen alten Mann heiraten will. Trotz des traurigen Inhalts enthält das erschütternde Gedicht einige Zeilen der Hoffnung. Anstatt zu sterben, verwandelt sich Aino in einen Fisch, Vellamo, der sich schlussendlich über Wäinämöinen und seine Begierde lustig macht. Erst dann erkennt Wäinämöinen, wer sie wirklich ist: Vellamo verkörpert eine freie und unabhängige Frau, die sich nicht dem Willen eines Mannes beugt.[22]

Aino ist der erste richtige weibliche Charakter, der im Kalevala auftaucht. Vor dem Heldenepos gibt es in der Volksdichtung keine Frau mit dem Namen Aino: Lönnrot erschuf sie, indem er verschiedener Volksgedichte miteinander verknüpfte, darunter die „erhängte Maid" aus Weißkarelien. Das in Finnland bekannteste Kunstwerk, in dem sie auftaucht, ist das Tryptichon mit dem ***Aino-Mythos*** von Akseli Gallen-Kallela aus dem Jahr 1891.[23]

Der goldene Kuckuck, der den Pullover ziert, wird erst am Ende des Gesangs erwähnt, wo Ainos Mutter zu weinen beginnt, als sie vom Schicksal ihrer Tochter hört. Ihre Tränen bringen verschiedene Dinge hervor: drei Flüsse, drei Wasserfälle, drei Birken, drei goldene Kuckucke auf den Ästen der Bäume. In der baltisch-finnischen Mythologie gibt es viele Überzeugungen, was den Kuckuck betrifft. Stand man unter einem Baum, in dem der Kuckuck rief, wurden angeblich Wünsche wahr. Die Menschen zählten auch die Anzahl der Kuckucksrufe, um festzustellen, wie lange sie leben oder wann sie ihren Ehepartner kennenlernen würden.[24]

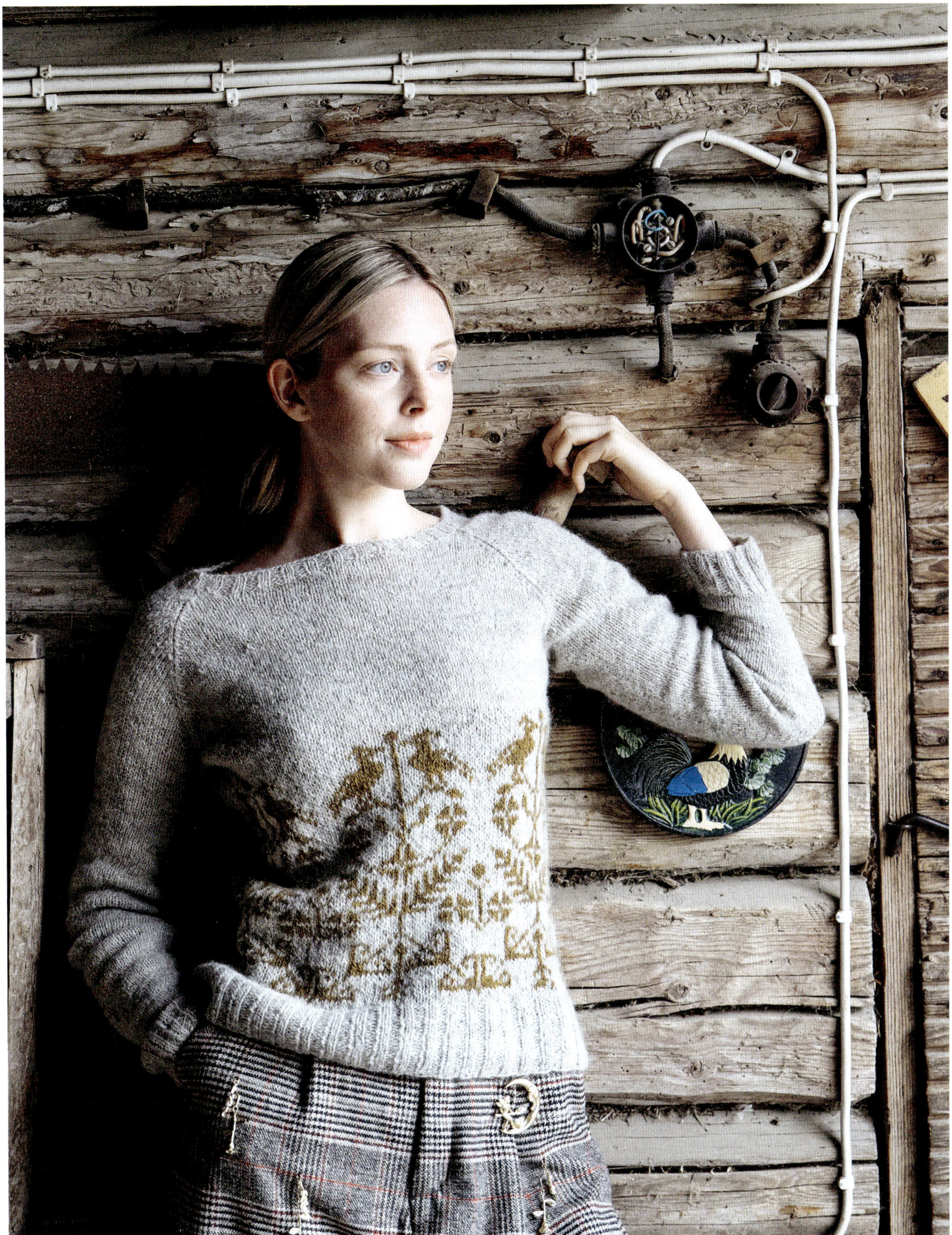

Kultainen Käki

Der kurze Pullover bezaubert mit einem Vogelmotiv und wird von unten nach oben gestrickt. Er hat Raglan-Ärmel und wurde aus weicher, finnischer Wolle gestrickt. Wählen Sie zwei gut kontrastierende Farben, damit die Details des Jacquardmusters schön zur Geltung kommen.

GRÖSSEN

XS (S, M, L) (XL, 2XL, 3XL)
Der Pullover soll recht körpernah sitzen. Stricken Sie ihn mit einer Bequemlichkeitszugabe von 3–5 cm im Brustbereich.

MASSE DER FERTIGEN ARBEIT

Brustumfang: 80 (93,106,120) (133,146,160) cm.
Rumpflänge: 43 (44, 45, 48) (50, 52, 54) cm.
Ärmellänge: 42 (43, 43, 44) (44, 45,45) cm.

GARN

Vuona von Jalovilla (100 % finnische Wolle; 205 m/50 g).
GF: 0550 Tuhka (Hellgrau)
KF: 1963 Kulta (Olivgrün)

Sie können das Garn durch ein anderes Garn mit vergleichbarem Gewicht und entsprechender Lauflänge ersetzen. Gute Alternativen sind zum Beispiel die finnischen Garne Suoma Single von Pom Pom oder Tukuwool Fingering, das norwegische Garn Mini Alpakka von Sandnes und die 2ply Jumper Weight Shetlandwolle von Jamieson & Smith.

GARNMENGE

GF: 768 (896,1125,1252) (1380,1508,1746) m.
KF: 200 (233, 267, 300) (334, 367, 420) m.

Wenn Sie Vuona von Jalovilla verwenden, benötigen Sie
GF: 4 (5, 6, 7) (7, 8, 9) Knäuel.
KF: 1 (2, 2, 2) (2, 2, 3) Knäuel.

NADELN

Für Glatt rechts und Jacquardmuster: Rundstricknadel Nr. 3,5; 80–100 cm lang
Für die Bündchen: Rundstricknadel (80–100 cm lang) und Nadelspiel (falls nicht mit Magic Loop gearbeitet wird) Nr. 3,0. Falls notwendig, die Nadelstärke wechseln, damit die Maschenprobe übereinstimmt.

SONSTIGES

Maschenmarkierer, Maschenhalter oder Hilfsfaden, Stopfnadel

MASCHENPROBE

24 M x 30 Rd = 10 x 10 cm; glatt rechts mit Nadel Nr. 3,5; leicht gespannt.

RUMPF

192 (224, 256, 288) (320, 352, 384) M in GF mit Nadeln Nr. 3,0 anschlagen. Die Arbeit zur Rd schließen und am Beginn der Rd einen M-Markierer setzen. Für das Bündchen 6 cm im 2/2 Rippenmuster str.
Mit Nadel Nr. 3,5 glatt re weiterarb. 2 Rd glatt re str und dann nach Zählmuster mit dem Jacquardmuster für den Rumpf beginnen. Den Musterrapport mit 32 M in jeder Rd 6 (7, 8, 9) (10,11,12) x wdh.

Wenn Sie das Zählmuster fertiggestrickt haben, in GF und glatt re weiterarb, bis der Rumpf 43 (44, 45, 48) (50, 52, 54) cm misst.

Jetzt die M in Vorder- und Rückteil unterteilen. Wenn Sie die M für den Armausschnitt auf einem M-Halter bzw. Hilfsfaden stilllegen, werden diese später mit dem Maschenstich geschlossen. Wenn Sie die M abketten, werden sie mit dem Matratzenstich zusammengenäht. 4 (28, 21,13) (6, 30, 23) M re str und die M dann folgendermaßen aufteilen:
Die nächsten 88 (104,118,134) (148,164,178) M für das Vorderteil auf eine Nadel legen. 8 (8,10,10) (12,12,14) M für den Armausschnitt stilllegen oder abk. Dann die nächsten 88 (104,118,134) (148,164,178) M für das Rückteil auf dieselbe Nadel wie die M für das Vorderteil legen. 8 (8,10,10) (12,12,14) M für den anderen Armausschnitt stilllegen oder abk. Die Arbeit beiseitelegen und die Ärmel str.

ÄRMEL

48 (52,52, 56) (56, 60, 60) M in GF mit Nadeln Nr. 3,0 anschlagen. Die Arbeit zur Rd schließen und am Beginn der Rd einen M-Markierer setzen. Für das Bündchen 5 cm im 2/2 Rippenmuster str.

Mit Nadel Nr. 3,5 glatt re weiterarb. Zunahmen str, indem Sie auf beiden Seiten des M-Markierers 1 M zun (2 Zunahmen). Insgesamt in jeder 5. (5., 5., 5.) (6., 6., 6.) Rd 14 (13,14,13) (14,13,14) x zun. Auf der Nadel liegen jetzt 76 (78, 80, 82) (84, 86, 88) M.
Glatt re ohne Zunahmen weiterarb, bis der Ärmel 42 (43, 43, 44) (44,45, 45) cm misst oder die gewünschte Länge erreicht ist. Jetzt links und rechts der Markierung gleichmäßig 8 (8,10,10) (12,12,14) M abk oder stilllegen. Der M-Markierer befindet sich in der Mitte. Den Ärmel beiseitelegen.

Den zweiten Ärmel ebenso str.

RUNDPASSE AND HALSAUSSCHNITT

Weiter in GF und mit Nadel Nr. 3,5 arb. Rumpf und Ärmel verbinden und die M-Markierer dabei wie folgt setzen:
Am Beginn der Rd einen M-Markierer setzen, die 68 (70,70, 72) (72, 74, 74) M des einen Ärmels re auf die Rundstricknadel str, M-Markierer setzen, die 88 (104,118,134) (148,164,178) M des Vorderteils re auf die Rundstricknadel str, M-Markierer setzen, die 68 (70,70, 72) (72, 74, 74) M des anderen Ärmels re auf die Rundstricknadel str, M-Markierer setzen und die 88 (104,118,134) (148,164,178) M des Rückenteils re auf die Rundstricknadel str. Auf der Nadel liegen jetzt 312 (348, 376, 412) (440,476, 504) M.

Die Raglanabnahmen folgendermaßen arb:
1. Rd: * 2 M re zus-str (die Abnahme neigt sich in Richtung M-Markierer), bis 2 M vor dem M-Markierer re M str, 2 M re verschr zus-str (die Abnahme neigt sich Richtung M-Markierer), M-Markierer abh; ab * bis zum Ende der Rd wdh. (8 Abnahmen)
2. Rd: Alle M ohne Abnahmen re str.
Diese beiden Rd insgesamt 19 (20, 21,22) (23, 24,25) x wdh. Auf der Nadel liegen jetzt 160 (188, 208, 236) (256, 284, 304) M.

Jetzt einige M für den Halsausschnitt stilllegen und in R hin- und herstr:
Re M str bis zum M-Markierer, M-Markierer abh, 8 (13, 17, 22) (26, 31, 35) M re str, die nächsten 34 (38, 42, 46) (50, 54, 58) M für den vorderen Halsausschnitt stilllegen, Arbeit wenden.
Li M str und auf beiden Seiten des M-Markierers wie gehabt Raglanabnahmen arb (8 Abnahmen) bis zu den (jetzt stillgelegten) M des vorderen Halsausschnitts, Arbeit wenden.
Auf der Nadel liegen jetzt 118 (142, 158, 182) (198, 222, 238) M.

Weiter Hin- und Rück-R str und dabei noch 4 (5, 6, 7) (8, 9,11) x in jeder R Raglanabnahmen arb (sowohl in den Hin- als auch in den Rück-R). **Gleichzeitig** in jeder 2. Hin-R auf beiden Seiten des vorderen Halsausschnitts jeweils 1 M abn. Dafür immer 2 M re zus-str.
Die R mit den Abnahmen insgesamt 3 (3, 3, 4) (5, 6, 6) x str (2 Abnahmen für den Halsausschnitt pro Abnahme-R). Nach dem Arbeiten der Abnahmen liegen noch 80 (96, 104, 118) (124, 138, 138) M auf der Nadel.

Die 34 (38, 42, 46) (50, 54, 58) M für den vorderen Halsausschnitt und die 80 (96, 104, 118) (124, 138,1 38) M für die Passe auf Rundstricknadeln Nr. 3 legen. 4 (4, 4, 5) (7, 9, 9) M gleichmäßig auf beiden Seiten des Halsausschnitts aufnehmen und re verschr abstr. Die Arbeit zur Rd schließen und am Beginn der Rd einen M-Markierer setzen. Auf der Nadel liegen jetzt 122 (142,154,174) (188, 210, 214) M.
Für das Bündchen am Halsausschnitt 1,5 cm im 2/2 Rippenmuster str und dann locker abk.

FERTIGSTELLEN

Die Armausschnitte mithilfe des Maschen- oder Matratzenstiches schließen und alle Garnenden vernähen. Den Pullover befeuchten und auf Maß spannen.

ZÄHLMUSTER

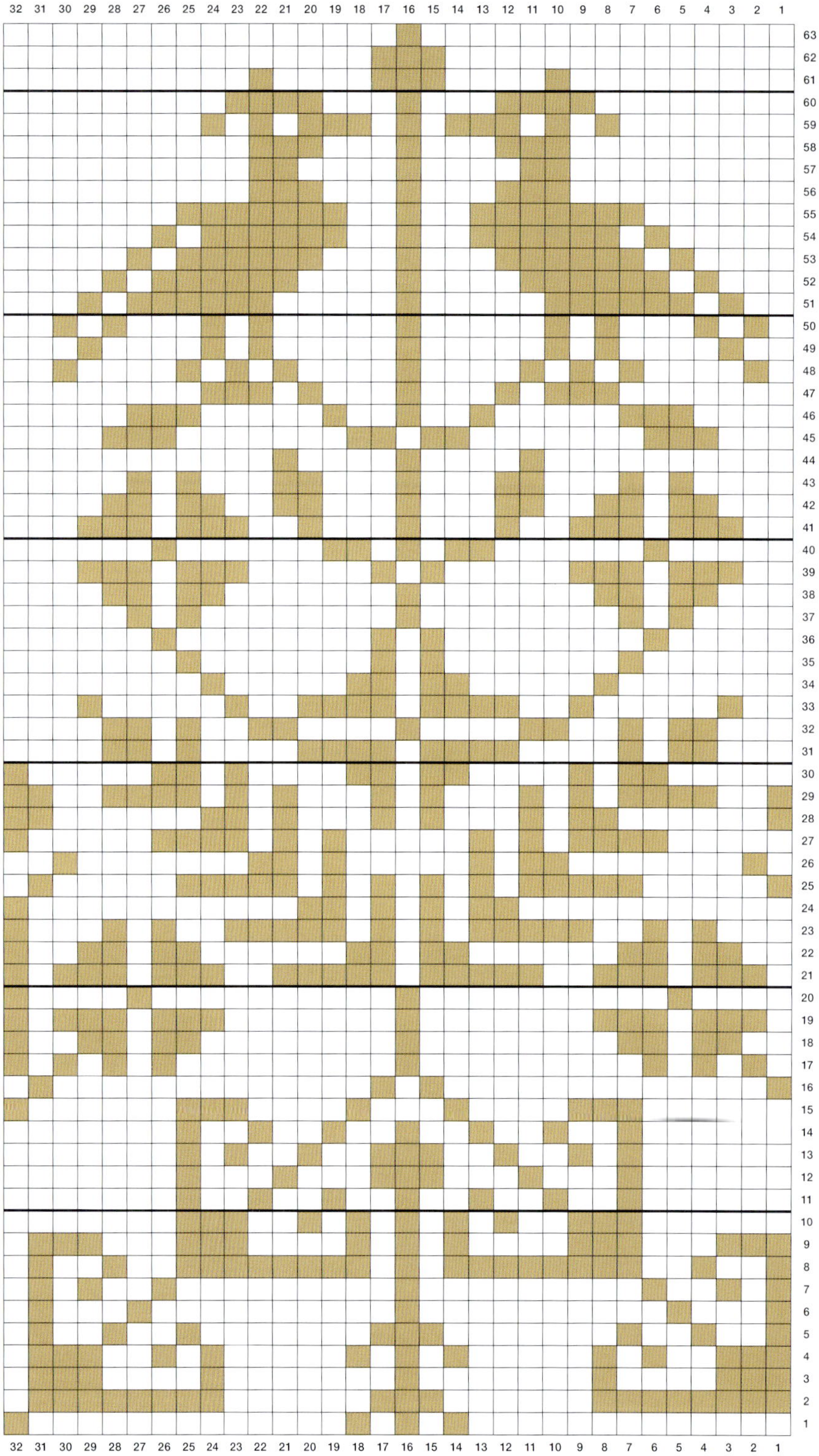

ZEICHENERKLÄRUNG

GF

KF

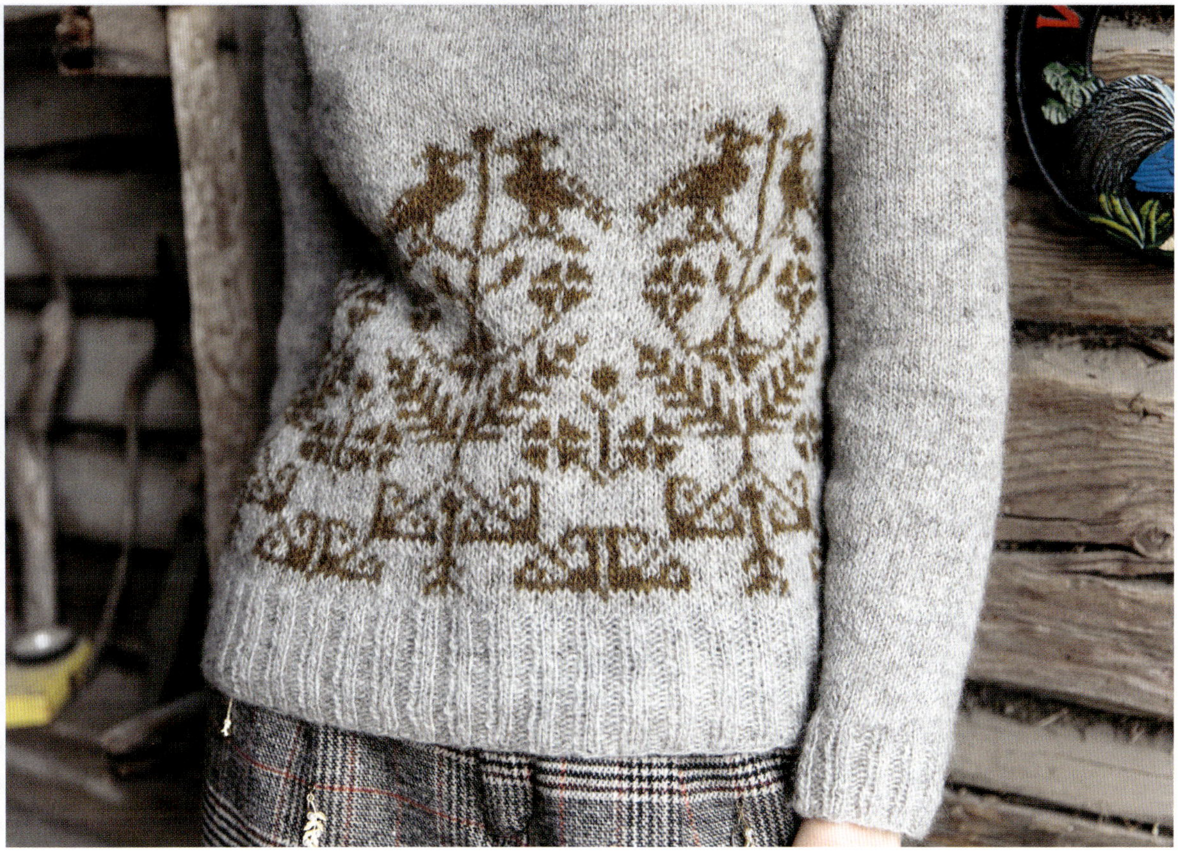

Doch der junge Joukahainen,
Dieser magre Lappenjüngling,
Hegte Groll seit langer Zeit her,
War seit vielen Tagen neidisch
Auf den alten Wäinämöinen,
Auf den ew'gen Zaubersprecher.
Schafft sich einen Feuerbogen,
Bildet wohl die edle Wölbung,
Fertigt sie aus feinem Eisen,
Gießt das Rückenstück aus Kupfer,
Legt es aus mit gutem Golde,
Spart auch nicht an Silberzierat.
Woher nimmt er wohl die Sehne,
Woraus mag den Strang er machen?
Aus des Hiisi-Elens Sehnen,
Aus des Lempo-Flachses Fäden.
Fertig war des Bogens Fügung,
Ganz vollendet war die Armbrust,
Schön von Anblick war der Bogen,
Kostbar war die gute Armbrust;
Auf dem Rücken stand ein Rösslein,
Längs des Schaftes lief ein Füllen,
Auf dem Bug schlief eine Jungfrau,
Und ein Häslein an der Kerbe.
Schnitzt' sich dann ein Häuflein Pfeile,
Dreifach waren sie befiedert,
Drechselte den Schaft aus Eichen,
Macht' die Spitz' aus harz'gem Holze.

(Kalevala, 6. Gesang, Vers 24–50)

JOUKAHAINEN

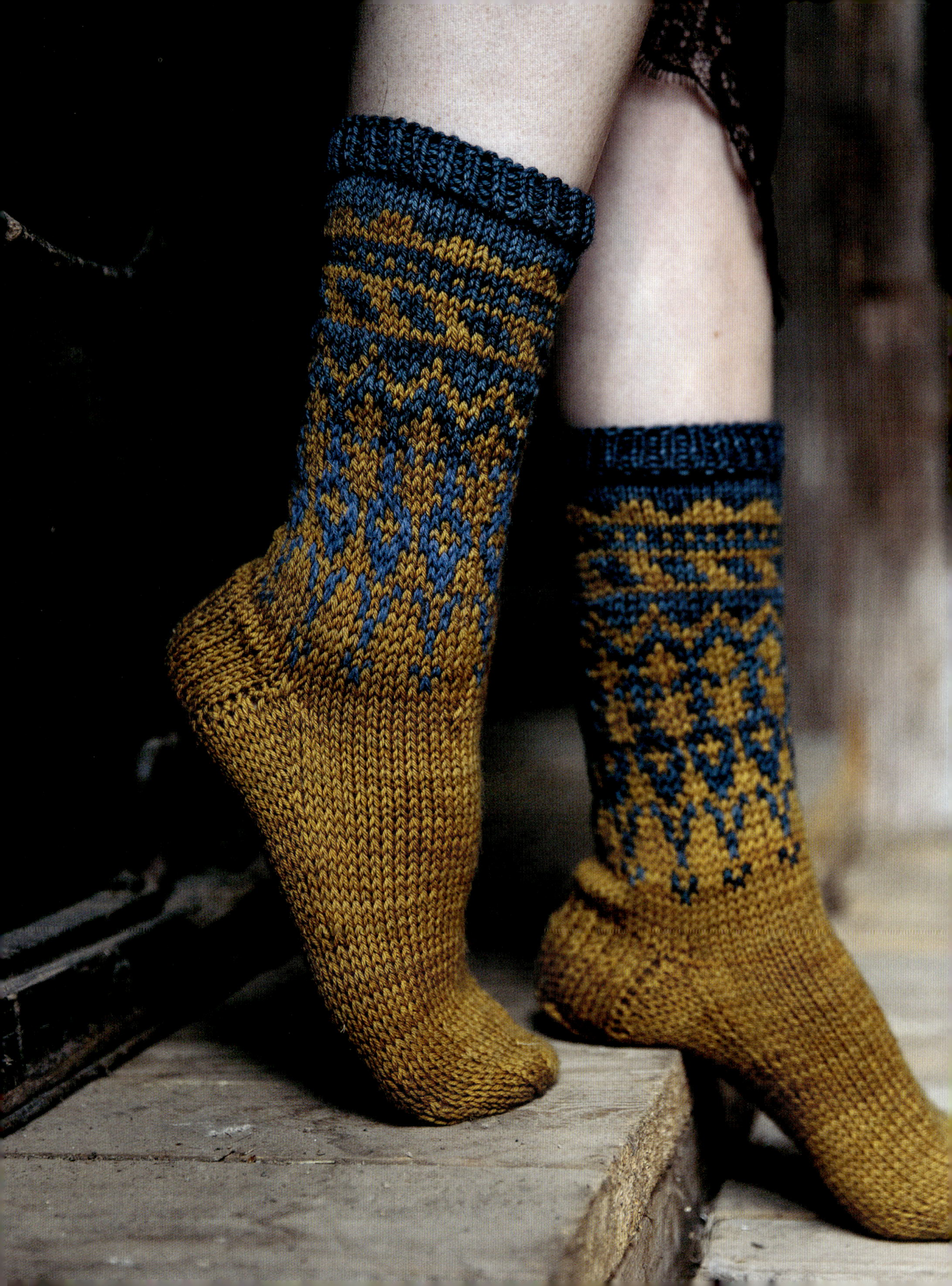

In der finnischen Volksdichtung abseits des Kalevala ist Joukahainen eine gegnerische Kraft zu Wäinämöinen, auch in Gedichten über die Entstehung der Welt. Im Kalevala ist Joukahainen ein junger Zauberer, der Wäinämöinen zum Zweikampf fordert (siehe Seite 34) und im dritten Gesang fechten sie einen Gesangwettstreit aus. Durch die Kraft von Wäinämöinens Gesang versinkt Joukahainen in einem Sumpf. Im sechsten Gesang ist Joukahainen noch immer zornig auf Wäinämöinen und schießt Pfeile auf ihn, woraufhin Wäinämöinen ins Wasser stürzt. Die Joukahainen-Socken entstanden, als ich die Idee hatte, diese Pfeile in ein Beinmuster zu verwandeln.

In der finnischen Kultur spielen Seher – *tietäjät* –eine zentrale Rolle. Sie waren Heiler, die Zauberei und Beschwörungen einsetzten und die Grenzen zwischen dieser und der nächsten Welt überwinden konnten. Die mündliche Überlieferung in Finnland spiegelt eine schamanistische Weltanschauung wider und einen starken Glauben an das Leben nach dem Tod und seine verschiedenen Kräfte.[25] Im Kalevala sind Wäinämöinen und Joukahainen Seher, deren Kräfte und Fähigkeiten sich von jenen der meisten Menschen unterscheiden. Joukahainen kommt in den nachfolgenden Gesängen des Kalevala nicht vor, doch in der ursprünglichen Volksdichtung nimmt er eine größere Rolle ein: Er ist ein Schamane, ein Seher, der Anführer der Schwäne. Joukahainen taucht in Gedichten verschiedener Regionen auf, darunter Österbotten, Westingrien und Dalarna in Schweden.[26]

JOUKAHAINEN-SOCKEN

Wir beginnen mit dem Jacquardmuster am Bein. Die Ferse ist verstärkt, und die Zehen werden mit einer Sternspitze gestrickt. Das Modell in diesem Buch wurde zweifarbig gestrickt, Sie können aber auch mit Garnresten und mehreren Farben experimentieren.

GRÖSSEN
EU 36/37 (38/39, 40/41, 42/43)

MASSE DER FERTIGEN ARBEIT
Bein: 20 (20, 21, 21) cm.
Fuß: 23 (24, 25, 27) cm.

GARN
Aatos von Aara (75 % Merino Superwash, 25 % Nylon, 225 m/100g).
GF: Karri und Luoto (Gold und Mitternachtsblau)
KF: Harri und Helmi (Hellgrau und Natur)
Sie können das Garn durch ein anderes Garn mit vergleichbarem Gewicht und entsprechender Lauflänge ersetzen. Gute Alternativen sind zum Beispiel die finnischen Garne Pentti von Vuonue und Novita von Seitsemän Veljestä sowie das norwegische Garn Perfect von Sandnes.

GARNMENGE
GF: 158 (169, 180, 191) m.
KF: 59 (68, 79, 90) m.

Wenn Sie Aatos von Aara verwenden, benötigen Sie
GF: 1 (1, 1, 1) Knäuel.
KF: 1 (1, 1, 1) Knäuel.

NADELN
Für Glatt rechts und Jacquardmuster: ein Nadelspiel Nr. 3,5. Für das Bündchen: ein Nadelspiel Nr. 3,0. Falls notwendig, die Nadelstärke wechseln, damit die Maschenprobe übereinstimmt. Die Anleitung ist auf das Arbeiten mit einem Nadelspiel ausgerichtet, aber Sie können auch eine 80–100 cm lange Rundstricknadel verwenden und mit Magic Loop arbeiten.

SONSTIGES
Maschenmarkierer, Maschenhalter oder Hilfsfaden, Stopfnadel

MASCHENPROBE
22 M x 28 Rd = 10 x 10 cm glatt rechts mit Nadeln Nr. 3,5, leicht gespannt.

BEIN
56 (60, 68, 72) M in GF mit Nadeln Nr. 3,0 anschlagen. Die M auf 4 Nadeln verteilen. Auf jeder Nadel liegen 14 (15,17,18) M. Die Arbeit zur Rd schließen und am Beginn der Rd einen M-Markierer setzen. Für das Bündchen 2 cm im 1/1 Rippenmuster str.

Mit Nadeln Nr. 3,5 weiterarb. 4 Rd glatt re str. In der nächsten Rd gleichmäßig 2 (0, 2, 0) M abn, indem Sie jeweils 2 M re zus-str. Jetzt liegen 54 (60, 66,72) M auf der Nadel.

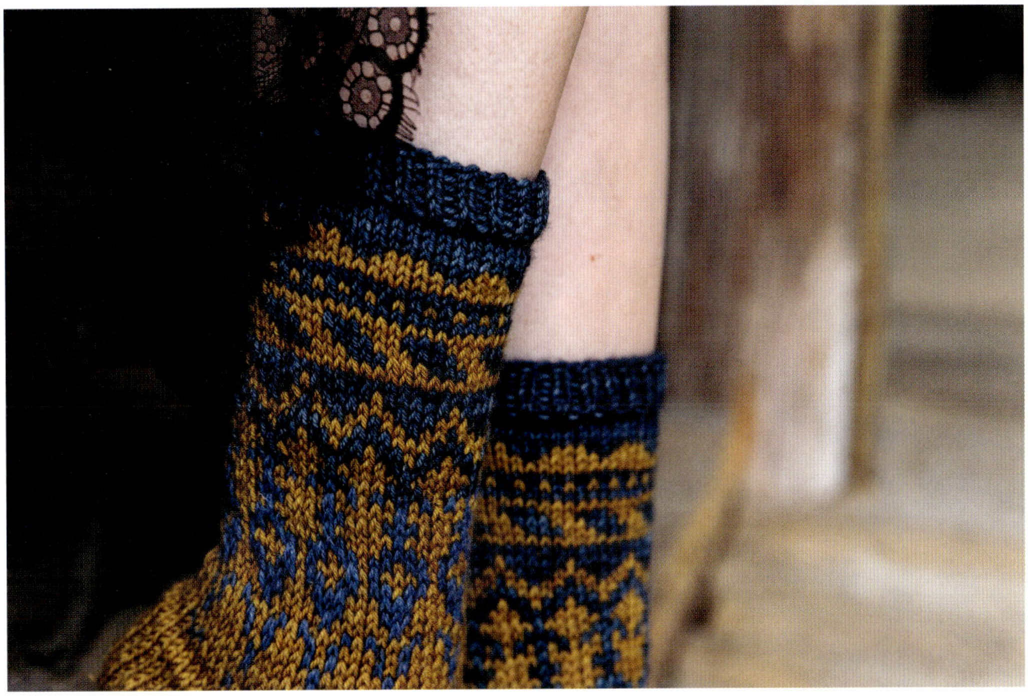

Das Jacquardmuster auf dem Bein nach Zählmuster arb. Wenn Sie mit dem Zählmuster fertig sind, 5 (5, 8, 8) Rd glatt re in GF str.
In der nächsten Rd gleichmäßig 2 (4, 6, 8) M abn, indem Sie jeweils 2 M re zus-str. Jetzt liegen 52 (56, 60, 64) M auf der Nadel.

FERSE UND ZWICKEL

Die Fersenwand wird nur mit den 26 (28, 30, 32) M der 1. und 4. Nadel gestrickt. Die restlichen M entweder auf dem Nadelspiel oder einem M-Halter bzw. Hilfsfaden stilllegen.
Die Fersenwand folgendermaßen arb:
Hin-R (verstärkt str): * 1 M re abheben, ohne sie zu str, 1 M re; ab * bis zum R-Ende wdh.
Rück-R: Li M bis zum R-Ende str.
Diese zwei R insgesamt 25 (25, 31, 31) x wdh und zuletzt eine Hin-R str. Jetzt das Käppchen arb.

1. R (Rück-R): Li M str, bis noch 10 (10,11,12) M auf der Nadel sind, 2 M li zus-str, Arbeit wenden (1 Abnahme).
2. R (Hin-R): Eine R verstärkt str, bis noch 10 (10, 11, 12) M übrig sind, 2 M re überz zus-str, Arbeit wenden (1 Abnahme).
Diese 2 R wdh, bis noch 8 (10, 10, 10) M übrig sind.

Wenn Sie mit dem Käppchen fertig sind, die M der Ferse gleichmäßig auf zwei Nadeln verteilen und aus dem Fersenrand auf beiden Seiten 13 (13, 15, 15) M aufnehmen und re verschr abstr. Jetzt liegen 60 (64, 70, 72) M auf den Nadeln.
Weiter glatt re str und gleichzeitig für die Zwickelabnahmen am Ende der 1. Nadel 2 M re zus-str und am Anfang der 4. Nadel 2 M re verschr zus-str (2 Abnahmen/Rd). Diese Abnahmen insgesamt 4 (4, 5, 4) x in jeder 2. Rd arb.
Jetzt liegen 52 (56, 60, 64) M auf der Nadel.
* 5 Rd glatt re str und am Ende der 1. Nadel, am Anfang der 2. Nadel, am Ende der 3. Nadel und am Anfang der 4. Nadel 2 M re zus-str (4 Abnahmen/Rd); ab * noch 1 x wdh.
Jetzt liegen 44 (48, 52, 56) M auf der Nadel.

FUSS

Glatt re ohne Abnahmen weiterarb, bis der Fuß ab der Ferse etwa 17 (18,19,21) cm misst.

SPITZE

Mit den Spitzenabnahmen beginnen:
1. Rd: * 5 M re, 2 M re zus-str; ab * wdh, bis nur mehr 2 (6, 3, 0) M übrig sind, bis zum Rd-Ende re M str.
2.–6. Rd: Re M bis zum Ende der Rd str (ohne Abnahmen).
7. Rd: * 4 M re, 2 M re zus-str; ab * wdh, bis nur mehr 2 (0, 3, 0) M übrig sind, bis zum Rd-Ende re M str.
8.–11. Rd: Re M bis zum Ende der Rd str (ohne Abnahmen).
12. Rd: * 3 M re, 2 M re zus-str; ab * wdh, bis nur mehr 2 (0, 3, 0) M übrig sind, bis zum Rd-Ende re M str.

13.–15. Rd: Re M bis zum Ende der Rd str (ohne Abnahmen).
16. Rd: * 2 M re, 2 M re zus-str; ab * wdh, bis nur mehr 2 (0, 3, 0) M übrig sind, bis zum Rd-Ende re M str.
17.–18. Rd: Re M bis zum Ende der Rd str (ohne Abnahmen).
19. Rd: * 1 M re, 2 M re zus-str; ab * wdh, bis nur mehr 2 (0, 0, 0) M übrig sind, bis zum Rd-Ende re M str.
20. Rd: Re M bis zum Ende der Rd str (ohne Abnahmen).
21. Rd: 2 M re zus-str; ab * bis zum Ende der Rd wdh. Auf der Nadel liegen jetzt 6 (7, 8, 8) M.
Das Garn abschneiden und durch die restlichen M ziehen.

FERTIGSTELLEN

Alle Garnenden vernähen, die Socken befeuchten und auf Maß spannen.

ZÄHLMUSTER

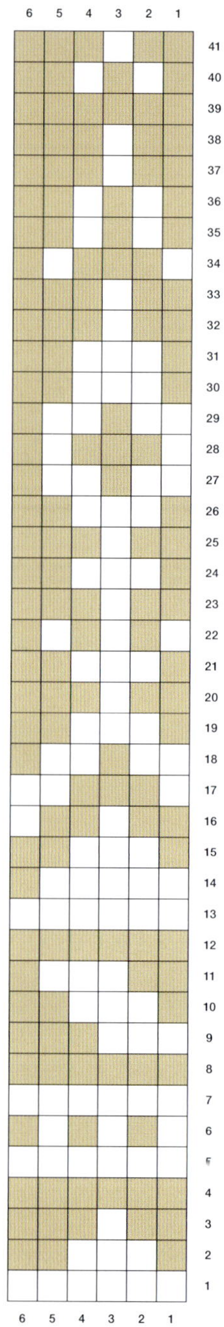

ZEICHENERKLÄRUNG

GF

KF

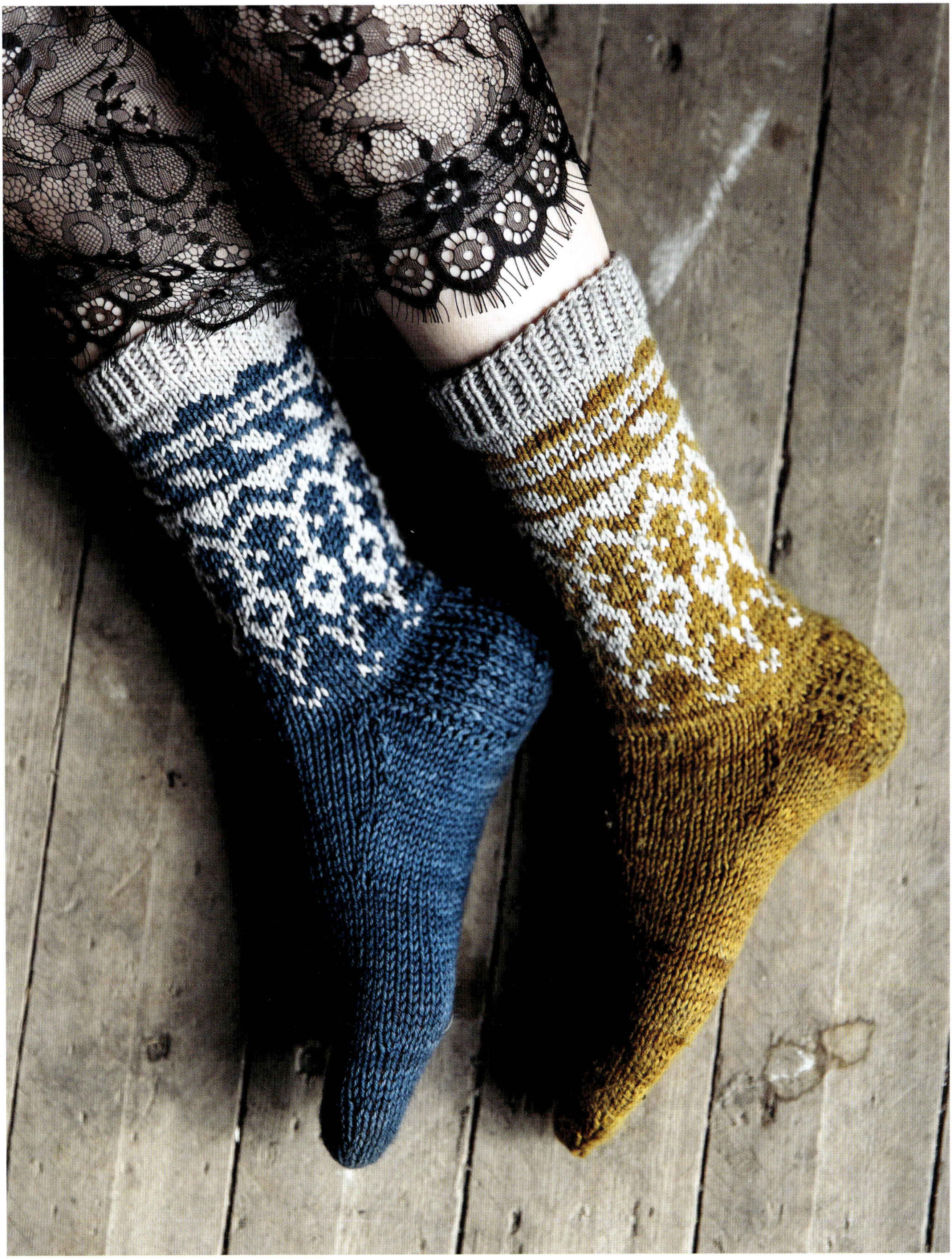

POHJOLAN EMÄNTÄ

DIE HERRIN DES NORDLANDS

Louhi, sie, Pohjolas Wirtin,
Nordlands zähnearme Alte,
Eilte nach dem Hof geschwinde
An die Öffnung ihrer Pforte,
Neigte dann ihr Ohr zu lauschen,
Redet selber diese Worte:
„Also weinen nimmer Kinder,
Also jammern nimmer Weiber,
Also weinen bärt'ge Helden,
Männer mit behaartem Kinne."
Stieß den Nachen in das Wasser,
In die Flut den dreibretthohen,
Selbst began sie schnell zu rudern,
Ruderte und strebte eilends
Hin zum alten Wäinämöinen,
Zu dem Helden, der da weinte.
Wirklich weinte Wäinämöinen,
Jammerte der Freund der Wogen
An dem Bach beim Weidenbusche,
Vor dem dichten Faulbaumhaine,
Mund und Bart, die bebten beide,
Doch er öffnet nicht die Lippen.

(Kalevala, 7. Gesang, Vers 169–190)

Die Herrin des Nordlands (Pohjola), die ihren Auftritt im siebenten Gesang des Kalevala hat, ist ein widersprüchlicher Charakter: gut und böse zugleich. Sie ist eine freundliche Gastgeberin, die über Pohjola herrscht und auch die Mutter der schönsten Frauen im Heldenepos, der Jungfrauen von Pohjola. Doch sie ist auch skrupellos, eigennützig, rachsüchtig und kampfeslustig. Sie ist Louhi, die Herrscherin über Pohjola, die „alte, zahnlose Dame des Nordlands". Eine Frau, die ihr Eigentum verteidigt, indem sie sich in einen Vogel verwandelt und ihre Feinde ohne zu zögern attackiert. Im siebenten Gesang aber hilft sie Wäinämöinen, der, getroffen von Joukahainens Pfeilen, auf dem Meer trieb.

In der europäischen Heldendichtung ist eine alte Frau in einer Hauptrolle eine seltene Ausnahme. Doch in der finnischen Kultur, vor allem in den östlichen Regionen, in denen Brandrodung betrieben wurde, dürften Frauen eine wichtige Rolle gespielt haben. Starke ältere Frauen waren Matriarchinnen, Mütter und Schwiegermütter, Ehewächterinnen, Expertinnen für verschiedene Rituale.[27] Eine starke Frau, die sich in einen Vogel verwandelt und im Norden wohnt, ist eine bekannte Figur in der nordischen Mythologie: die Hexe in Lönnrots Kalevala und in der karelischen Mythologie hat Ähnlichkeiten mit den Hexen in der nordischen Mythologie.[28]

Verglichen mit den Männern im Kalevala, die ihr Schicksal beklagen, zeigt Louhi verblüffende Widerstandskraft, die man nur selten bei weiblichen Charakteren in der patriarchalen Heldendichtung findet. Sie ist eine kalte, gefühllose und zielstrebige Frau, die vor nichts Halt macht, um das zu bekommen, was sie will.[29] Im Kalevala stellt sich Louhi weder als sexuell aktive Frau oder als ein für Männer verfügbares Objekt dar, noch spürt sie den Drang, ihre Kenntnisse und Fähigkeiten gegenüber der jüngeren Generation zu demonstrieren.[30] Eine fähige Kämpferin, Herrscherin und Partnerin, sie wird schwanger, ohne dass ein Mann auch nur in ihre Nähe kommt.

Das Jacquardmuster des Pohjolan-Emäntä-Pullovers beinhaltet eine Rune mit dem Namen Inguz, die für Fruchtbarkeit steht, sowie eine schneekristallähnliche Form, wie man sie in der traditionellen nordischen und baltischen Stick- und Strickkunst findet.

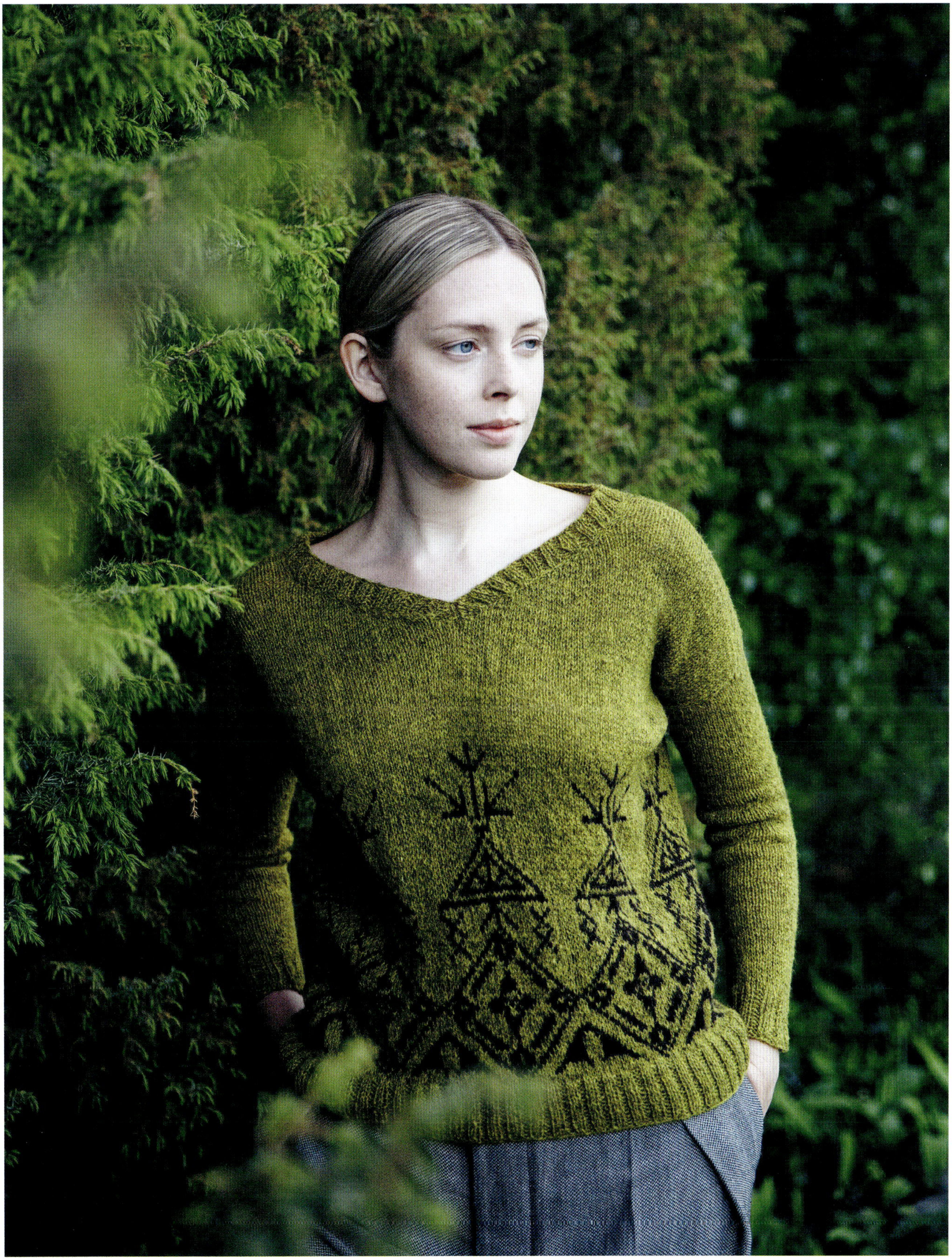

Pohjolan Emäntä

Dieser V-Ausschnitt-Pullover wird in einem Stück von unten nach oben gestrickt. Er hat überschnittene Schultern und eng anliegende Ärmel. Mit seinem beeindruckenden Jacquardmuster am unteren Rumpf ist dieser Pullover ein wahrer Hingucker.

GRÖSSEN

XS (S, M, L, XL) (2XL, 3XL, 4XL, 5XL)
Der Pullover hat eine leichte Oversize-Passform.
Er sollte mit einer Bequemlichkeitszugabe von 5-10 cm im Brustbereich gestrickt werden.

MASSE DER FERTIGEN ARBEIT

Brustumfang: 83 (95, 106, 118, 131) (142, 152, 165, 177) cm.
Rumpflänge: 38 (40, 42, 44, 46) (48, 50, 52, 54) cm.
Armlochhöhe: 16 (17, 18, 19, 20) (21, 22, 23, 24) cm.
Ärmellänge: 40 (42, 44, 45, 46) (47, 48, 49, 50) cm.

GARN

Tukuwool Fingering (100 % finnische Wolle; 200 m/50 g).
GF: H23 Selja (Kiwigrün)
KF: 05 Anga (Anthrazit)

Sie können das Garn durch ein anderes Garn mit vergleichbarem Gewicht und entsprechender Lauflänge ersetzen. Gute Alternativen sind zum Beispiel die finnischen Garne Aurinkokehrä Fingering oder Lieko von Kehrätär, das norwegische Garn Finull von Rauma, das amerikanische Garn Loft von Brooklyn Tweed und das portugiesische Garn Pegulhal von Rosa Pomar.

GARNMENGE

GF: 820 (958, 1100, 1257, 1418) (1588, 1768, 1957, 2155) m.
KF: 122 (143, 172, 188, 212) (237, 264, 292, 322) m.

Wenn Sie das Garn Tukuwool Fingering verwenden, benötigen Sie
GF: 5 (5, 6, 7, 8) (8, 9, 10, 11) Knäuel.
KF: 1 (1, 1, 1, 2) (2, 2, 2, 2) Knäuel.

NADELN

Für Glatt rechts und Jacquardmuster: Rundstricknadel Nr. 3,5; 80–100 cm lang
Für die Bündchen: Rundstricknadeln (80–100 cm lang) und Nadelspiel (falls nicht mit Magic Loop gearbeitet wird) Nr. 3,0. Falls notwendig, die Nadelstärke wechseln, damit die Maschenprobe übereinstimmt.

SONSTIGES

Maschenmarkierer, Maschenhalter oder Hilfsfaden, Stopfnadel

MASCHENPROBE

26 M x 30 Rd = 10 x 10 cm glatt rechts mit Nadeln Nr. 3,5; leicht gespannt.

RUMPF

216 (248, 276, 308, 340) (368, 396,428,460) M in GF mit Nadeln Nr. 3,0 anschlagen. Die Arbeit zur Rd schließen und am Beginn der Rd einen M-Markierer setzen. Für das Bündchen 5 cm im 2/2 Rippenmuster str.

Mit Nadel Nr. 3,5 weiterarb. 1 Rd re M str und dabei gleichmäßig verteilt 1 (0, 3, 2, 1) (4, 7, 6, 5) M zun. Auf der Nadel liegen jetzt 217 (248, 279, 310, 341) (372,403, 434, 465) M.
Das Jacquardmuster für den Rumpf nach Zählmuster arb.
Den Musterrapport in jeder Rd 7 (8, 9,10,11) (12,13,14,15) x wdh.

Wenn Sie mit dem Zählmuster fertig sind, in GF glatt re weiterarb, bis der Rumpf 38 (40, 42, 44, 46) (48, 50, 52, 54) cm misst. In der letzten Rd gleichmäßig 0 (1, 1, 0, 0) (1, 4, 4, 4) M abn, indem Sie jeweils 2 M re zus-str. Auf der Nadel liegen jetzt 217 (247, 278, 310, 341) (371, 399, 430, 461) M.

Die M folgendermaßen in Vorder- und Rückteil unterteilen: für das Rückteil 23 (16, 8, 0, 23) (16, 9,1,24) M re str und auf einem M-Halter bzw. Hilfsfaden stilllegen, dann für das Vorderteil 109 (123,139,155,171) (185,199, 215, 231) M re str und auf der Rundstricknadel lassen. Die restlichen M re str, den M-Markierer vom Anfang der Rd entfernen und diese restlichen M zu den anderen stillgelegten M für das Rückteil legen. Mit dem Vorderteil weitermachen.

VORDERSEITE

Das Vorderteil wird in zwei Teilen mit dem V-Ausschnitt in der Mitte gearb und in Hin- und Rück-R gestrickt. Hier werden keine Abnahmen für die Armausschnitte, sondern nur für den V-Ausschnitt gestr. Zuerst die M des Vorderteils in zwei Hälften unterteilen. Die M in der Mitte des V-Ausschnitts wird zunächst stillgelegt und erst später für das Bündchen wiederaufgenommen.

In GF und mit Nadel Nr. 3,5 glatt re weiterarb. Über die 54 (61, 69, 77, 85) (92, 99, 107,115) M der linken Vorderteilhälfte re M str. Am Ende der Hin-R 2 M re zus-str und so 1 M abn. Die nächste M (vordere Mitte) stilllegen und auch die restlichen 54 (61, 69, 77, 85) (92, 99, 107, 115) M nicht bearb. Die Arbeit wenden und weiter in Hin- und Rück-R arb.

Die Abnahme in jeder 2. R insgesamt 3 x wdh.
Jetzt am Ende der Hin-R jeweils 2 x 2 M re zus-str, um 2 M abzun. Die Abnahmen in jeder 2. R insgesamt 11 (11, 11, 11, 12) (12, 12, 13, 14) x wdh. Nach dem Arbeiten der Abnahmen liegen noch 29 (36, 44, 52, 58) (65, 72, 78, 84) M auf der Nadel.

Glatt re weiterarb, bis das Vorderteil ab Beginn des V-Ausschnitts 16 (17, 18, 19, 20) (21, 22, 23, 24) cm misst. Dann mit der anderen Seite weitermachen.

Jetzt die 54 (61, 69, 77, 85) (92, 99, 107, 115) M für die rechte Vorderteilhälfte wie die linke Seite arb. Die Abnahmen werden jedoch am Anfang der Hin-R gestr. Nach dem Arbeiten der Abnahmen liegen noch 29 (36, 44, 52, 58) (65, 72, 78, 84) M auf der Nadel. Glatt re weiterarb, bis das Vorderteil ab Beginn des V-Ausschnitts 16 (17, 18, 19, 20) (21, 22, 23, 24) cm misst. Die M des Vorderteils stilllegen und mit dem Rückteil weitermachen.

RÜCKTEIL

In GF und mit Nadel Nr. 3,5 glatt re über die 108 (124,139,155,170) (186, 200,215, 230) M des Rückteils str, bis das Rückteil vom Beginn des Armausschnitts 16 (17, 18, 19, 20) (21, 22, 23, 24) cm misst (gleiche Höhe wie das Vorderteil).
Jetzt Vorder- und Rückteil miteinander verbinden.
Arbeit auf links wenden. Und die vorderen und hinteren Schulter-M zusammenstr, indem Sie sie mit 3 Nadeln abk.
Für jede Schulter 29 (36, 44, 52, 58) (65, 72, 78, 84) M abketten.
Die 50 (52, 51, 51, 54) (56, 56, 59, 62) M für den hinteren Halsausschnitt werden nicht bearbeitet.

ÄRMEL

In GF und mit Nadel Nr. 3,5 64 (68, 72, 76, 78) (84, 88, 92, 96) M aus dem Armausschnitt aufnehmen und re verschr abstr. Die Arbeit zur Rd schließen und am Beginn der Rd einen M-Markierer setzen. 4 (4, 4, 4, 4) (5, 5, 5, 5) cm glatt re arb.

Dann mit den Abnahmen beginnen. Jeweils vor und nach der markierten M 1 M abn. Dabei nach dem M-Markierer 2 M re zus-str und vor dem M-Markierer 2 M re verschr zus-str (2 Abnahmen). Diese Abnahmen in jeder 5. (5., 5., 4., 4.) (4., 4., 4., 4.) Rd insgesamt 6 (7, 6, 7, 6) (7, 8, 7, 8) x wdh. Auf der Nadel liegen jetzt 52 (54, 60, 62, 66) (70, 72, 78, 80) M.

7 (7, 7, 7, 8) (8, 9, 9, 9) cm glatt re weiterarb. Die letzten Abnahmen erneut in jeder 5. (5., 5., 4., 4.) (4., 4., 4., 4.) Rd insgesamt 6 (5, 6, 5, 5) (5, 4, 5, 6) x wdh.
Auf der Nadel liegen jetzt 40 (44, 48, 52, 56) (60, 64, 68, 68) M.

Glatt re weiterarb, bis der Ärmel 35 (37, 39, 40, 41) (42,43,44,45) cm oder die gewünschte Länge misst.

Zu Nadeln Nr. 3,0 wechseln, 5 cm im 2/2 Rippenmuster arb und locker abk.

Den zweiten Ärmel ebenso str.

HALSAUSSCHNITT

Die M für den hinteren Halsausschnitt auf Nadeln Nr. 3,0 legen und aus der rechten Vorderteilhälfte 48 (51, 54, 57, 60) (63, 66, 69, 72) M aufnehmen und re verschr abstr, M-Markierer für den Rd-Anfang setzen, dann zuerst die stillgelegte M in der Mitte des V-Ausschnitts sowie 48 (51, 54, 57, 60) (63, 66, 69, 72) M aus der linken Vorderteilhälfte aufnehmen und re verschr abstr. Die Arbeit zur Rd schließen. Jetzt liegen 147 (155, 160, 166, 175) (183, 189, 198, 207) M auf der Nadel.

Die M in der Mitte des V-Ausschnitts re str und weiter in Rippenmuster 2/2 arb. In den folgenden Rd die 1. M (in der Mitte) immer re str und gleichzeitig vor dieser M 2 M re verschr zus-str und nach dieser M 2 M re zus-str.
Mit Rippenmuster 2/2 und den Abnahmen weitermachen, bis das Bündchen 3,5 cm misst.
Dann M locker abk.

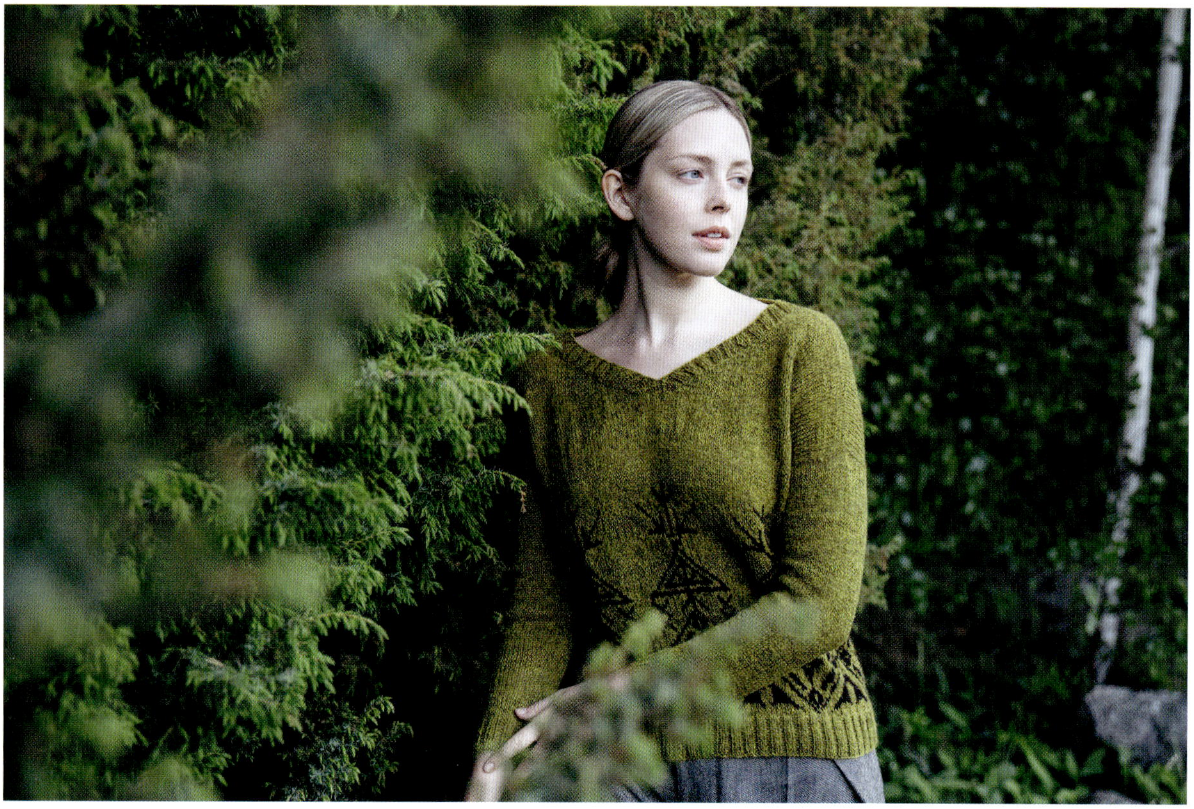

FERTIGSTELLEN

Alle Garnenden vernähen, den Pullover befeuchten und auf Maß spannen.

ZÄHLMUSTER

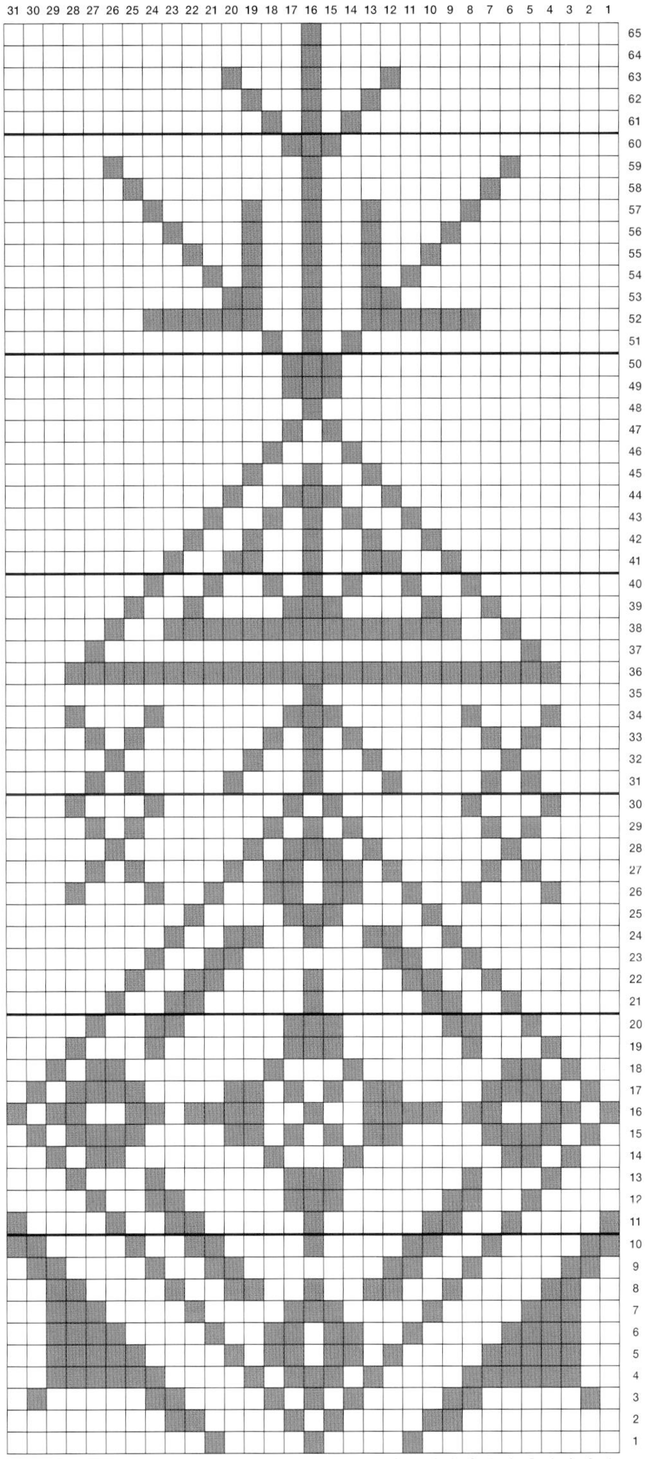

ZEICHENERKLÄRUNG

GF

KF

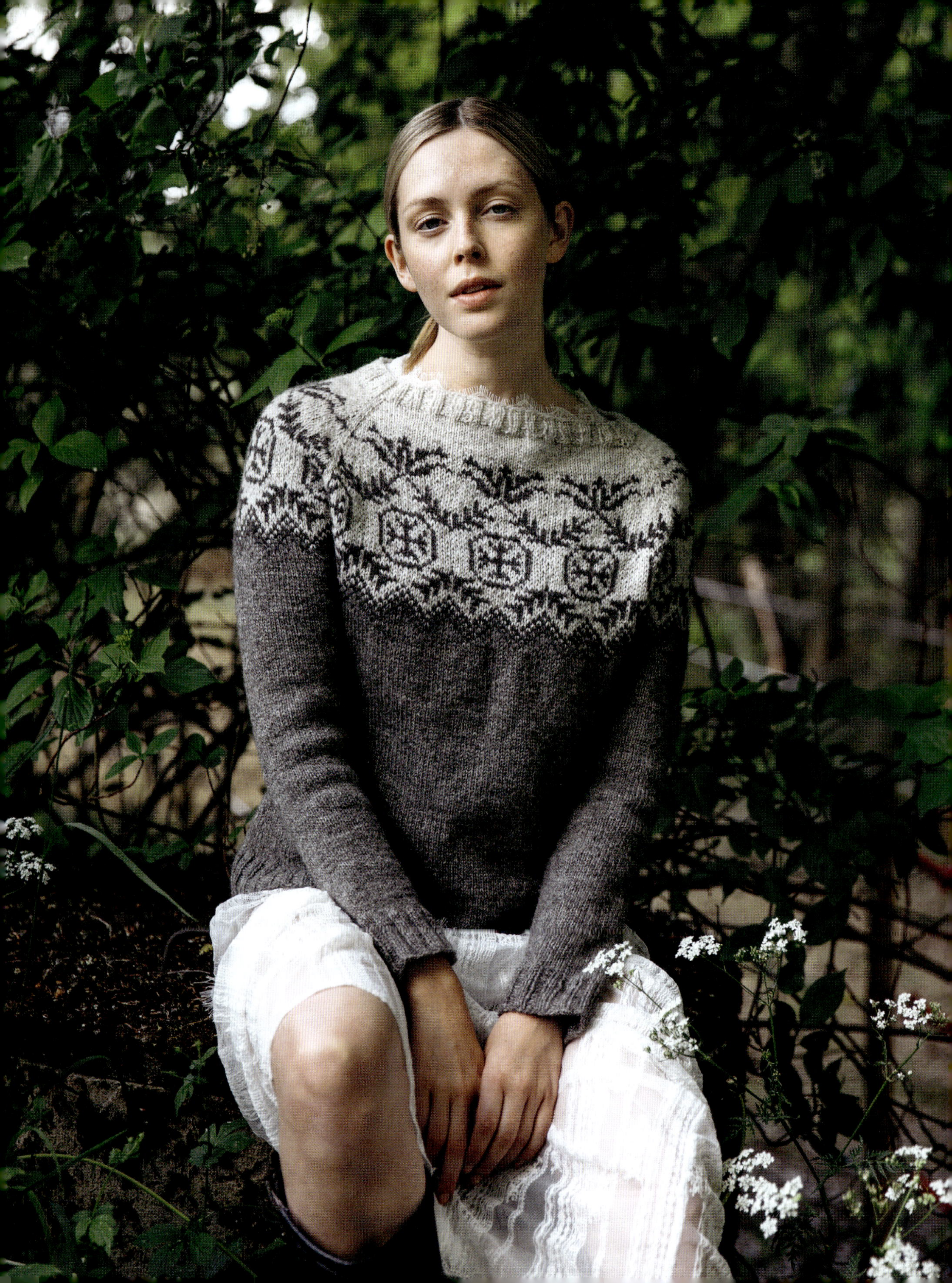

POHJOLAN NEITO

DIE JUNGFRAU DES NORDLANDS

Nordlands wunderschöne Jungfrau,
Eine Zier von Land und Wasser,
Saß grad' auf der Lüfte Bogen,
Glänzte an des Himmels Wölbung
In dem strahlenden Gewande,
In dem schimmerhellen Kleide;
Webte ein Geweb' von Goldstoff,
Wirkte sorgsam Silber drunter,
Golden war das Weberschiffchen
Und der Weberkamm von Silber.
Lustig saust' das Weberschiffchen,
Flog die Spule durch die Hände,
Knarrend regten sich die Schäfte,
Rauscht der Silberkamm in Eile
Am Geweb' der schönen Jungfrau,
Die mit Silber sorgsam wirkte.

(Kalevala, 8. Gesang, Vers 1–16)

Im Kalevala sind die Jungfrauen des Nordlands neben Louhi starke weibliche Charaktere, die sich der Vorherrschaft der männlichen Figuren im Heldenepos entgegenstellen. Im achten Gesang lernen wir zum ersten Mal eine Jungfrau von Pohjola kennen, die im Himmel sitzt und einen goldenen Stoff webt. Wäinämöinen, der Aino an das Wasser verloren hat, ist von dem Mädchen hingerissen und möchte sie zur Frau haben. Doch sie zögert und trägt Wäinämöinen auf, ein Boot zu bauen und es ins Wasser zu lassen. Beim Schnitzen des Bootes fügt sich Wäinämöinen mit der Axt eine Wunde am Knie zu. Er muss seine Tätigkeit unterbrechen und jemanden suchen, der es schafft, das Blut zu stillen. Später wird die Jungfrau von Pohjola zur Braut, doch zu der von Ilmarinen und nicht von Wäinämöinen.

Die Idee im Kalevala, das die Welt von einer Frau erschaffen wurde, basiert auf mündlich überlieferter Dichtung. In der karelisch-finnischen Mythologie haben Frauen, im Vergleich zu benachbarten Kulturen, eine andere soziale Stellung. In der deutschen Kultur zum Beispiel waren die Frauen intrigante Personen, die sich mit Fruchtbarkeit und Zauberei auskannten und oft im Zentrum von Streitigkeiten standen, während die Frauen im Kalevala Halbgötter zur Welt bringen und auch ohne Männer schwanger werden können.[31]

Lönnrots Kalevala-Epos ist von einem männlichen Blickwinkel aus geschrieben und die Frauen stehen für Andersartigkeit, Fremdartigkeit und das Jenseits. Sie sind entweder die Belohnung für ihre Verehrer oder die Kontrahenten des Helden. In der Symbolik der Volksdichtung gehören die Natur, das Leben, der Tod und das Jenseits zur Domäne der Frauen, während die Männer Wissen, Technologie und Kultur beherrschen. Mütter, Mutterschaft und Erziehung spielen ebenfalls eine wichtige Rolle in der Mythologie des Kalevala.[32]

Die Jungfrau des Nordlands ist sowohl eine aktiv Mitwirkende als auch Gegenstand der Handlung. Die Männer des Kalevala begehren die schöne Jungfrau so sehr wie den Sampo, ein magisches Utensil, das Wohlstand bringen soll. Auf der anderen Seite ist die Jungfrau ein aktiver Charakter, der die Bedingungen für eine Ehe diktiert.[33] Volkskundliche Erforschungen beschreiben die Jungfrauen auch als reiche, verwöhnte und gutsituierte Töchter einer mächtigen Mutter, die es gewohnt sind, ihren Willen zu bekommen.[34] Sowohl den Pohjolan-Neito-Cardigan als auch den -Pullover ziert ein Jacquardmuster, das baltischen Stickereien ähnelt und bei dem kleine, filigrane Details ein größeres Ganzes ergeben.

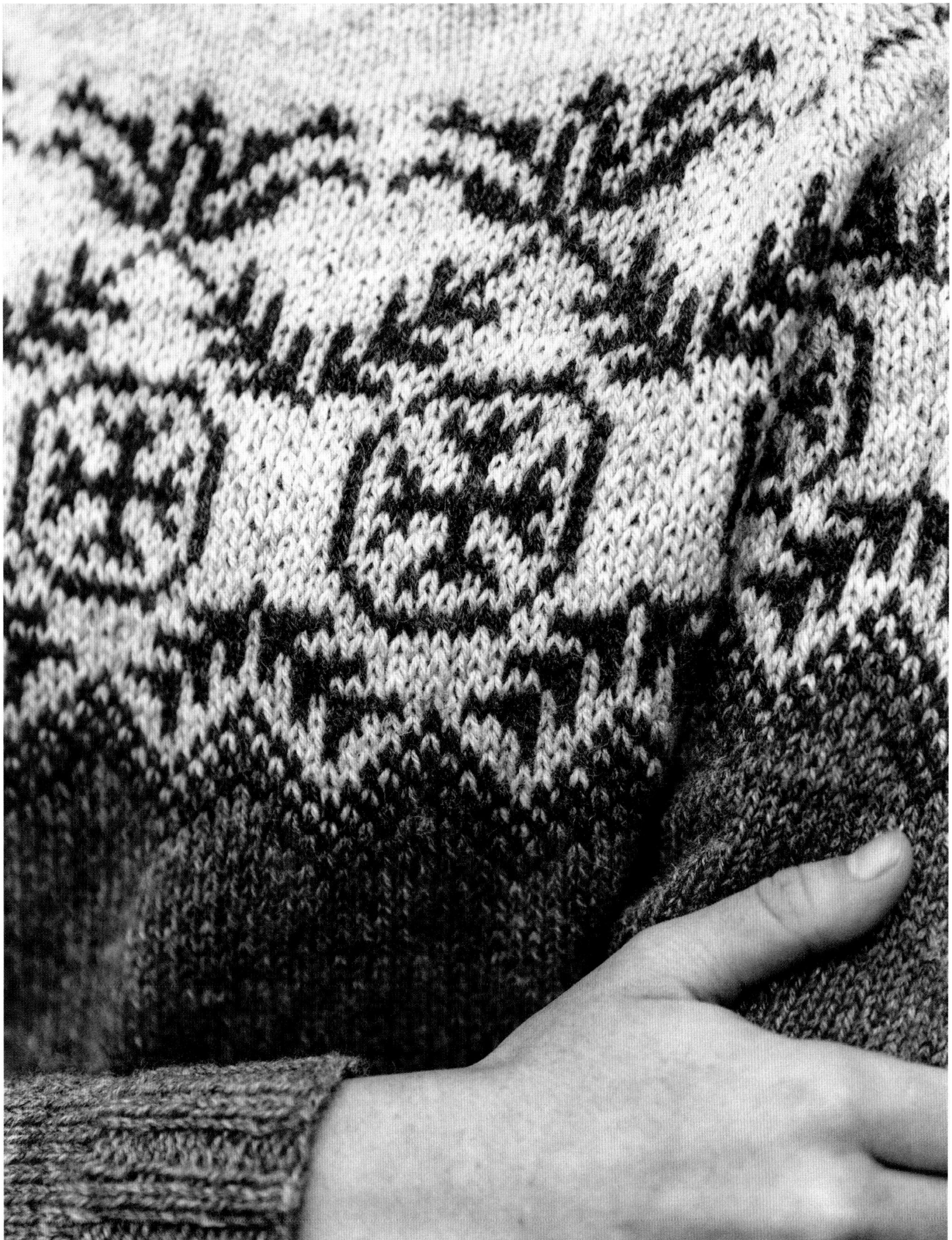

Pohjolan-Neito-Sweater

Dieser Sweater wird von oben nach unten gestrickt, hat Raglanärmel und eine Passe mit Jacquardmuster. Der untere Teil kann weitergestrickt werden oder man kann die Zunahmen weglassen, um einen geraden Rumpf zu erhalten. Auch bei den Ärmeln gibt es mit einem langen und einem kurzen Bündchen zwei Varianten.

GRÖSSEN

XS (S, M, L) (XL, 2XL, 3XL)
Der Pullover hat eine leichte Oversize-Passform. Er sollte mit einer Bequemlichkeitszugabe von 10–20 cm im Brustbereich gestrickt werden.

MASSE DER FERTIGEN ARBEIT

Brustumfang: 102 (108,5; 117; 127,5) (140; 150,5; 161) cm.
Umfang Rumpfbündchen (weiter Saum): 112 (120; 128,5; 139) (151,5; 162; 172,5) cm.
Umfang Rumpfbündchen (normaler Saum): 102 (108,5; 117; 127,5) (140; 150,5; 161) cm.
Höhe der Passe vorne: 21 (21,5; 23; 25) (29; 30,5; 33) cm.
Rumpflänge: 37,5 (38,5; 38,5; 39,5) (40,5; 42,5; 44,5) cm.
Ärmellänge: 38 (38, 40, 40) (42, 42, 43) cm.

GARN

Tukuwool DK (100 % finnische Wolle, 230 m/100 g).
GF1: Nila (Olivgrün)
GF2: Ujo (Rosenholz)
KF: Tyyni (Dunkelblau)

Pentti von Vuonue (70 % finnische Schafwolle, 30 % Tencel, 240 m/100 g).
GF1: Weiß
GF2: Grau
KF: Dunkelgrau

Sie können das Garn durch ein anderes dickes Garn mit vergleichbarem Gewicht und entsprechender Lauflänge ersetzen. Gute Alternativen sind zum Beispiel das finnische Garn Linnea DK von Pom Pom, das dänische Garn Jensen von Isager oder das portugiesische Garn Brusca von Rosa Pomar.

GARNMENGE

GF1: 196 (213, 237, 266) (313, 350, 394) m.
GF2: 605 (673, 752, 843) (993, 1108, 1249) m.
KF: 88 (111, 124, 139) (164, 183, 207) m.

Wenn Sie das Garn Tukuwool DK verwenden, benötigen Sie:
GF1: 1 (1, 2, 2) (2, 2, 2) Knäuel.
GF2: 3 (3, 4, 4) (4, 5, 6) Knäuel.
KF: 1 (1, 1, 1) (1, 1, 1) Knäuel.

NADELN

Für Glatt rechts und Jacquardmuster: Rundstricknadel Nr. 4,0; 40 und 80 cm lang
Für die Bündchen: Rundstricknadel Nr. 3,5; 40 und 80 cm lang
Ein Nadelspiel derselben Stärke (falls nicht mit Magic Loop gearbeitet wird). Falls notwendig, die Nadelstärke wechseln, damit die Maschenprobe übereinstimmt.

SONSTIGES

Maschenmarkierer, Maschenhalter oder Hilfsfaden, Stopfnadel

MASCHENPROBE

19 M x 25 Rd = 10 x 10 cm; glatt rechts mit Nadeln Nr. 4,0; leicht gespannt.

HALSAUSSCHNITT UND VERKÜRZTE REIHEN

92 (96, 100, 104) (108, 112, 116) M in GF1 mit Nadeln Nr. 3,5 anschlagen. Die Arbeit zur Rd schließen und am Beginn der Rd einen M-Markierer setzen (hintere Mitte).
Für das Bündchen 2 cm im 2/2 Rippenmuster str. 1 Rd glatt re str und dabei gleichmäßig verteilt 20 (24,28, 32) (32, 36, 36) M zun. Jetzt liegen 112 (120, 128, 136) (140, 148, 152) M auf der Nadel.
Mit Nadeln Nr. 4,0 weiterarb und 1 Rd glatt re str.

Für eine bessere Passform wird der hintere Halsausschnitt mit verkürzten R mit DM gestr. Diese R werden nicht in der Rd, sondern in Hin- und Rück-R gearb.

1. R (Hin-R): 14 (14, 15, 16) (16, 17, 17) re M str, Arbeit wenden.

2. R (Rück-R): 1 DM arb, 27 (27, 29, 31) (31, 33, 33) M li str, Arbeit wenden.

3. R (Hin-R): 1 DM arb, 42 (42, 45, 48) (48, 51, 51) M re str, Arbeit wenden.

4. R (Rück-R): 1 DM arb, 56 (56, 60, 64) (64, 68, 68) M li str, Arbeit wenden.

5. R (Hin-R): 1 DM arb, 70 (70, 75, 80) (80, 85, 85) M re str, Arbeit wenden.

6. R (Rück-R): 1 DM arb, 83 (83, 89, 95) (95, 101, 101) M li str, Arbeit wenden.

7. R (Hin-R): 1 DM arb, bis zur Markierung (hintere Mitte) re M str.

In Rd weiterarb. 1 Rd glatt re str und die M-Markierer für die Raglanärmel setzen. Gleichzeitig die Markierung für die hintere Mitte entfernen und die verbleibenden DM als 1 M str. 23 (25, 27, 29) (30, 32, 33) M re str, 1. M-Markierer setzen, 11 M re str, 2. M-Markierer setzen, 45 (49, 53, 57) (59, 63, 65) M re str, 3. M-Markierer setzen, 11 M re str, 4. M-Markierer setzen, re M bis zum 1. M-Markierer. Dieser kennzeichnet nun den neuen Rd-Anfang.

PASSE UND RAGLANZUNAHMEN

In jeder 2. Rd Raglanzunahmen arb.

1. Rd: Re M str, dabei an den jeweiligen Stellen die M-Markierer abh (keine Abnahmen arb).

2. Rd: * 1 M re, 1 M zun, bis zur letzten M vor der Markierung re M str, 1 M zun, 1 M re, M-Markierer abh; ab * bis zum Rd-Ende wdh (8 Abnahmen).

Jetzt liegen 120 (128, 136, 144) (148, 156, 160) M auf der Nadel.

Diese zwei Rd noch 0 (1, 3, 5) (10, 12, 15) x wdh.

Auf der Nadel liegen jetzt 120 (136,160,184) (228, 252, 280) M. Jeweils 47 (53, 61, 69) (81, 89, 97) M für das Vorder- und Rückteil und jeweils 13 (15, 19, 23) (33, 37, 43) M für die Ärmel. Jetzt das Jacquardmuster nach Zählmuster str. Suchen Sie in den Zählmustern für Passe und Ärmel den richtigen Ausgangspunkt für Ihre Größe. So gehen Sie sicher, dass das Muster schön mittig sitzt. Der Musterrapport ist im Zählmuster eingezeichnet. Gleichzeitig mit dem Jacquardmuster werden auch die Raglanabnahmen gearb. Die neuen M ebenfalls gemäß Musterrapport arb. In jeder Rd, in der Zunahmen gestr werden, 1 M auf beiden Seiten des Zählmusters für das Vorder-/Rückteil sowie für die Ärmel hinzufügen. An die jeweilige Größe angepasste Zählmuster finden Sie unter lainepublishing.com/knitted-kalevala, Passwort: Kalevala2022.

Jetzt die M der Passe in Vorder-, Rückteil und Ärmel aufteilen. Weiter in GF2 arb. Die 57 (59, 63, 67) (77, 81, 87) M für den 1. Ärmel auf einem M-Halter bzw. Hilfsfaden stilllegen, M-Markierer entfernen, 6 (6, 6, 8) (8,10,12) M für den Armausschnitt anschl und die mittlere M unter dem Ärmel mit einem M-Markierer kennzeichnen (neuer Rd-Anfang).

91 (97, 105, 113) (125, 133, 141) M für das Vorderteil re str, die 57 (59, 63, 67) (77, 81, 87) M für den zweiten Ärmel stilllegen, M-Markierer entfernen, 6 (6, 6, 8) (8, 10, 12) M für den Armausschnitt anschl und die mittlere M unter dem Ärmel mit einem M-Markierer kennzeichnen. Die 91 (97, 105, 113) (125, 133, 141) M für das Rückteil re str.

Für den Rumpf liegen jetzt 194 (206, 222, 242) (266, 286, 306) M auf der Nadel. Der Rd-Anfang befindet sich nun auf der linken Seite.

RUMPF (VORDERTEIL UND RÜCKTEIL)

In GF1 und in Rd weiterarb. Wenn Sie am Rumpf keine M zunehmen möchten, glatt re weiterarb, bis der Rumpf 35 (36, 36, 37) (38, 40, 42) cm misst, dann zu Nadel Nr 3,5 wechseln, 2 cm im 2/2 Rippenmuster str und dann locker abk.

Wenn der Pullover unten weiter werden soll, Zunahmen wie folgt str:
* 1 M re, 1 M zun, bis zur letzten M vor der Markierung re M str, 1 M zun, 1 M re, M-Markierer abh; ab * bis zum Rd-Ende wdh (4 Zunahmen).
In jeder 15. Rd insgesamt 5 x wdh. Wenn Sie mit den Zunahmen fertig sind, liegen 214 (226, 248, 262) (286, 306, 326) M auf der Nadel.

Glatt re weiterarb, bis der Rumpf ab den Armausschnitten 35 (36, 36, 37) (38, 40, 42) cm misst. Noch 1 Rd glatt re arb und auf jeder Seite der Arbeit 1 M zun (2 Zunahmen). Auf der Nadel liegen jetzt 216 (228, 244, 264) (288, 308, 328) M.

Zu Nadel Nr. 3,5 wechseln, 2 cm im 2/2 Rippenmuster arb und locker abk.

ÄRMEL

In GF2 weiterarb und 57 (59, 63, 67) (77, 81, 87) stillgelegte M für den Ärmel auf Nadeln Nr. 4 legen. 7 (7, 7, 9) (9, 11, 13) M aus dem Armausschnitt aufnehmen und re verschr abstr.
Auf der Nadel liegen jetzt 64 (66, 70, 76) (86, 92,100) M.
Die Arbeit zur Rd schließen und einen M-Markierer in der mittleren M unter dem Arm anbringen, dabei für die Vorderseite 1 M mehr lassen. 8 Rd glatt re str.

Die Ärmelabnahmen folgendermaßen arb:
1 M re, 2 M re zus-str, bis zur vorletzten M vor dem M-Markierer re M str, 2 M re verschr zus-str.
Die Abnahmen in jeder 5. (5., 5., 4.) (3., 3., 3.) Rd insgesamt 2 x wdh. Auf der Nadel liegen jetzt 60 (62, 66, 72) (82, 88, 96) M.

Mit Nadeln Nr. 3,5 im 2/2 Rippenmuster fortf. Wenn Sie kein langes Bündchen str möchten, glatt re weiterarb.

Die Abnahmen weiterhin in jeder 5. (5., 4., 3.) (3., 3., 3.) Rd noch 10 (9, 9, 12) (15,18, 20) x wdh.
Auf der Nadel liegen jetzt 40 (44, 48, 48) (52, 52, 56) M.

Im Rippenmuster fortf, bis der Ärmel 38 (38, 40, 40) (42, 42, 43) cm misst. Wenn Sie das kurze Bündchen str, im Rippenmuster 2/2 arb, sobald der Ärmel 34 (34, 36, 36) (38, 38, 39) cm misst. Nach 4 cm locker abketten.

Den zweiten Ärmel ebenso str.

FERTIGSTELLEN

Alle Garnenden vernähen, den Pullover befeuchten und auf Maß spannen.

ZÄHLMUSTER PASSE

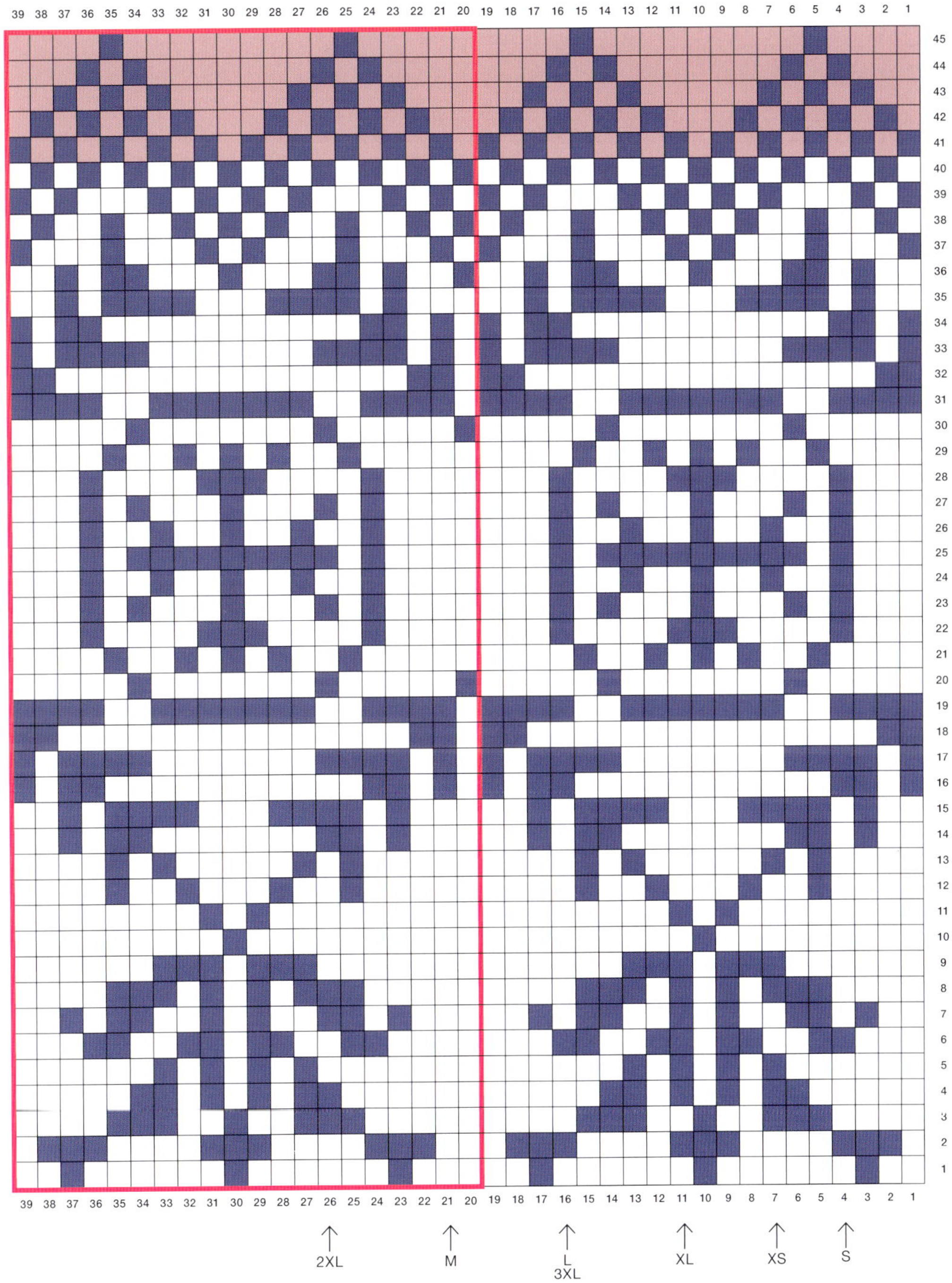

ZEICHENERKLÄRUNG

GF1

GF2

KF

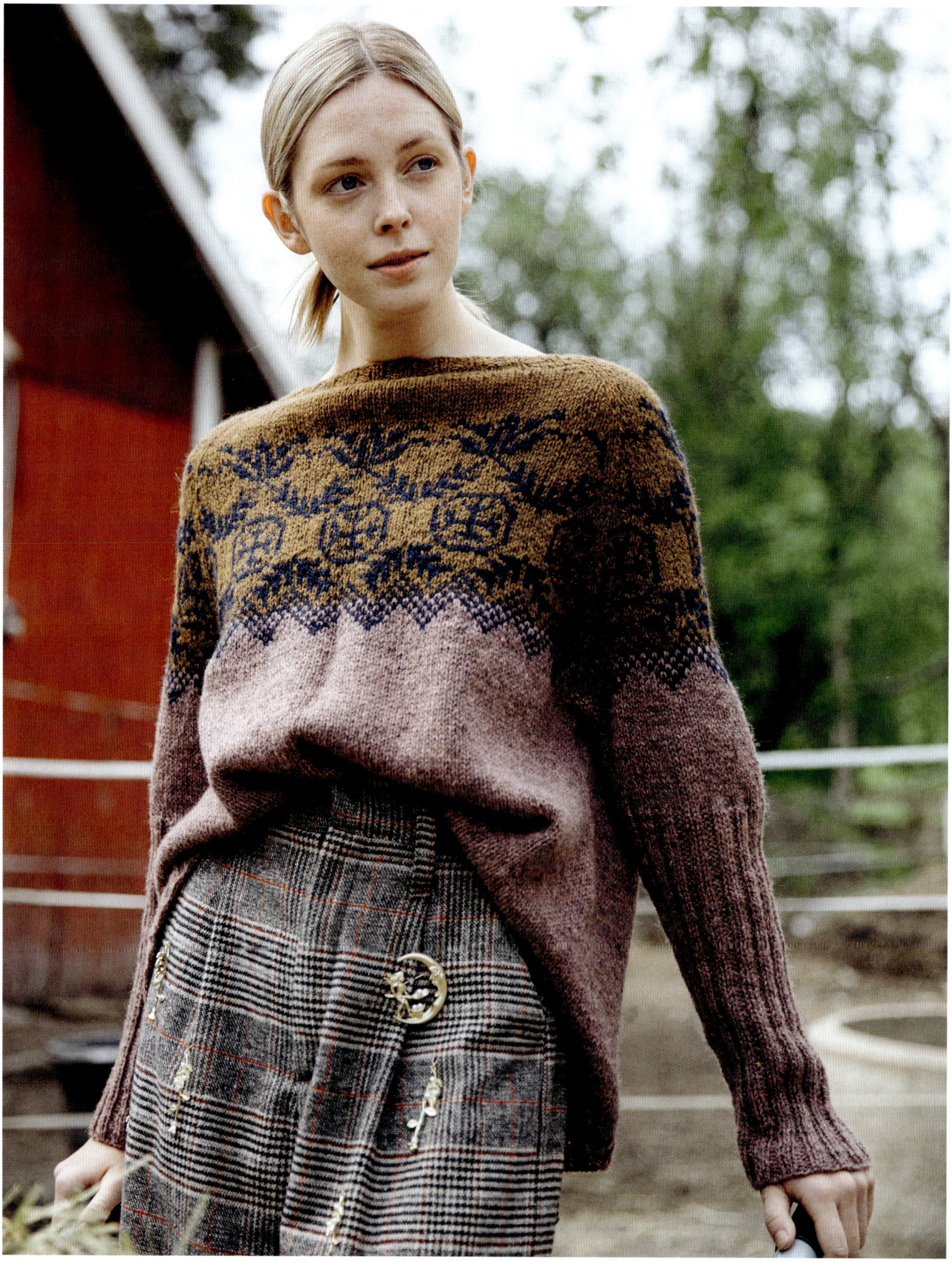

ZÄHLMUSTER ÄRMEL

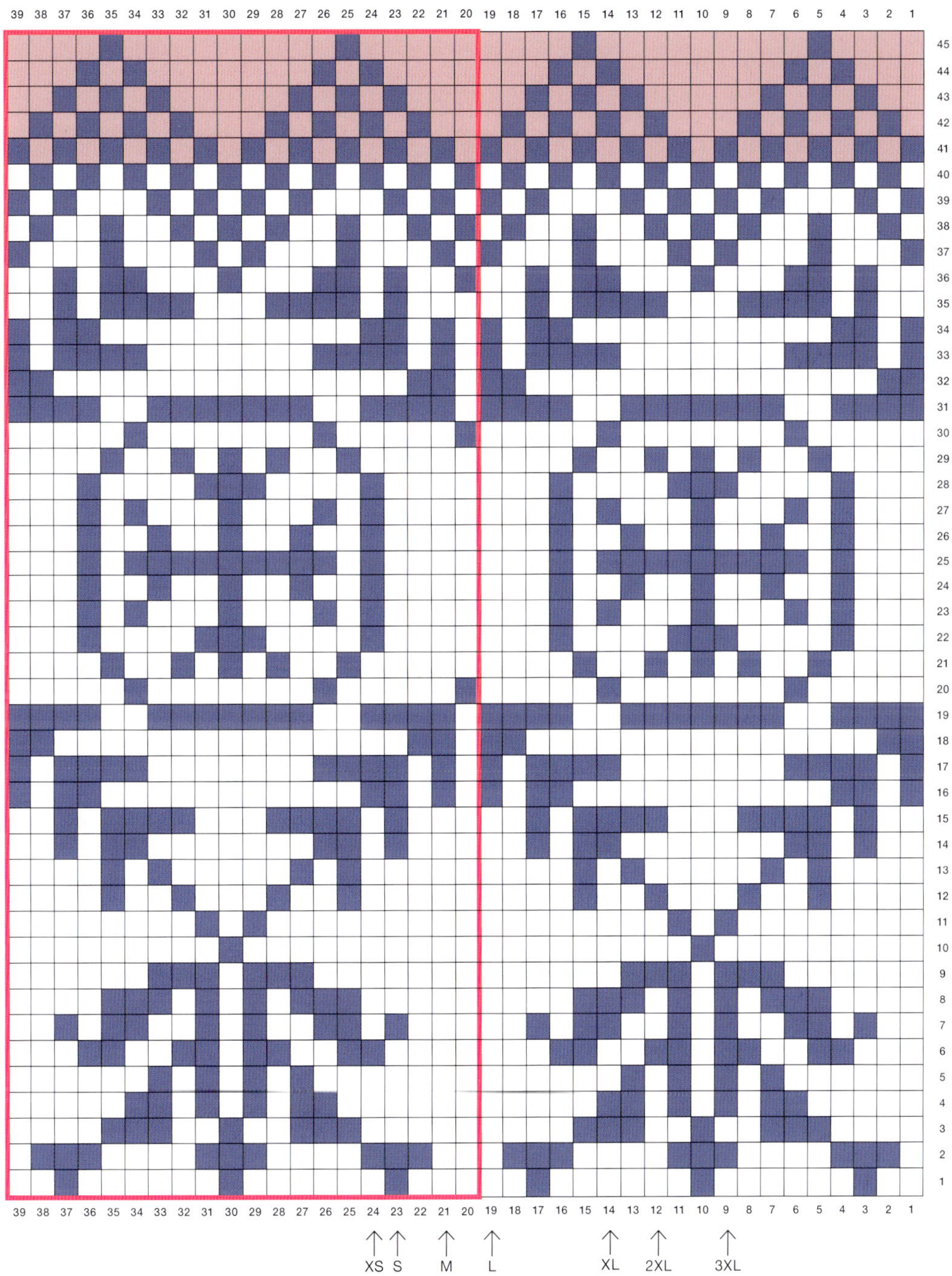

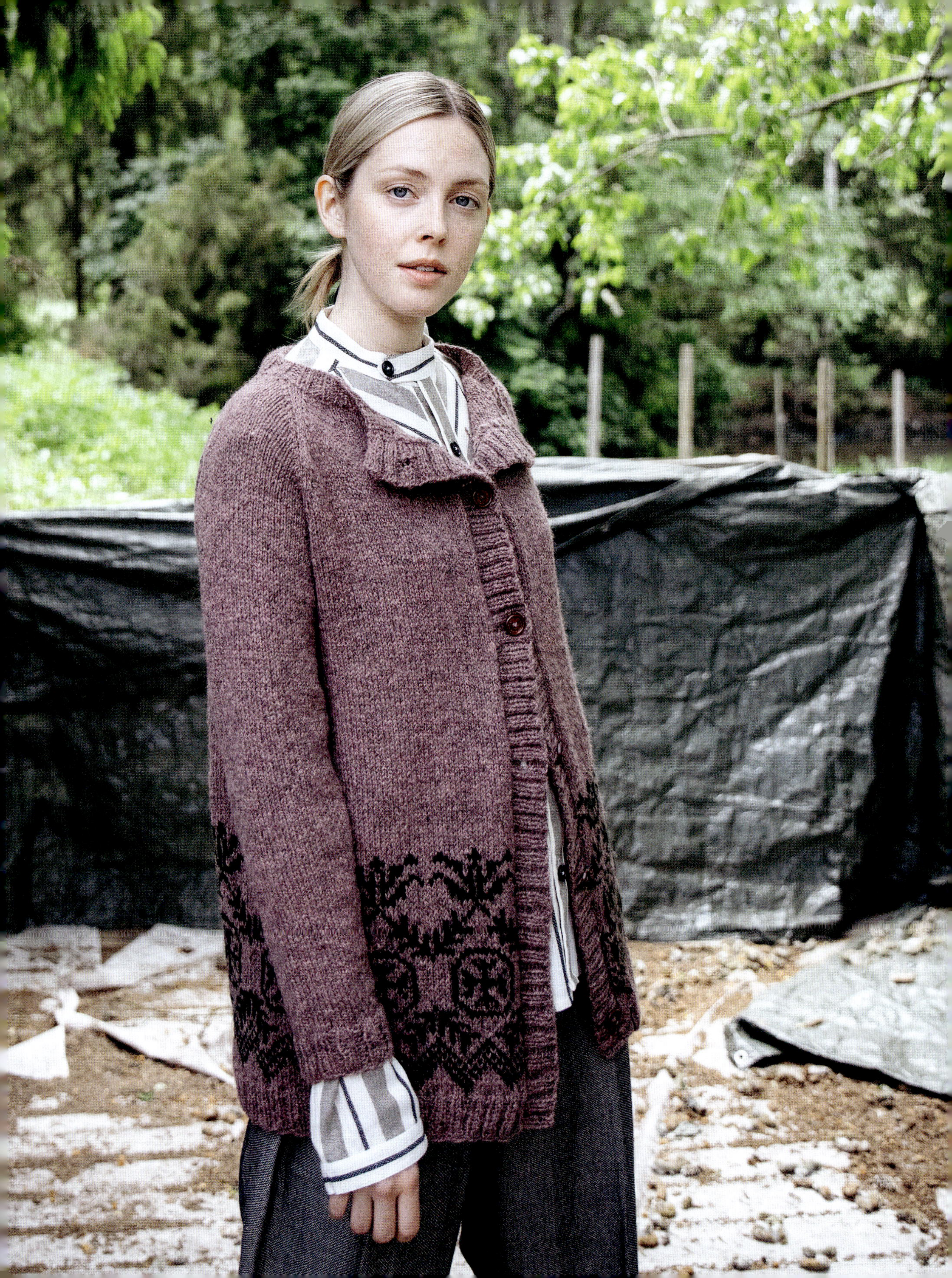

Pohjolan-Neito-Cardigan

Hier wandert das Jacquardmuster des Pohjolan-Neito-Pullovers (Seite 84) von der Passe zum Saum. Der legere Cardigan wird von unten nach oben rund gestrickt und dann gesteekt. Er ist aus dickem Garn gearbeitet und eignet sich daher perfekt für wärmere Frühlings- oder Herbsttage.

GRÖSSEN

S (M, L, XL) (2XL, 3XL, 4XL)
Der Cardigan hat eine leichte Oversize-Passform.
Er sollte mit einer Bequemlichkeitszugabe von 10–15 cm auf Brustkorbhöhe gestrickt werden.

MASSE DER FERTIGEN ARBEIT

Brustumfang: 105 (116, 126, 137) (147, 158, 168) cm.
Rumpflänge: 42 (43, 45, 47) (48, 50, 52) cm.
Saumumfang: 115 (125, 136, 146) (157, 167, 177) cm.
Ärmellänge: 40 (42, 43, 45) (47, 50, 52) cm.

GARN

Tukuwool DK (100 % finnische Wolle, 230 m/100 g).
GF: Ujo (Rosenholz)
KF: Sysi (Schwarz)

Sie können das Garn durch ein anderes dickes Garn mit vergleichbarem Gewicht und entsprechender Lauflänge ersetzen. Gute Alternativen sind zum Beispiel die finnischen Garne Pentti von Vuonue, das amerikanische Garn Devonia DK von John Arbon Textiles und das portugiesische Garn Brusca oder Beiroa von Rosa Pomar.

GARNMENGE

GF: 918 (1089, 1209, 1406) (1558, 1843, 2052) m.
KF: 127 (143, 156, 169) (196, 210, 221) m.

Wenn Sie das Garn Tukuwool DK verwenden, benötigen Sie:
GF: 4 (5, 6, 7) (7, 9, 9) Knäuel.
KF: 1 (1, 1, 1) (1, 1, 1) Knäuel.

NADELN

Für Glatt rechts und Jacquardmuster: Rundstricknadel Nr. 4,0; 80–120 cm lang
Für die Bündchen: Rundstricknadel (80–100 cm lang) und Nadelspiel (falls nicht mit Magic Loop gearbeitet wird) Nr. 3,5. Falls notwendig, die Nadelstärke wechseln, damit die Maschenprobe übereinstimmt.

SONSTIGES

Maschenmarkierer, M-Halter bzw. Hilfsfaden, Stopfnadel und Nadel zum Annähen von Knöpfen, 6 (6, 7, 7) (8, 9, 9) Knöpfe.

MASCHENPROBE

19 M x 25 Rd = 10 x 10 cm; glatt rechts mit Nadel Nr. 4,0; leicht gespannt.

RUMPF

218 (238, 258, 278) (298, 318, 338) M in GF mit Nadeln Nr. 3,5 anschlagen. Die Arbeit nicht zur Rd schließen. Im 2/2 Rippenmuster in Hin- und Rück-R arb, dabei die 2 letzten M der Hin-R re str und die letzten 2 M der Rück-R li str. 4 cm im Rippenmuster str, dann zur Rd schließen und am Beginn der Rd einen M-Markierer setzen. Mit Nadel Nr. 4,0 weiterarb. Am Rd-Anfang 4 Steek-M anschl und zur Rd schließen. Diese 4 M werden immer li gestr und zählen nicht zur regulären M-Anzahl. 1 Rd glatt re str und dabei gleichmäßig verteilt 2 (2, 2, 2) (2, 2, 2) M zun.
Auf der Nadel liegen jetzt 220 (240, 260, 280) (300, 320, 340) M.
Das Jacquardmuster für den Rumpf nach Zählmuster arb. Sobald Sie mit dem Jacquardmuster fertig sind,

in GF 4 (4, 4, 5) (5, 6, 6) cm glatt re str. Für die Seitennähte wie folgt M-Markierer setzen: 55 (60, 65, 70) (75, 80, 85) M re str, 1. M-Markierer setzen, 110 (120, 130, 140) (150, 160, 170) M re str, 2. M-Markierer setzen, bis zum Rd-Ende re M str.

Auf beiden Seiten der M-Markierer für die Seitennähte folgende Abnahmen arb:
Abnahme-Rd: * bis 3 M vor dem M-Markierer re M str, 2 M re zus-str, 1 M re, MM abh, 1 M re, 2 M re zus-str;
ab * noch 1 x wdh.
Die Abnahmen in jeder 14. (14., 15., 15.) (15., 16., 16.) Rd insgesamt 5 x wdh. Auf der Nadel liegen jetzt 200 (220, 240, 260) (280, 300, 320) M.

Glatt re weiterarb, bis der Rumpf eine Gesamtlänge von 42 (43, 45, 47) (48, 50,52) cm misst.

Jetzt die M in Vorder- und Rückteil unterteilen. Wenn Sie die M für den Armausschnitt auf einem M-Halter bzw. Hilfsfaden stilllegen, werden diese später mit dem Maschenstich geschlossen. Wenn Sie die M abketten, werden sie mit dem Matratzenstich zusammengenäht.

Nach dem Arb der Steek-M 46 (51, 55, 60) (64, 69, 73) M für das Vorderteil re str, dann 8 (8, 10, 10) (12, 12, 14) M für den Armausschnitt stilllegen oder abk, 92 (102, 110, 129) (128, 138, 146) M für das Rückteil re str, 8 (8, 10, 10) (12, 12, 14) M für den anderen Armausschnitt stilllegen oder abk, 46 (51, 55, 60) (64, 69, 73) M für das Vorderteil re str. Die Arbeit beiseitelegen und die Ärmel str.

ÄRMEL

44 (44, 48, 48) (52, 52, 56) M in GF mit Nadeln Nr. 3,5 anschlagen. Die Arbeit zur Rd schließen und am Beginn der Rd einen M-Markierer setzen. Für das Bündchen 4 cm im 2/2 Rippenmuster str.

4 (4, 5, 5) (5, 6, 6) cm mit Nadel Nr. 4,0 glatt re weiterarb.

1 M am Anfang und am Ende der Rd (jeweils re und li vom M-Markierer) zun (2 Zunahmen). Die Zunahmen in jeder 5. (5., 4., 3.) (3., 3., 3.) Rd insgesamt 8 (10, 12, 13) (13, 16, 17) x wdh. Auf der Nadel liegen jetzt 60 (64, 72,74) (78, 84, 90) M.
Glatt re weiterarb, bis der Ärmel 40 (42, 43, 45) (47, 50, 52) cm misst.
Jetzt links und rechts der Markierung gleichmäßig 8 (8, 10, 10) (12, 12, 14) M für den Armausschnitt abk oder stilllegen. 1. Ärmel beiseitelegen.

Den zweiten Ärmel ebenso str.

PASSE

Jetzt Rumpf und Ärmel miteinander verbinden und folgende M-Markierer setzen:
46 (51, 55, 60) (64, 69, 73) M für die rechte Vorderseite re str, 1. M-Markierer setzen, 52 (56, 62, 64) (66, 72, 76) M für den rechten Ärmel re str, 2. M-Markierer setzen, 92 (102, 110, 120) (128, 138, 146) M für das Rückteil re str, 3. M-Markierer setzen, 52 (56, 62, 64) (66, 72, 76) M für den linken Ärmel re str, 4. M-Markierer setzen, 46 (51, 55, 60) (64, 69, 73) M für die linke Vorderseite re str. Jetzt liegen 288 (316, 344, 368) (388, 420, 444) M auf der Nadel.
Auf beiden Seiten der M-Markierer für die Raglanärmel folgende Abnahmen arb:
* Bis 3 M vor dem M-Markierer re M str, 2 M re verschr zus-str, 1 M re, MM abh, 1 M re, 2 M re zus-str; ab * noch 3 x bis zum Rd-Ende wdh (8 Abnahmen).
In jeder 2. Rd insgesamt 22 (25, 26, 29) (31, 31, 31) x wdh. Jetzt liegen 112 (116, 136, 136) (140, 172, 196) M auf der Nadel.

Nur bei Größe 3XL und 4XL: Die Raglanabnahmen in jeder Rd insgesamt noch 3 (5) x arb. Jetzt liegen 148 (156) M auf der Nadel.

Für eine bessere Passform wird der hintere Halsausschnitt mit verkürzten R mit DM gestr.
Diese R werden nicht in der Rd, sondern in Hin- und Rück-R gearb.

In der hinteren Mitte wie folgt eine neue Markierung anbringen: die M für die Vorderseite re str, M-Markierer abh, die M für den rechten Ärmel re str, M-Markierer abh, 24 (26, 29, 31) (33, 38, 42) M für das Rückteil re str, M-Markierer setzen (hintere Mitte). Die verkürzten R folgendermaßen arb:
1. R (Hin-R): 30 (30, 42, 42) (48, 48, 54) re M str, Arbeit wenden.
2. R (Rück-R): 1 DM arb, 60 (60, 84, 84) (96, 96,108) M li str, Arbeit wenden.
3. R (Hin-R): 1 DM arb, 54 (54, 77, 77) (88, 88, 99) M re str, Arbeit wenden.
4. R (Rück-R): 1 DM arb, 48 (48, 70, 70) (80, 80, 90) M li str, Arbeit wenden.
5. R (Hin-R): 1 DM arb, 42 (42, 63, 63) (72, 72, 81) M re str, Arbeit wenden.
6. R (Rück-R): 1 DM arb, 36 (36, 56, 56) (64, 64, 72) M li str, Arbeit wenden.
7. R (Hin-R): 1 DM arb, re M bis zur hinteren Mitte str.

Weiter in Rd arb. 1 Rd re str. In der nächsten Rd gleichmäßig 24 (24, 28, 36) (36, 36, 36) M abn, indem Sie jeweils 2 M re zus-str. Jetzt liegen 88 (92, 108, 100) (104, 112, 120) M auf der Nadel.

Die Steek-M abk und zu Nadeln Nr. 3,5 wechseln.
Im 2/2 Rippenmuster in Hin- und Rück-R arb, dabei die 2 letzten M der Hin-R re str und die letzten 2 M der Rück-R li str. 3 cm im Rippenmuster str und dann locker abk.

KNOPFLEISTEN

Mit einer Nähmaschine im Abstand von 1–2 M zwei vertikale Nähte entlang der Steek-M setzen, um die M zu sichern.
Man kann die M auch sichern, indem man entlang der beiden Steek-Kanten feste Maschen häkelt.
Jetzt die Maschen vorsichtig aufschneiden. Die beiden Kanten umklappen und an der Innenseite festnähen.

Linkes Vorderteil: In GF und mit Nadeln Nr. 3,5 aus der linken Vorderteilkante M aufnehmen und re verschr. abstr. Sie müssen keine bestimmte M-Anzahl aufnehmen, sie sollte aber durch 4 + 2 teilbar sein: in den Hin-R werden die ersten und letzten beiden M als re M gestr. Für das Bündchen 4 cm im 2/2 Rippenmuster str und dann locker abk.

Rechtes Vorderteil: Dieselbe M-Anzahl wie für das linke Vorderteil aus der rechten Kante aufnehmen und re verschr abstr. Die Positionen für die 6 (6, 7, 7) (8, 8, 9, 9) Knopflöcher markieren und wie beim linken Vorderteil im 2/2 Rippenmuster beginnen.
4 R im Rippenmuster arb und die Knopflöcher dann folgendermaßen arb: 2 M re, 2 M abk, 2 M anschl.
Alle Knopflöcher gleich arb. Im Rippenmuster fortf, bis es dieselbe Breite wie auf der linken Seite misst (4 cm).
Dann locker abk.

FERTIGSTELLEN

Die Armausschnitte mithilfe des Maschen- oder Matratzenstiches schließen und alle Garnenden vernähen. Die Knöpfe befestigen, den Cardigan befeuchten und auf Maß spannen.

ZÄHLMUSTER SAUM

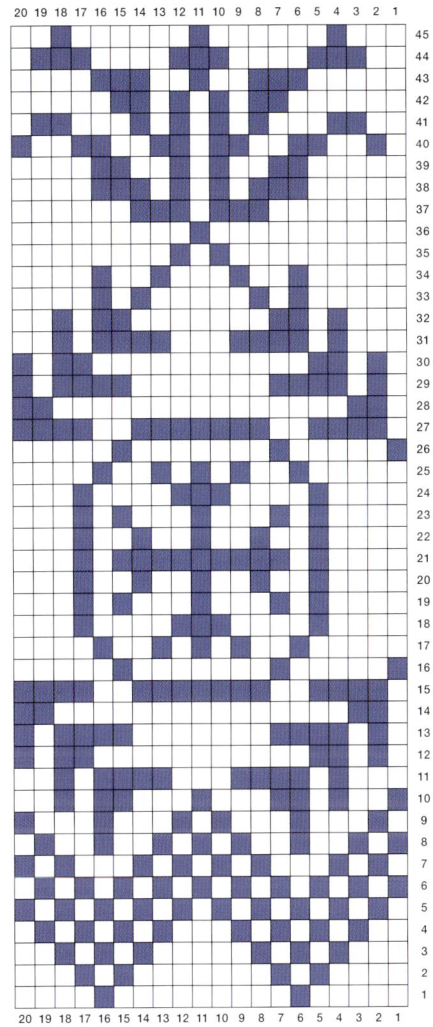

ZEICHENERKLÄRUNG

GF

KF

SAARI

Es verlachten ihn die Weiber,
Schmähten ihn die Mädchen weidlich,
Als er seltsam in die Gasse,
Seltsam auf den Hof gefahren,
Seinen Schlitten umgeworfen,
Hastig an die Pfort' geschleudert.

Zog der muntre Lemminkäinen,
Schief den Mund und schiefen Hauptes
Schüttelt' er die schwarzen Haare,
Redet selber diese Worte:
Hab dergleichen nie gesehen,
Nie gesehen noch gehöret,
Dass die Weiber mich verlachen,
Nie der Mädchen Spott erlitten.

Wenig achtet's Lemminkäinen,
Redet selber diese Worte:
Gibt's wohl Raum im Saarilande,
Platz auf Saaris weiten Flächen,
Ort für mich zu muntern Spielen,
Einen Boden mir zum Tanze,
Zu der Lust der Saarijungfraun,
Zu den Reihn der Schöngelockten?

Sprachen da die Saarijungfrauen,
Gaben Antwort an der Landzung':
Raum genug auf Saaris Flächen,
Dir ein Ort zu muntern Spielen
Und ein Boden dir zum Tanze:
Kannst ein Hirt am Schwendenlande,
Kannst dort Hirtenknabe werden;
Mager sind die Kinder Saaris,
Fett genug der Pferde Füllen.

(Kalevala, 11. Gesang, Vers 111–142)

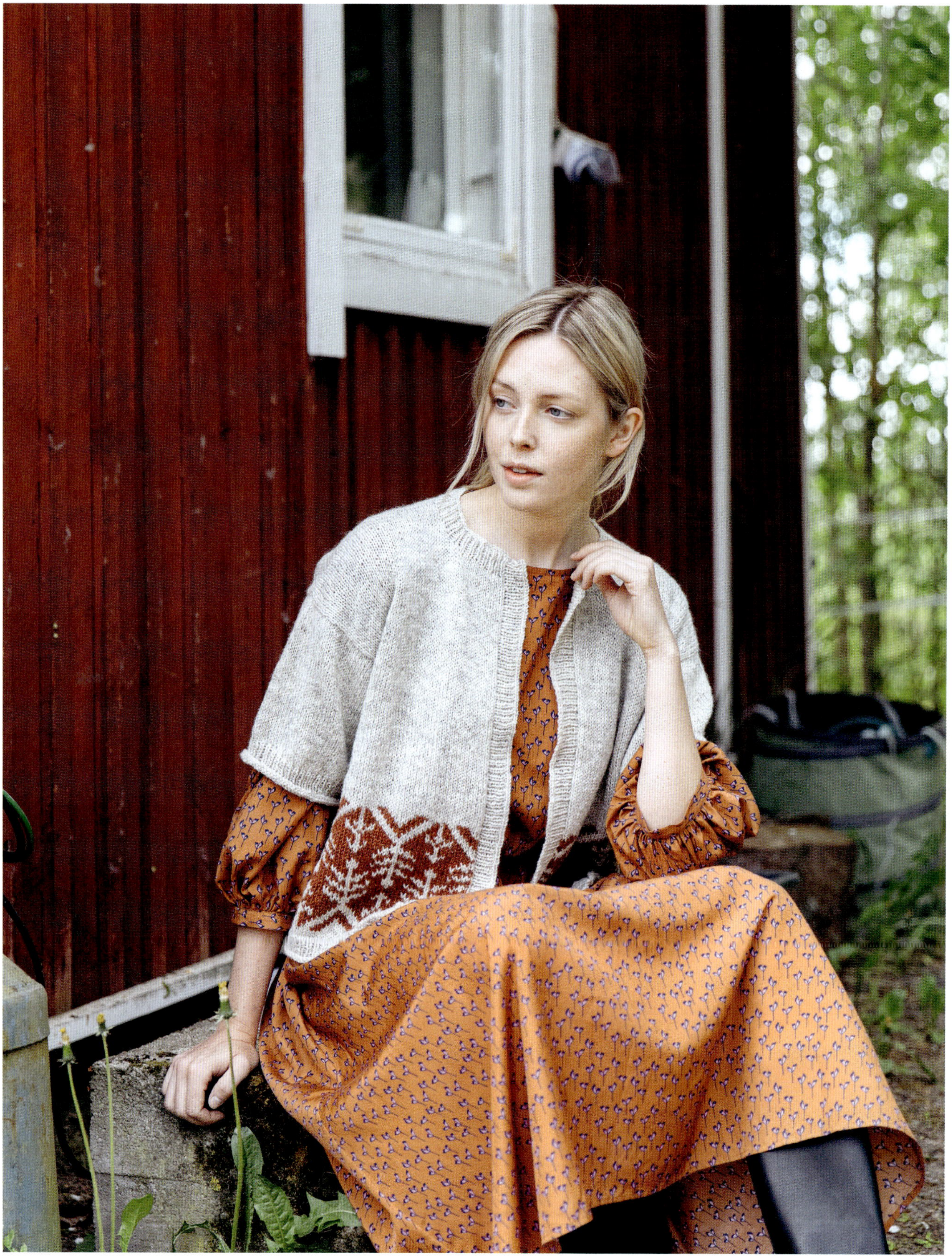

Im Kalevala ist Saari die Heimat von Kyllikki, der vornehmen und schönen Jungfrau von Saari. Im elften Gesang macht sich der aufbrausende Lemminkäinen, einer der Helden des Epos, nach Saari auf, um um Kyllikki zu werben und sie zu heiraten. Bei seiner Ankunft wird er von den ortsansässigen Mädchen verspottet, lernt aber die Jungfrau näher kennen. Als Kyllikki seinem Werben nicht nachgibt, entführt er sie und heiratet sie.

In der finnischen Volksdichtung ist Saari (wörtlich „Insel") ein mythischer Ort, der zwischen den Inseln Gotland und Saaremaa angesiedelt sein soll. Manchmal wird er auch als Wohnort der Könige bezeichnet. Christfrid Ganander siedelt es in seiner ***Mythologia Fennica*** aus 1789 in Mynamaki, Südwestfinnland, an, wo laut ihm Reste der Behausungen finnischer Könige zu finden seien.[35]

Das Jacquardmuster des kurzen Saari-Cardigans zeigt Bäume, die auf einer Insel stehen und mit ihren Spiegelungen einen ruhigen Sommerabend symbolisieren - das ideale Setting für einen kurzärmeligen Cardigan.

Saari

Dieser Cropped Cardigan weist am unteren Rand ein Jacquardmuster auf und wird in einem Stück von unten nach oben gestrickt. Er besitzt keine Knöpfe. Sie können ihn also offen lassen oder mit einer Sicherheitsnadel schließen. Er eignet sich perfekt für kühle Sommerabende, die zu schön sind, um schon schlafen zu gehen.

GRÖSSEN

XS (S, M, L, XL) (2XL, 3XL, 4XL)
Der Cardigan hat eine leichte Oversize-Passform. Er sollte mit einer Bequemlichkeitszugabe von 10–20 cm im Brustbereich gestrickt werden.

MASSE DER FERTIGEN ARBEIT

Brustumfang: 105 (112, 122, 132, 142) (152, 162, 172) cm.
Rumpflänge: 34 (35, 36, 37, 39) (42, 44, 46) cm.
Armausschnitt Höhe: 18 (19, 20, 21, 22) (24, 26, 28) cm.
Ärmellänge: 18 (19, 20, 21, 22) (22, 23, 24) cm.

GARN

Pentti von Vuonue (70 % finnische Wolle, 30 % Tencel, 240 m/100 g).
GF: Vaaleanharmaa (Hellgrau meliert)
KF: Ruoste (Rosenholz)

Sie können das Garn durch ein anderes dickes Garn mit vergleichbarem Gewicht und entsprechender Lauflänge ersetzen. Gute Alternativen sind das finnische Garn Tukuwool DK, das dänische Garn Isager von Jensen und das deutsche Garn Rauwerk Original.

GARNMENGE

GF: 724 (787, 850, 913, 975) (1045, 1160, 1220) m.
KF: 122 (135, 147, 160, 175) (189, 208, 221) m.

Wenn Sie das Garn Pentti von Vuonue verwenden, benötigen Sie:
GF: 4 (4, 4, 4, 5) (5, 5, 6) Knäuel.
KF: 1 (1, 1, 1, 1) (1, 1, 1) Knäuel.

NADELN

Für Glatt rechts und Jacquardmuster: Rundstricknadel Nr. 4,0; 80–120 cm lang
Für die Bündchen: Rundstricknadel (80–100 cm lang) und Nadelspiel (falls nicht mit Magic Loop gearbeitet wird) Nr. 3,5. Falls notwendig, die Nadelstärke wechseln, damit die Maschenprobe übereinstimmt.

SONSTIGES

Maschenmarkierer, Maschenhalter oder Hilfsfaden, Stopfnadel

MASCHENPROBE

20 M x 22 Rd = 10 x 10 cm; glatt rechts mit Nadeln Nr. 4,0; leicht gespannt.

RUMPF

203 (223, 243, 263, 283) (303, 323, 343) M in GF mit Nadeln Nr. 3,5 anschlagen. Die Arbeit nicht zur Rd schließen. 3 R glatt re arb und dann 2,5 cm im 1/1 Rippenmuster str. Danach 4 Steek-M anschlagen und die Arbeit zur Rd schließen. Diese 4 M werden immer li gestr und zählen nicht zur regulären M-Anzahl. Die Steek-M kennzeichnen auch den Anfang der Rd.

Mit Nadel Nr. 4,0 glatt re weiterarb. In der 1. Rd gleichmäßig 3 M abn, indem Sie jeweils 2 M re zus-str. Auf der Nadel liegen jetzt 200 (220, 240, 260, 280) (300, 320, 340) M. 1 Rd glatt re str und dann nach Zählmuster mit dem Jacquard-muster für den Rumpf beginnen.

Wenn Sie das Zählmuster fertiggestrickt haben, in GF und glatt re weiterarb, bis der Rumpf 34 (35, 36, 37, 39) (42, 44, 46) cm misst.

Jetzt die M für das Vorder- und Rückteil unterteilen. 100 (110, 120, 130, 140) (150, 160, 170) M für das Rückteil stilllegen. Mit dem Vorderteil weitermachen.

VORDERTEIL
Vorderteil in R hin- und herstr. 13 (13, 14, 15, 16) (17, 19, 20) cm glatt re str.

In der nächsten Hin-R 37 (41, 45, 48, 51) (54, 58, 62) M für die linke Schulter re str und dann auf einem M-Halter bzw. Hilfsfaden stilllegen. 26 (28, 30, 34, 38) (42, 44, 46) M für den vorderen Halsausschnitt re str und dann stilllegen. Bis zum R-Ende re str und mit den M der rechten Schulter weitermachen.
Rechte Schulter: In den Rück-R alle M links str. In den Hin-R 1 M re, 2 M re überz zus-str, re M bis zum R-Ende (1 Abnahme). Die Abnahmen in jeder Hin-R insgesamt 3 (5, 7, 9, 9) (11, 14.16) x wdh. Auf der Nadel liegen jetzt 34 (36, 38, 39, 42) (43, 44, 46) M. Ohne Abnahmen glatt re weiterarb, bis die Arbeit ab dem Armausschnitt (dort, wo die Arbeit in Vorder- und Rückseite geteilt wurde) 18 (19, 20, 21, 22) (24, 26, 28) cm misst. Die M der rechten Schulter stilllegen.

Linke Schulter: Wie die rechte Schulter str. Die Abnahmen in den Hin-R aber folgendermaßen arb: bis 3 M vor dem R-Ende re M str, 2 M re zus-str, 1 M re str (1 Abnahme). Die Abnahmen in jeder Hin-R insgesamt 3 (5, 7,9, 9) (11, 14.16) x wdh. Auf der Nadel liegen jetzt 34 (36, 38, 39, 42) (43, 44, 46) M.
Ohne Abnahmen glatt re weiterarb, bis die Arbeit ab dem Armausschnitt (dort, wo die Arbeit in Vorder- und Rückseite geteilt wurde) 18 (19, 20, 21, 22) (26, 26, 28) cm misst. Die M der linken Schulter stilllegen.

Die M der Vorderseite stilllegen und mit dem Rückteil weitermachen.

RÜCKTEIL
Die M für das Rückteil auf Rundstricknadel Nr. 4,0 legen und glatt re weiterarb, bis das Rückteil ab dem Armausschnitt (dort, wo die Arbeit in Vorder-, und Rückseite geteilt wurde) 18 (19, 20, 21, 22) (24, 26, 28) cm misst.

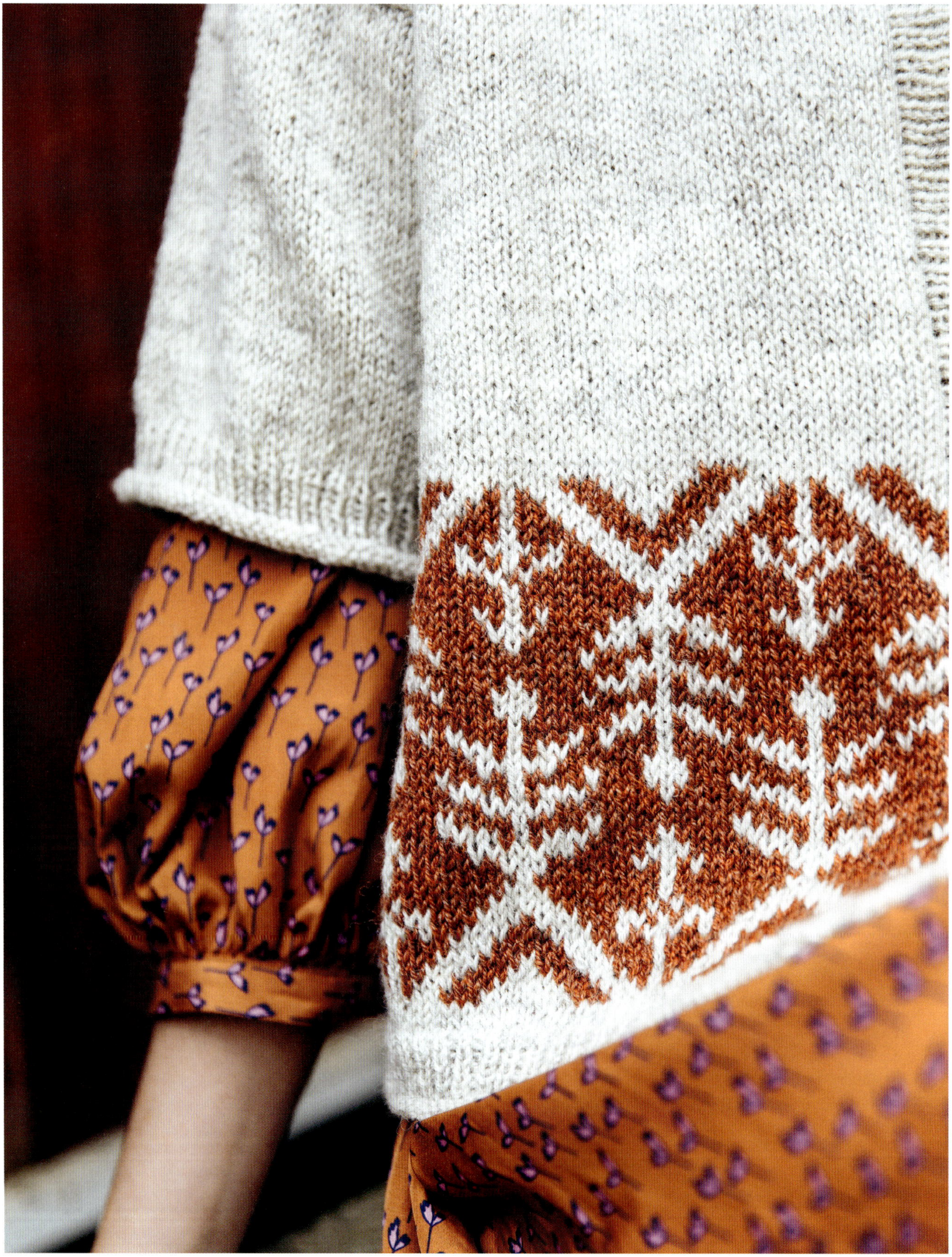

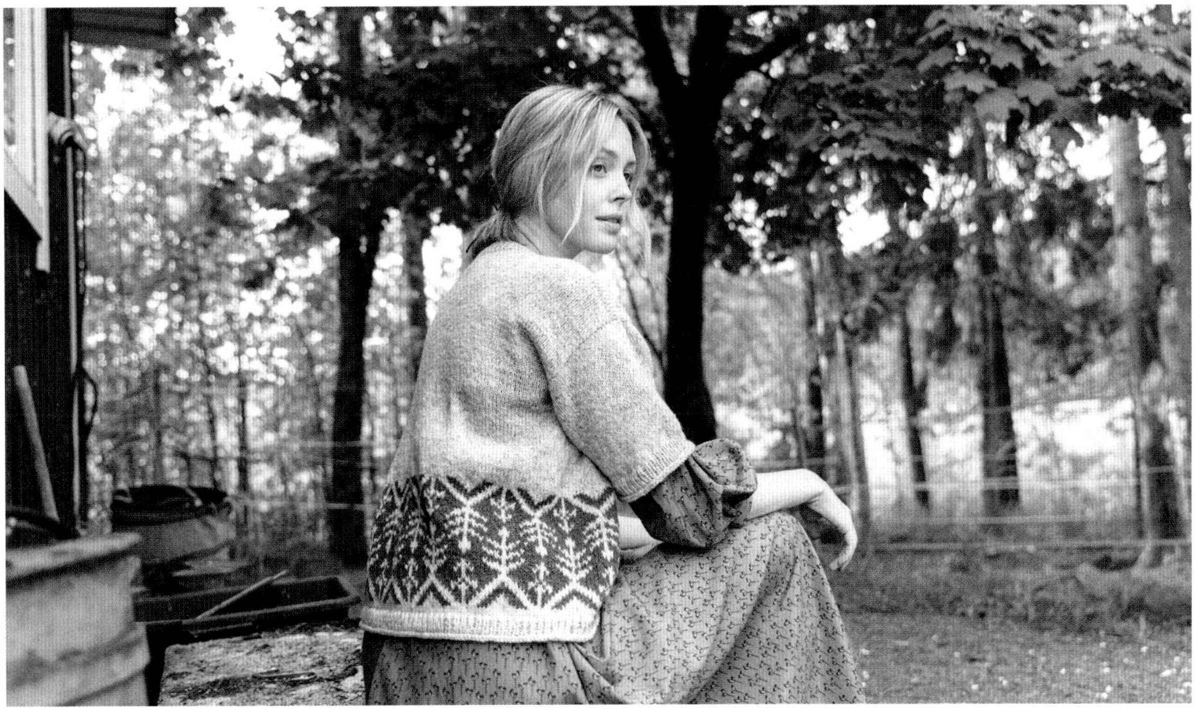

Arbeit auf links wenden und die vorderen und hinteren Schulternähte zusammenstr, indem Sie sie mit 3 Nadeln abk. Für jede Schulter 34 (36, 38, 39, 42) (43, 44, 46) M abketten. Die restlichen 32 (38, 44, 52, 56) (64, 72, 78) M für den hinteren Halsausschnitt abk.

ÄRMEL

In GF und mit Nadel Nr. 4,0 80 (88, 92, 96,102) (108, 114, 120) M aus dem Armausschnitt aufnehmen und re verschr abstr.

Die Arbeit zur Rd schließen und am Beginn der Rd einen M-Markierer setzen. 15 (16, 17, 18,19) (19, 20, 21) cm glatt re str.

Zu Nadel Nr. 3,5 wechseln, 2,5 cm im 1/1 Rippenmuster arb. Dann noch 3 Rd glatt re str und M locker abk.

Den zweiten Ärmel ebenso str.

FERTIGSTELLEN

Mit einer Nähmaschine im Abstand von 1–2 M zwei vertikale Nähte entlang der Steek-M setzen, um die M zu sichern. Man kann die Maschen auch sichern, indem man entlang der beiden Steek-Kanten feste Maschen häkelt. Jetzt die Maschen vorsichtig aufschneiden.

In GF mit Nadeln Nr. 3,5 M aus dem Halsausschnitt aufnehmen und re verschr abstr und dann 2,5 cm im 1/1 Rippenmuster str. Zum Schluss locker abk.

In GF mit Nadeln Nr. 3,5 vorne an der gesteekten Kante M aufnehmen und re verschr abstr und dann 2,5 cm im 1/1 Rippenmuster str. Die andere Kante ebenso str. Die gesteekten Kanten umklappen und an der Innenseite festnähen.

Alle Garnenden vernähen, den Pullover befeuchten und auf Maß spannen.

ZÄHLMUSTER SAUM

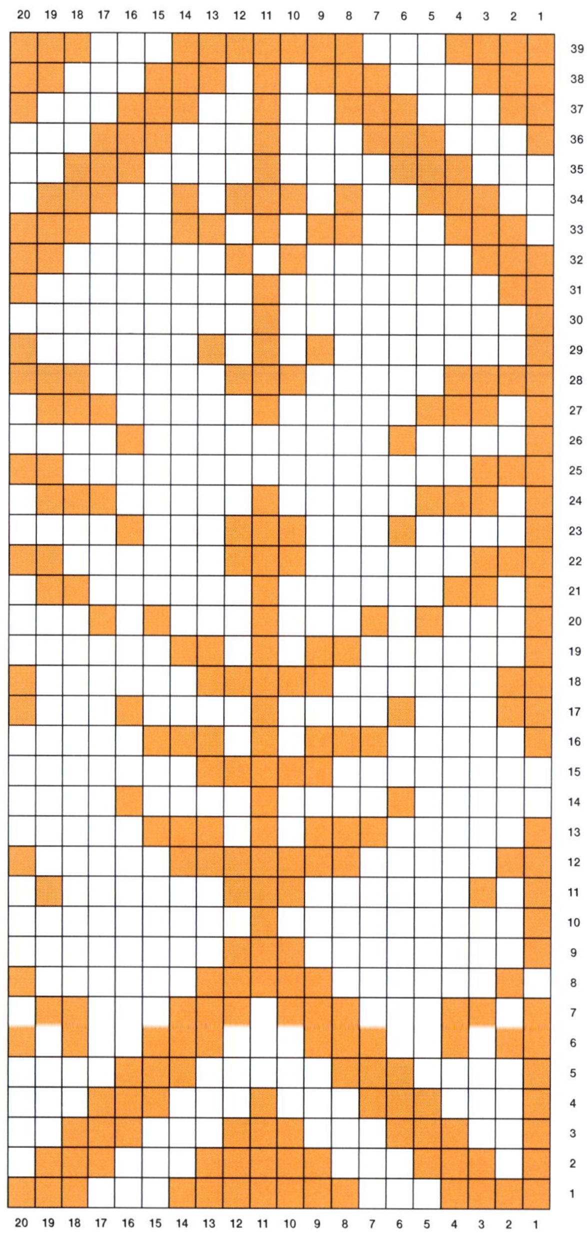

ZEICHENERKLÄRUNG

GF

KF

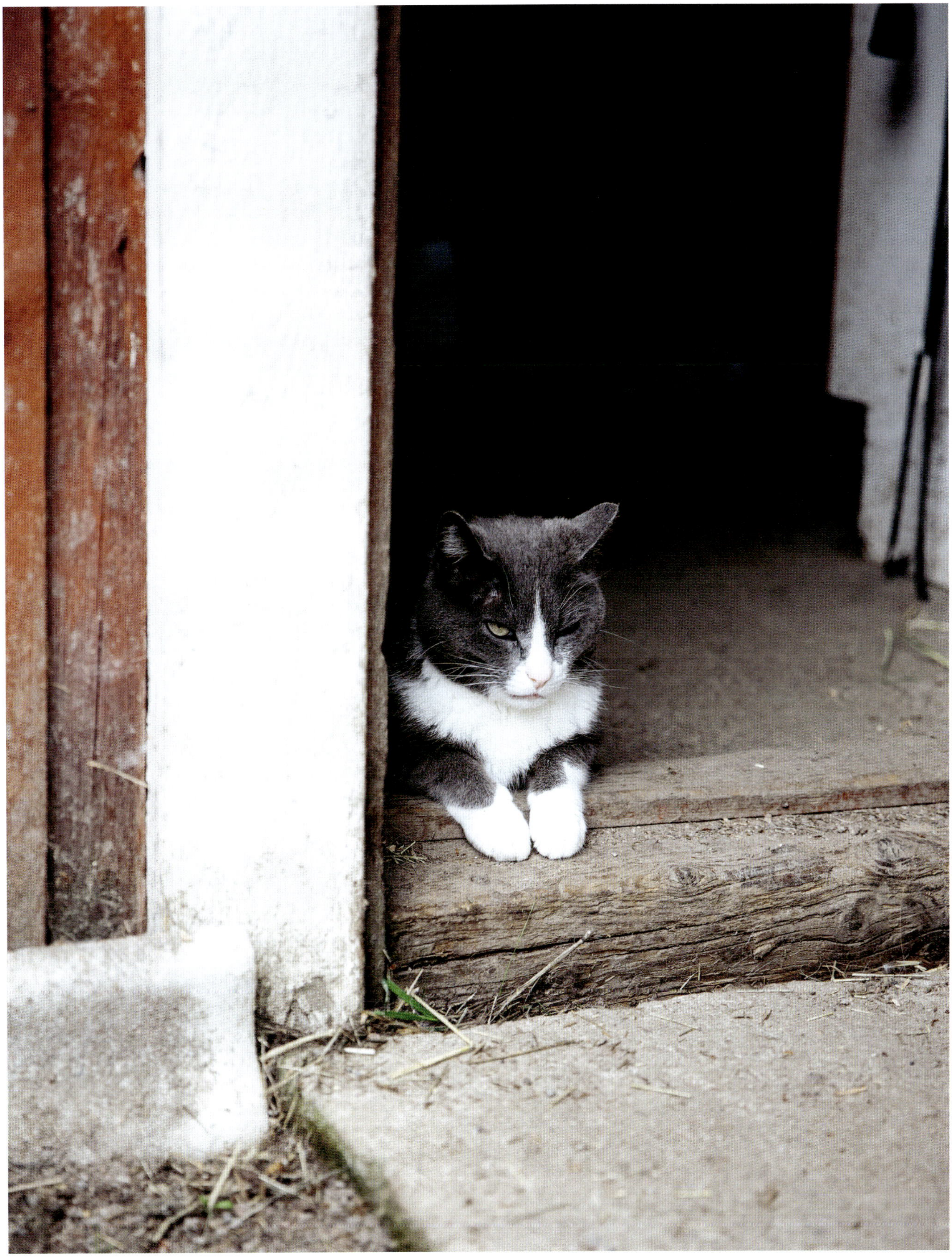

KYLLIKKI

Ahti Lemminkäinen selber,
Er, der schöne Kaukomieli,
Lebte nun beständig weiter
An der zarten Jungfrau Seite,
Weder zog er hin zum Kriege,
Noch Kyllikki nach dem Dorfe.

Da geschah's an einem Tage
Um die Zeit der Morgenstunde,
Fort ging Ahti Lemminkäinen,
Ging zum Ort, wo Fische laichen,
War am Abend nicht zurück noch,
Nicht beim Anbruch selbst der Nachtzeit,
Nach dem Dorfe ging Kyllikki,
Zu dem Tan der muntern Mädchen.

Wer wird wohl die Nachricht melden,
Wer die Botschaft überbringen?
Ahtis Schwesterlein Ainikki,
Diese meldete die Nachricht,
Überbrachte so die Botschaft:
Ahti, du mein lieber Bruder!

Nach dem Dorfe ging Kyllikki,
Hin zu fremden Eingangspforten,
Zu dem Spiel der Dorfesjugend,
Zu dem Tanz der Schöngelockten.

(Kalevala, 12. Gesang, Vers 1–24)

Im zwölften Gesang des Kalevala bricht die gesellige Kyllikki, die Frau von Lemminkäinen, ihren Schwur und geht zum Tanz ins Dorf, als er nicht, wie vereinbart, nach Hause kommt. Lemminkäinen ist darüber so erbost, dass er Kyllikki verlässt und ins Nordland aufbricht, wo er die berühmte Jungfrau des Nordlands freien will. Kyllikki ist das Gegenteil einer keuschen und treuen Traumfrau. Ihr genügt es nicht, sich im Haushalt zu beschäftigen und ihren Mann zu unterhalten.

Feministische Studien der Frauencharaktere im Kalevala wurden schon in den 1980ern durchgeführt, als man feststellte, dass frühere Forschungen sich auf die männlichen Charaktere und die männliche Sichtweise konzentriert hatten. Laut diesen Forschungen „hatten die Frauen oft drei verschiedene Rollen inne: sie waren entweder bezaubernde Jungfrauen und Objekte der Begierde, wie die Jungfrauen des Nordlands und Aino; treue Mütter und Ehefrauen, wie die Mütter von Lemminkäinen und Ilmarinen sowie die Schwester von Letzterem; oder bildeten den Gegenpol zu den männlichen Charakteren, wie Louhi oder Tuonis Tochter.[36] Doch ähnlich wie Louhi, weigert sich Kyllikki, sich auf die eingeschränkte Rolle einer Frau reduzieren zu lassen, die zu Hause bleibt, anstatt nach ihren eigenen Wünschen zu handeln. In der finnischen Volkskultur haben Männer und Frauen unterschiedliche Rollenbilder eingenommen und erst mit der Industrialisierung und Urbanisierung begann man der Problematik dieser Rollenbilder Beachtung zu schenken.[37] Doch im Kalevala tauchen Charaktere wie Kyllikki und Louhi auf, die für komplexere weibliche Charaktere im Epos stehen.

Blumen haben in verschiedenen Kulturen unterschiedliche symbolische Bedeutung.
Sie wurden eingesetzt, um Gefühle zu transportieren: Liebe, Hass, Leidenschaft. Das Bein der Kyllikki-Socken ziert das Männliche Knabenkraut. Die Männer versprachen sich vom Verzehr der frischen Wurzelknolle dieser Blume eine gesteigerte Potenz. In Finnland findet man die Blume nur auf dem Åland-Archipel.[38]

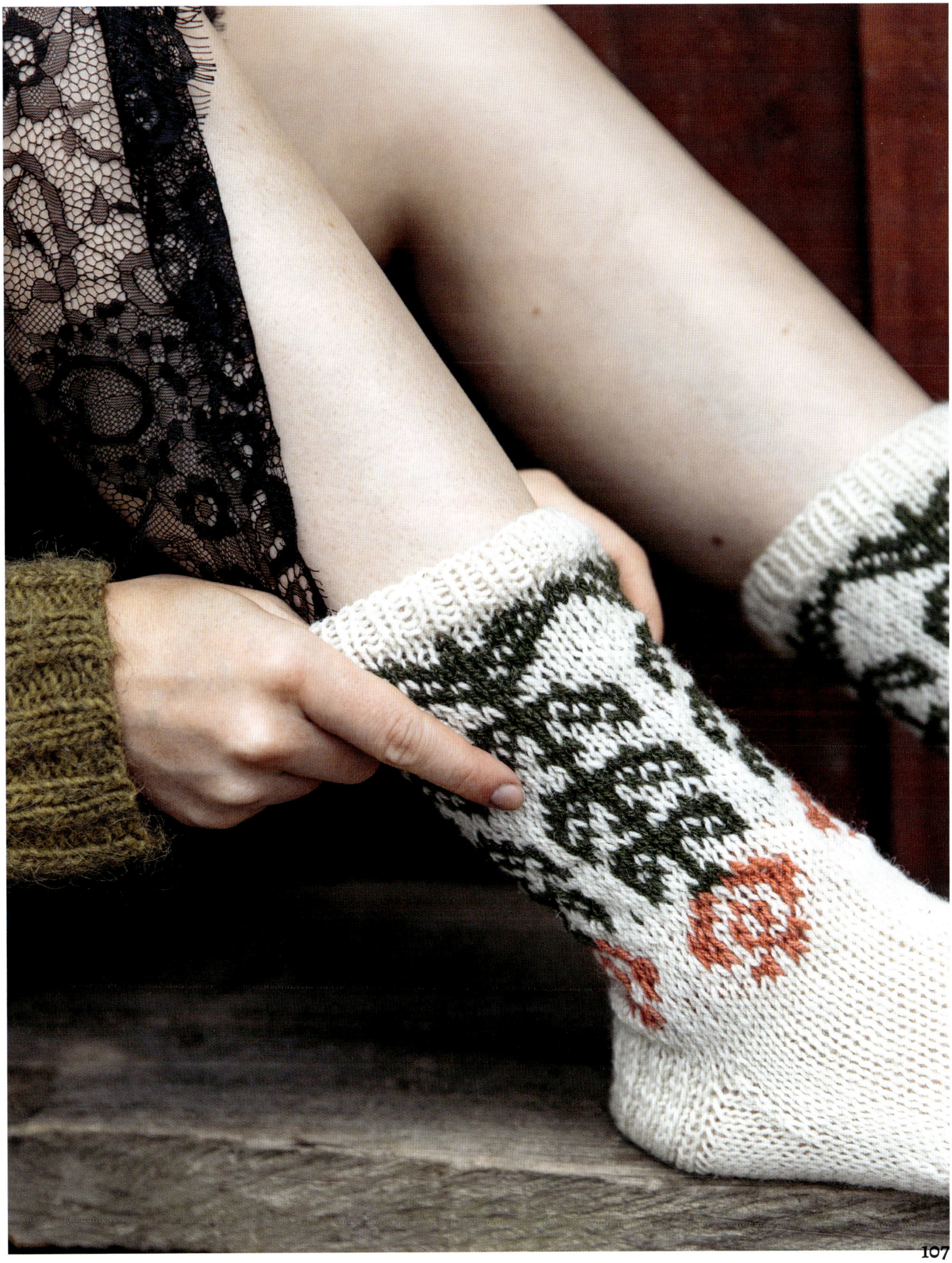

Kyllikki-Socken

Die Socken werden vom Bein abwärts gestrickt, haben eine verstärkte Ferse und eine Bandspitze. Das Bein ziert ein Jacquardmuster. Sie können mit den Farben spielen und das Blumenmuster in einer einzigen Farbe stricken oder eine zusätzliche Kontrastfarbe dazunehmen.

GRÖSSEN

EU 36/37 (38/39, 40/41, 42/43)

MASSE DER FERTIGEN ARBEIT

BEIN: 21 (21, 21.5, 21.5) cm.
FUSS: 23 (24, 25, 27) cm.

GARN

Pentti von Vuonue (70 % finnische Wolle, 30 % Tencel, 240 m/100 g).
GF: Valkoinen (Wollweiß)
KF1: Tummanvihreä (Moosgrün)
KF2: Lohenpunainen (Rosé)

Sie können das Garn durch ein anderes dickes Garn mit vergleichbarem Gewicht und entsprechender Lauflänge ersetzen. Gute Alternativen sind zum Beispiel die finnischen Garne Novita von Seitseman Veljesta oder Aatos von Aara sowie das norwegische Garn Perfect von Sandnes.

GARNMENGE

GF: 216 (228, 240, 264) m.
KF1: 43 (48, 60, 67) m.
KF2: 24 (26, 30, 36) m.

Wenn Sie das Garn Pentti von Vuonue verwenden, benötigen Sie:
GF: 1 (1, 1, 2) Knäuel.
KF1: 1 (1, 1, 1) Knäuel.
KF2: 1 (1, 1, 1) Knäuel.

NADELN

Für Glatt rechts und Jacquardmuster: ein Nadelspiel Nr. 3,5
Für das Bündchen: ein Nadelspiel Nr. 3,0
Falls notwendig, die Nadelstärke wechseln, damit die Maschenprobe übereinstimmt. Die Anleitung ist auf das Arbeiten mit einem Nadelspiel ausgerichtet, aber Sie können auch eine 80–100 cm lange Rundstricknadel verwenden und mit Magic Loop arbeiten.

SONSTIGES

Maschenmarkierer, Maschenhalter oder Hilfsfaden, Stopfnadel

MASCHENPROBE

22 M x 25 Rd = 10 x 10 cm; glatt rechts mit Nadeln Nr. 3,5; leicht gespannt.

BEIN

56 (60, 64, 68) M in GF mit Nadeln Nr. 3,0 anschlagen. Die M gleichmäßig auf 4 Nadeln aufteilen. Auf jeder Nadel liegen 14 (15,16,17) M. Die Arbeit zur Rd schließen und am Beginn der Rd einen M-Markierer setzen. Für das Bündchen 3 cm im 1/1 Rippenmuster str.

Mit Nadeln Nr. 3,5 weiterarb. 4 Rd glatt re str. In der nächsten Rd gleichmäßig 4 (0, 4, 3) M abn, indem Sie jeweils 2 M re zus-str. Jetzt liegen 52 (60, 60, 65) M auf den Nadeln. Das Jacquardmuster auf dem Bein nach Zählmuster B (A, A, B) arb. Wenn Sie mit dem Zählmuster fertig sind, 3 Rd glatt re in GF str. In der nächsten Rd gleichmäßig 0 (4, 0, 1) M abn, indem Sie jeweils 2 M re zus-str. Jetzt liegen 52 (56, 60, 64) M auf den Nadeln.

Weitere 3 (3, 4, 4) Rd glatt re arb. Die letzte Rd nur bis zum Ende der 3. Nadel arb (die M auf der 4. Nadel bleiben unbearbeitet).
Mit der Ferse weitermachen.

FERSE UND ZWICKEL

Die Fersenwand wird nur mit den 26 (28, 30, 32) M der 4. und 1. Nadel gestr. Die restlichen M entweder auf dem Nadelspiel oder einem M-Halter bzw. Hilfsfaden stilllegen.

Die Fersenwand folgendermaßen arb:

Hin-R (verstärkt str): * 1 M re abheben, ohne sie zu str, 1 M re; ab * bis zum R-Ende wdh.
Rück-R: Li M bis zum R-Ende str.
Diese 2 R insgesamt 25 (25, 31, 31) x wdh und zuletzt eine Hin-R str. Jetzt das Fersenkäppchen arb.
1. R (Rück-R): Li M str, bis noch 10 (10, 11, 12) M auf der Nadel sind, 2 M li zus-str, Arbeit wenden (1 Abnahme).
2. R (Hin-R): Eine R verstärkt str, bis noch 10 (10, 11, 12) M übrig sind, 2 M re überz zus-str, Arbeit wenden (1 Abnahme).
Diese beiden R wdh, bis noch 8 (10, 10, 10) M übrig sind.
Wenn Sie mit dem Käppchen fertig sind, die M der Ferse gleichmäßig auf zwei Nadeln verteilen und aus dem Fersenrand auf beiden Seiten jeweils 13 (13, 15, 15) M aufnehmen und re verschr abstr. Jetzt liegen 60 (64, 70, 72) M auf den Nadeln. Weiter glatt re str und gleichzeitig am Ende der 1. Nadel 2 M re zus-str und am Anfang der 4. Nadel 2 M re verschr zus-str (2 Abnahmen/Rd). Diese Abnahmen insgesamt 4 (4, 5, 4) x in jeder 2. Rd arb. Jetzt liegen 52 (56, 60, 64) M auf den Nadeln.
* 5 Rd glatt re str und am Ende der 1. Nadel, am Anfang der 2. Nadel, am Ende der 3. Nadel und am Anfang der 4. Nadel 2 M re zus-str (4 Abnahmen/Rd); ab * noch 1 x wdh. Jetzt liegen 44 (48, 52, 56) M auf den Nadeln.

FUSS

Glatt re ohne Abnahmen weiterarb, bis der Fuß ab der Ferse etwa 18 (19,20, 22) cm misst.

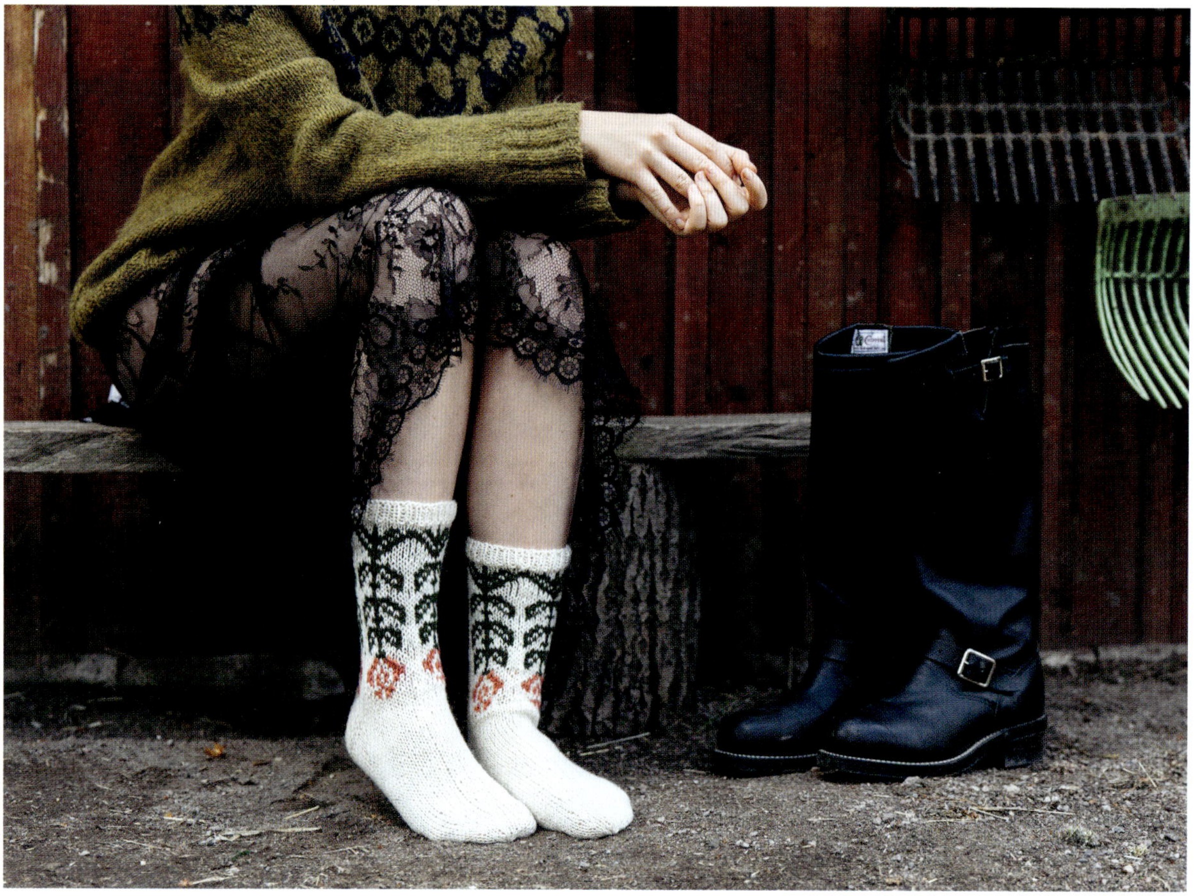

SPITZE

Die Abnahmen für die Spitze folgendermaßen arb:
Abnahme-Rd: 1. Nadel: re M str, bis noch 3 M auf der Nadel liegen, 2 M re verschr zus-str, 1 M re.
2. Nadel: 1 M re, 2 M re zus-str, re M bis ans Ende der Nadel str.
3. Nadel: Re M str, bis noch 3 M auf der Nadel liegen, 2 M re verschr zus-str, 1 M re.
4. Nadel: 1 M re, 2 M re zus-str, re M bis ans Ende der Nadel str.
Glatt re weiterarb und die Abnahmen in jeder 2. Rd wdh, bis noch 16 M auf den Nadeln sind.
In der nächsten Rd immer 2 M re zus-str. Jetzt liegen noch 8 M auf den Nadeln.

Das Garn abschneiden und durch die restlichen M ziehen.

FERTIGSTELLEN

Alle Garnenden vernähen, die Socken befeuchten und auf Maß spannen.

ZÄHLMUSTER A

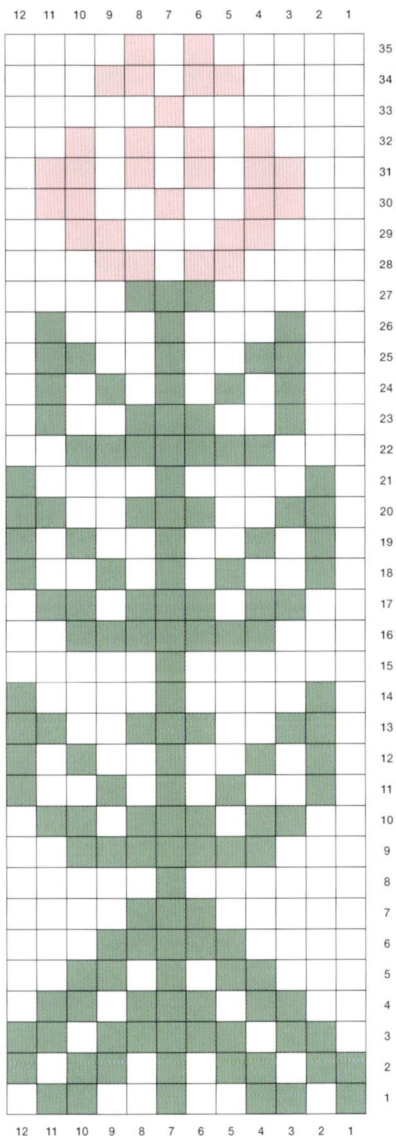

ZÄHLMUSTER B

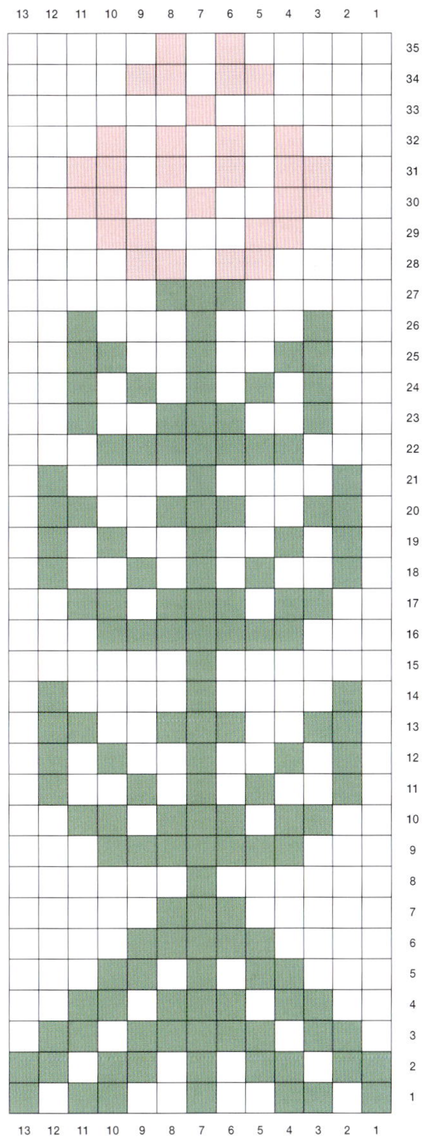

ZEICHENERKLÄRUNG

- GF
- KF1
- KF2

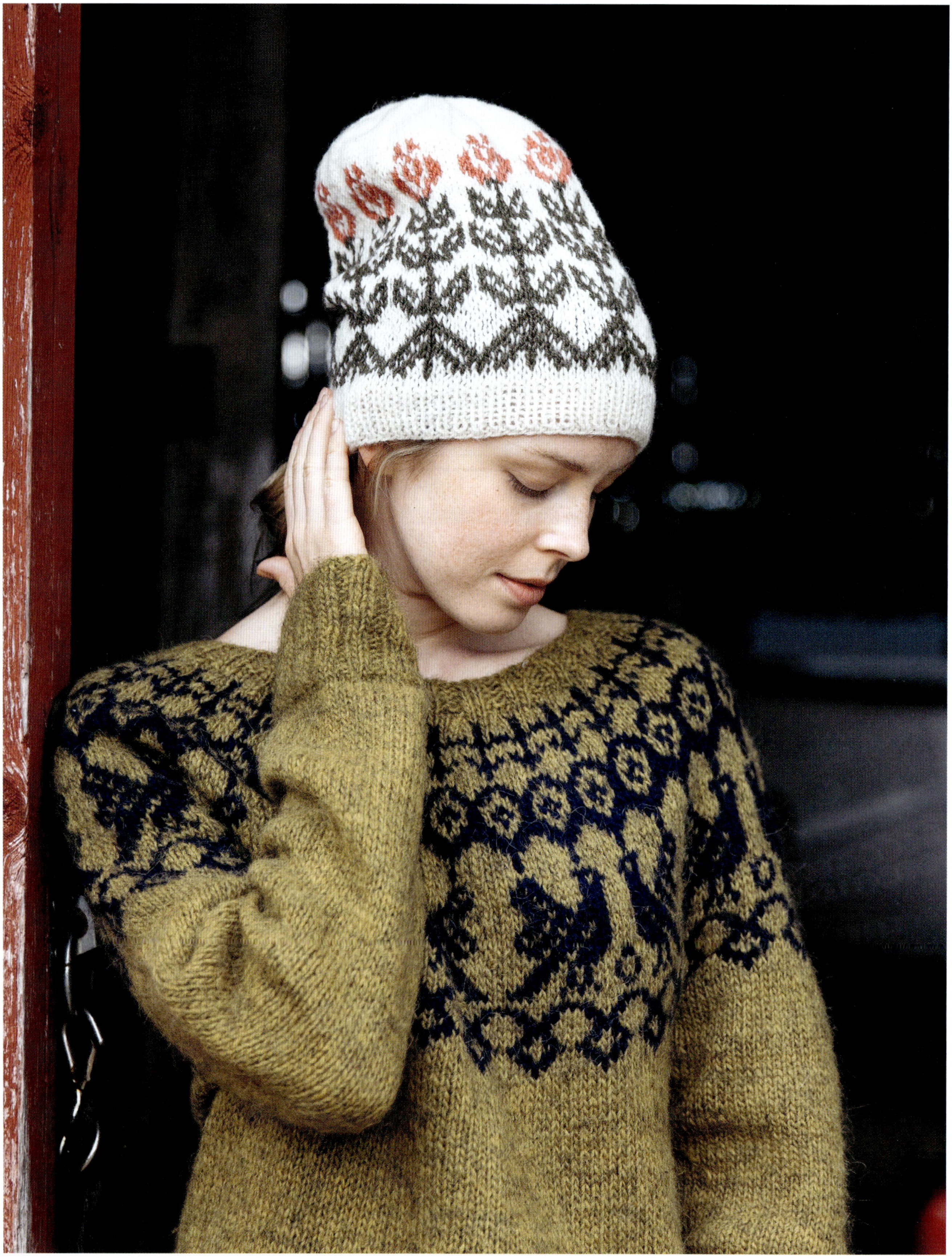

Kyllikki-Mütze

Das schöne Blumenmotiv ziert hier eine Mütze, die vom Bündchen Richtung Spitze gestrickt wird. Für den legeren Look werden oben ein paar zusätzliche Runden gearbeitet. Sie können verschiedene Garnreste oder Mini-Knäuel für das Jacquardmuster verwenden oder auch nur mit einer Kontrastfarbe arbeiten.

GRÖSSEN

S (M, L)

MASSE DER FERTIGEN ARBEIT

Kopfumfang: 49 (54, 60) cm.
Höhe: 28 (29, 30) cm.

GARN

Pentti von Vuonue (70 % finnische Wolle, 30% Tencel, 240 m/100 g).
GF: Valkoinen (Wollweiß)
KF1: Tummanvihrea (Moosgrün)
KF2: Lohenpunainen (Rosé)

Sie können das Garn durch ein anderes dickes Garn mit vergleichbarem Gewicht und entsprechender Lauflänge ersetzen. Gute Alternativen sind zum Beispiel das finnische Garn Tukuwool DK, das britische Garn Lore von The Fibre Co. und das amerikanische Garn Arbor von Brooklyn Tweed.

GARNMENGE

GF: 108 (120, 132) m.
KF1: 48 (62, 84) m.
KF2: 24 (32, 38) m.

Wenn Sie das Garn Pentti von Vuonue verwenden, benötigen Sie:
GF: 1 (1, 1) Knäuel.
KF1: 1 (1, 1) Knäuel.
KF2: 1 (1, 1) Knäuel.

NADELN

Für Glatt rechts und Jacquardmuster: Rundstricknadel Nr. 3,5; 40 cm lang
Für das Bündchen: Rundstricknadel Nr. 3,0; 40 cm lang.
Falls notwendig, die Nadelstärke wechseln, damit die Maschenprobe übereinstimmt.

SONSTIGES

Maschenmarkierer, Maschenhalter oder Hilfsfaden, Stopfnadel

MASCHENPROBE

22 M x 25 Rd = 10 x 10 cm; glatt rechts mit Nadeln Nr. 3,5; leicht gespannt.

MÜTZE

108 (120, 132) M in GF mit Nadel Nr. 3,0 anschlagen. Die Arbeit zur Rd schließen und am Beginn der Rd einen M-Markierer setzen. Für das Bündchen 3,5 cm im 1/1 Rippenmuster str.

Mit Nadel Nr. 3,5 weiterarb. Das Jacquardmuster nach Zählmuster A str. Wenn Sie das Zählmuster fertiggestrickt haben, in GF glatt re weiterarb, bis die Mütze ab Anschlag 21 (22, 23) cm misst. Jetzt M-Markierer an den folgenden Positionen anbringen: * 12 (12,12) M re, M-Markierer setzen; ab * bis zum Rd-Ende wdh. Sie haben jetzt 9 (10, 11) M-Markierer gesetzt.

In der nächsten Rd vor jedem M-Markierer 1 M abn, indem Sie 2 M re zus-str (9 (10, 11) Abnahmen/Rd). Diese Abnahmen insgesamt 10 (10, 10) x in jeder 2. Rd arb. Jetzt liegen 18 (20, 22) M auf der Nadel.

In der nächsten Rd immer 2 M re zus-str. Jetzt liegen noch 9 (10,11) M auf der Nadel. Das Garn abschneiden und durch die restlichen M ziehen.

FERTIGSTELLEN

Alle Garnenden vernähen, die Mütze befeuchten und auf Maß spannen.

ZÄHLMUSTER A

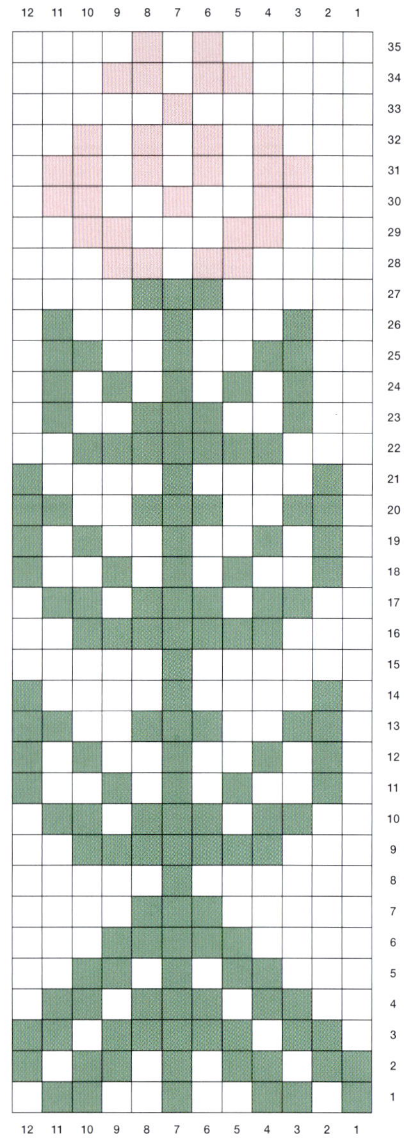

ZEICHENERKLÄRUNG

- GF
- KF1
- KF2

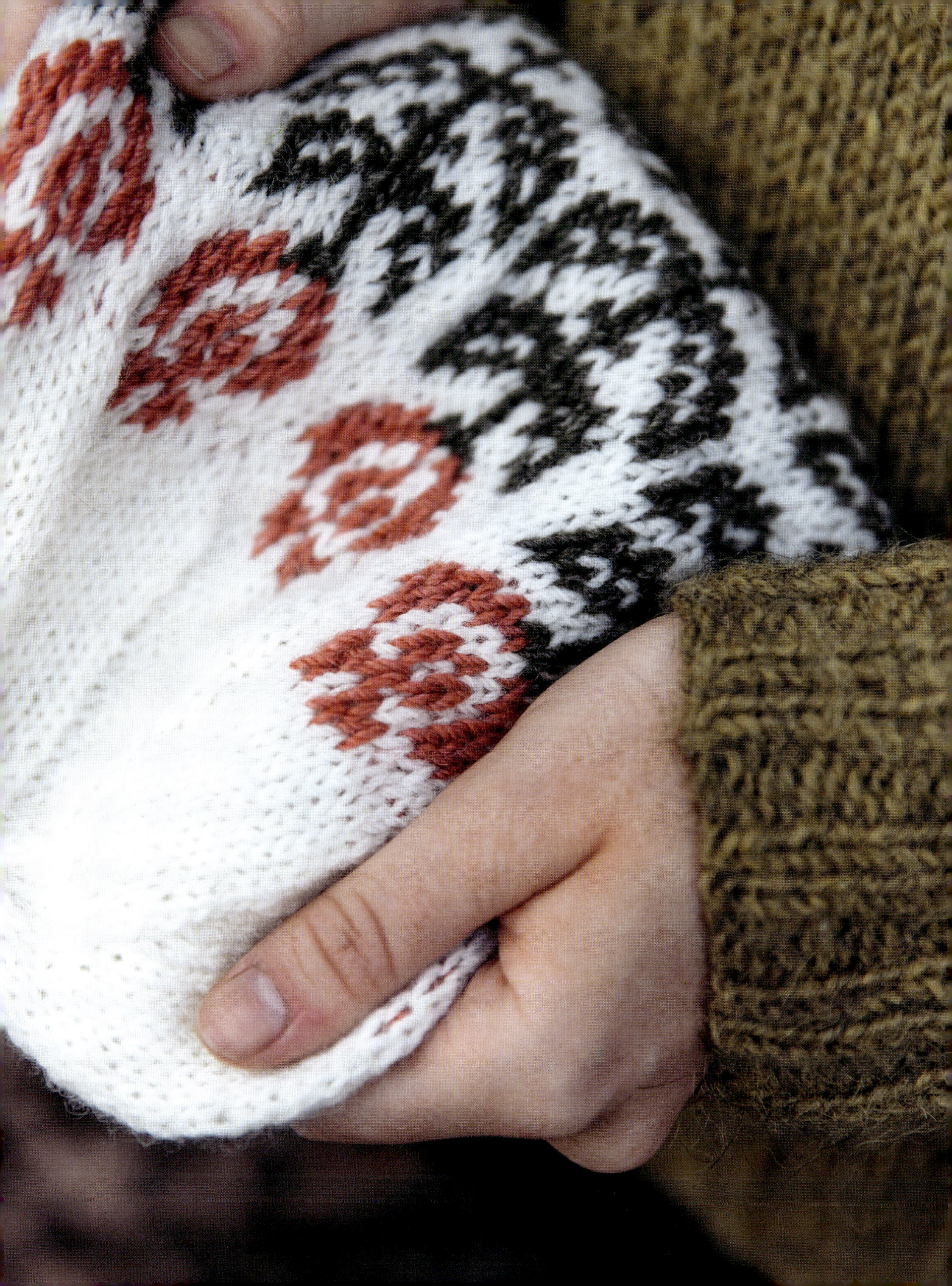

TUONEN KARHU

DER BÄR VON TUONI

Selbst der Schmieder Ilmarinen
Geht nun in des Mädchens Stube,
Redet Worte solcher Weise:
Ist ein Werk mir auferleget,
Zügeln soll den Wolf Manalas,
Ich den Bären Tuonis bringen
Aus dem Hain des Totenreiches,
Von den Grenzen von Manala.

Von der Braut wird ihm da Hilfe,
Solchen Rat gibt ihm die Jungfrau:
O du Schmieder Ilmarinen,
Hämmerkünstler aller Zeiten!
Schmied' aus Stahl dir gute Zügel,
Mache Riemen du aus Eisen
Dir auf einem Stein im Wasser,
In der Brandung von drei Strömen,
Damit bringst den Bären Tuonis,
Zügelst du den Wolf Manalas.

(Kalevala, 19. Gesang, Vers 111–128)

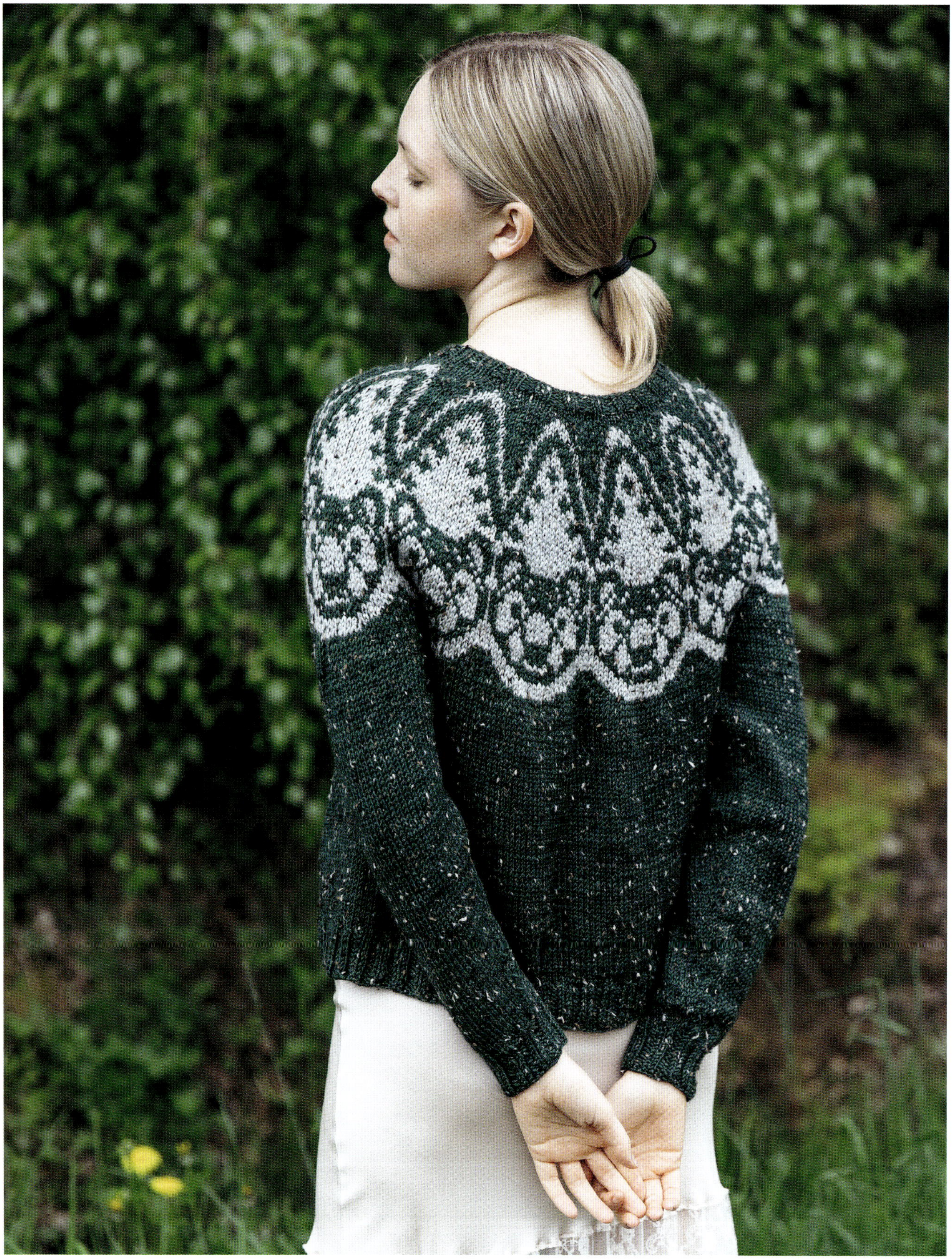

Der Bär war schon immer eine zentrale Figur in der finnischen Mythologie. Der Herrscher des Waldes, dessen wahrer Name tabu war und nie laut ausgesprochen wurde. Daher verlieh man ihm verschiedene Euphemismen. Die Zähne und Krallen von Bären wurden zu Amuletten verarbeitet und ihr Fett, Fell und Blut wurde zu medizinischen Zwecken eingesetzt. [39] Der Herrscher des Waldes war ein Wesen von großer mythischer Kraft.

Im Kalevala taucht der Bär einige Male auf. Im 19. Gesang hält Ilmarinen um die Hand der Jungfrau des Nordlands an, muss aber zuerst Tuonis Bären fangen. Der Bär taucht auch im Kampf zwischen dem Nordland und Kalevala im 46. Gesang auf, wo die Herrscherin des Nordlands einen Bären schickt, um das Vieh von Kalevala zu vernichten. Wäinämöinen schafft es, den Bären zu töten, woraufhin in Kalevala ein Festmahl abgehalten wird.

Der Herrscher des Waldes wurde in der finnischen Kultur sowohl bewundert als auch gefürchtet. Wenn man die Herden auf die Weiden führte, war es üblich Beschwörungsformeln zu sprechen, um das Vieh im Wald zu schützen. Bären waren auch manchmal die Vertrauten von Sehern. Man fühlte sich mit dem Bären auf seltsame Art verbunden: Den Mythos über die Verbindung und die gemeinsamen Vorfahren zwischen Bär und Mensch kennt man auf der ganzen Welt, so auch bei den Skoltsamen, den Skandinaviern und den Ureinwohnern von Sibirien und Nordamerika.[40]

Das auf die Bärenjagd folgende Festmahl ist ein Ritual, das, Überlieferungen aus dem 17. Jahrhundert zufolge, zumindest in Häme (Tavastia) und Ostfinnland abgehalten wurde. Zu diesem Anlass trug man mythische Gedichte über die Herkunft des Bären vor und reichte hochprozentige Getränke sowie Bier zum Bärenfleisch. Am Ende wurden die Knochen des Bären wieder in den Wald gebracht und der Schädel in einen Baum gehängt.[41]

Die kräftigen Bären und Bäume auf dem Tuonen-Karhu-Pullover sollen an die Verbindung der Finnen mit der Natur und dem gleichermaßen gefürchteten und verehrten Herrscher des Waldes erinnern.

Tuonen karhu

Dieser Pullover wird von oben nach unten in einem Stück und in Runden gestrickt. Die Rundpasse ziert ein hübsches Jacquardmuster. Durch seine lockere Passform eignet sich der Sweater gut für lauschige Waldspaziergänge. Durch die Tweed-Noppen im Garn entsteht eine lebendige Optik.

GRÖSSEN

S (M, L, XL) (2XL, 3XL, 4XL)
Das Sweatshirt hat eine leichte Oversize-Passform. Er sollte mit einer Bequemlichkeitszugabe von 10–15 cm auf Brustkorbhöhe gestrickt werden.

MASSE DER FERTIGEN ARBEIT

Brustumfang: 93 (104, 115, 125) (136, 148, 158) cm.
Rundpassenhöhe: 26 (27, 27, 28) (28, 30, 31) cm.
Rumpflänge: 40 (41, 43, 45) (46, 48, 49) cm.
Ärmellänge: 44 (45, 46, 48) (50, 51, 52) cm.

GARN

Donegal Tweed von Ruskanlehti (85 % Merinowolle, 15 % Donegal Wolle, 212 m/100 g).
GF: Havumetsä (Dunkelgrün)
KF: Pöytähopeat (Hellgrau)

Sie können das Garn durch ein anderes dickes Garn mit vergleichbarem Gewicht und entsprechender Lauflänge ersetzen. Gute Alternativen sind die finnischen Garne Tukuwool DK oder Pentti von Vuonue, das isländische Garn Plötulopi von Ístex und das amerikanische Garn Pishkun von The Farmer's Daughter.

GARNMENGE

GF: 958 (1034, 1110, 1288) (1365, 1442, 1519) m.
KF: 210 (228, 247, 266) (285, 304, 332) m.

Wenn Sie das Garn Donogal Tweed von Ruskanlehti verwenden, benötigen Sie
GF: 5 (5, 6, 7) (7, 7, 8) Knäuel.
KF: 1 (2, 2, 2) (2, 2, 2) Knäuel.

NADELN

Für Glatt rechts und Jacquardmuster: Rundstricknadel Nr. 4,0; 40 cm und 80–100 cm lang
Für das Rippenmuster: Rundstricknadel (80–100 cm lang) und Nadelspiel (falls nicht mit Magic Loop gearbeitet wird) Nr. 3,5. Falls notwendig, die Nadelstärke wechseln, damit die Maschenprobe übereinstimmt.

SONSTIGES

Maschenmarkierer, Maschenhalter oder Hilfsfaden, Stopfnadel

MASCHENPROBE

20 M x 24 Rd = 10 x 10 cm; glatt rechts mit Nadel Nr. 4,0; leicht gespannt.

RUNDPASSE

88 (92, 96, 100) (120, 124, 124,) M in GF mit Nadeln Nr. 3,5 anschlagen. Die Arbeit zur Rd schließen und am Beginn der Rd einen M-Markierer setzen. Für das Bündchen 3 cm im 2/2 Rippenmuster str.

Mit Nadel Nr. 4,0 weiterarb, 2 Rd glatt re str und in der 2. Rd gleichmäßig 0 (4, 8, 12) (0, 4, 12) M zun. Es liegen 88 (96, 104, 112) (120, 128, 136) M auf der Nadel.

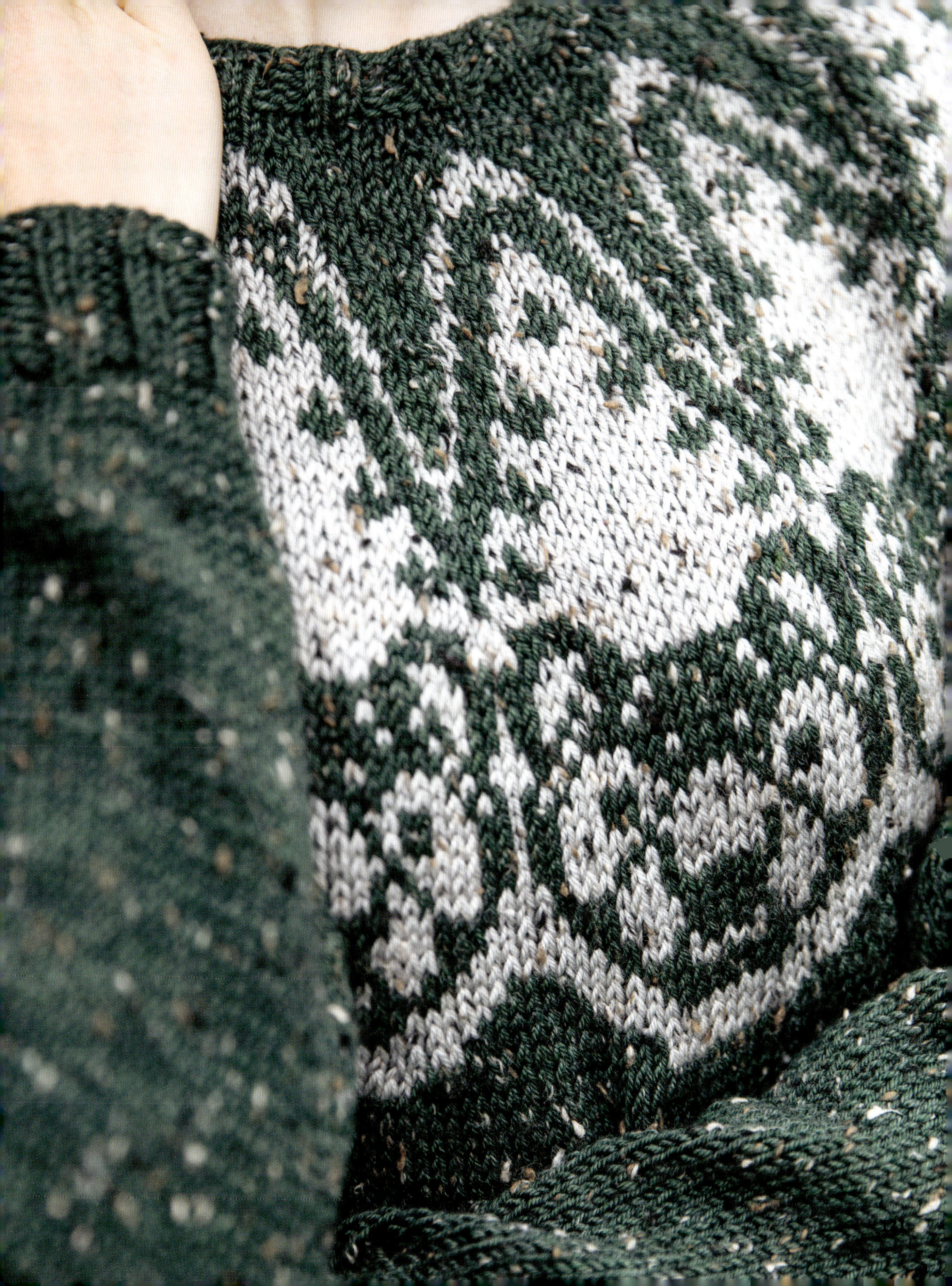

Jetzt das Jacquardmuster nach Zählmuster str. Den Musterrapport in jeder Rd 11 (12, 13, 14) (15, 16, 17) x wdh. Wenn Sie mit dem Zählmuster fertig sind, liegen noch 286 (312, 338, 364) (390, 416, 442) M auf der Nadel. In der GF weiterarb. In der nächsten Rd wie folgt zun: * 13 M re, 1 M zun; ab * bis zum Rd-Ende wdh. Sie haben jetzt 22 (24, 26, 28) (30, 32, 34) M zugenommen. Es liegen 308 (336, 364, 392) (420, 448, 476) M auf der Nadel.

Glatt re weiterarb, bis die Passe 26 (27, 27, 28) (28, 30, 31) cm misst.

RUMPF

Die M für den Rumpf und für die Ärmel folgendermaßen aufteilen: 2 (21, 12, 2) (21, 11, 2) M für das Rückteil re str, dann 67 (70, 75, 80) (84, 91, 95) M auf einem M-Halter bzw. Hilfsfaden stilllegen (für den linken Ärmel), 6 (6, 9,10) (10,14,15) M anschl (für den Armausschnitt), 87 (98, 107, 116) (126, 133, 143) M für das Vorderteil re str, dann 67 (70, 75, 80) (84, 91, 95) M stilllegen (für den rechten Ärmel), 6 (6, 8, 9) (10, 14, 15) M anschl (für den Armausschnitt), re M bis zum Rd-Anfang str (für das Rückteil).
Für den Rumpf liegen jetzt 186 (208, 230, 250) (272, 296, 316) M auf der Nadel.

In GF glatt re weiterarb, bis der Rumpf ab den Armausschnitten 34 (35, 37, 39) (40, 42, 43) cm misst. Zu Nadel Nr. 3,5 wechseln, 6 cm im 2/2 Rippenmuster arb.
Dann M locker abk.

ÄRMEL

Die 67 (70, 75, 80) (84, 91, 95) stillgelegten M für den Ärmel auf Nadel Nr. 4,0 transferieren. In GF 6 (6, 8, 9) (10, 14, 15) M aus dem Armausschnitt aufnehmen und re verschr abstr. Auf der Nadel liegen jetzt 73 (76, 83, 89) (94, 106, 100) M. Die Arbeit zur Rd schließen und in der mittleren M unter dem Arm für den Beginn der Rd einen M-Markierer setzen.

5 cm glatt re str. In der nächsten Rd auf beiden Seiten des M-Markierers Abnahmen arb (am Rd-Anfang und -Ende), indem Sie 2 M re zus-str (2 Abnahmen/Rd).
Die Abnahmen in jeder 6. (6., 6., 5.) (5., 4., 4.) Rd noch 12 (12, 13, 16) (16, 22, 24) x wdh. Auf der Nadel liegen jetzt 49 (52, 57, 57) (60, 60, 60) M.

Glatt re weiterarb, bis der Ärmel 38 (39, 40, 42) (44, 45, 46) cm misst. In der nächsten Rd gleichmäßig 5 (4, 5, 5) (4, 4, 4) M abn, indem Sie jeweils 2 M re zus-str. Auf der Nadel liegen jetzt 44 (48, 52, 52) (56, 56, 56) M.
Zu Nadel Nr. 3,5 wechseln, 6 cm im 2/2 Rippenmuster arb und locker abk.

Den zweiten Ärmel ebenso str.

FERTIGSTELLEN

Alle Garnenden vernähen, den Pullover befeuchten und auf Maß spannen.

ZÄHLMUSTER

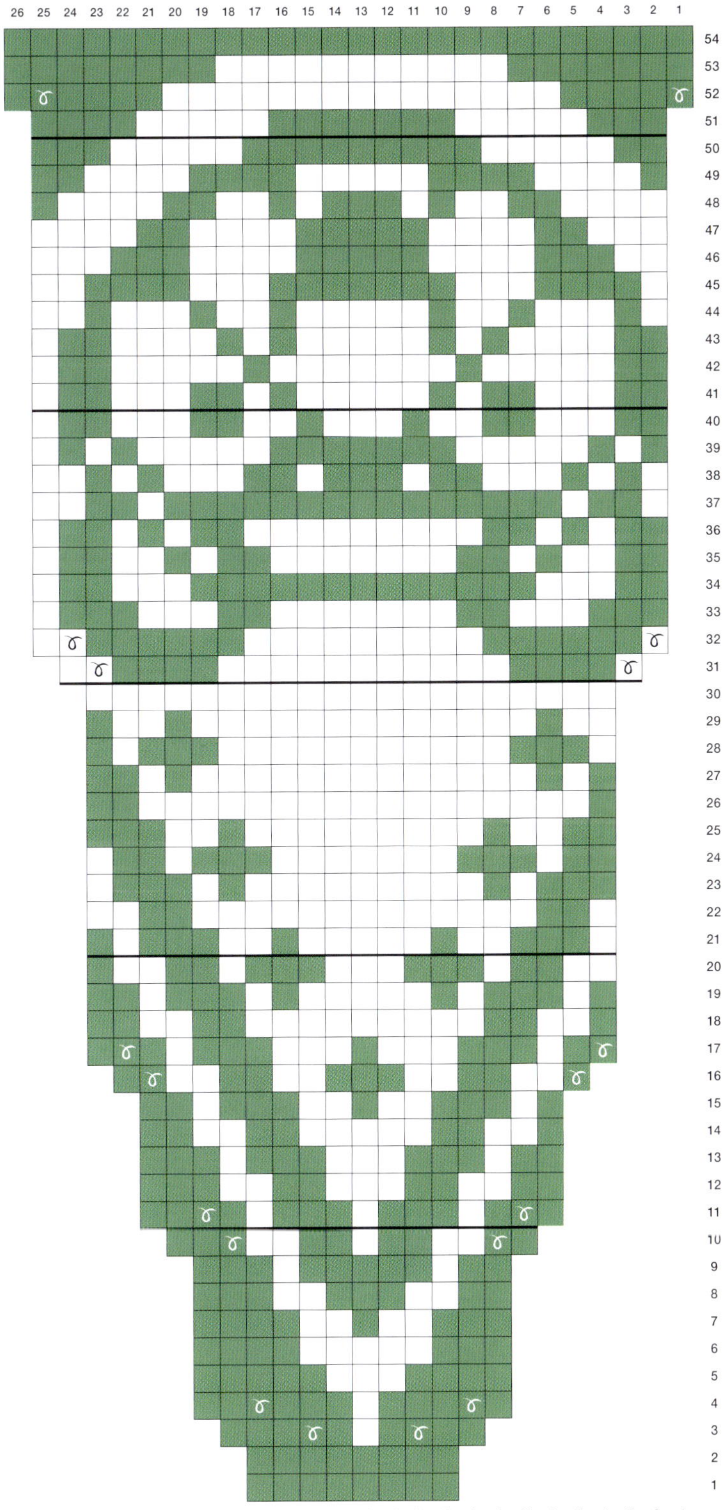

ZEICHENERKLÄRUNG

- KF
- GF
- 1 M ZUN

POHJOLA

Blicke in der Stube Innres,
Kann es durchaus nicht erkennen,
Nicht, aus welchem Holz die Stube
Und das Schutzdach wohl gezimmert,
Wo die Wände hergenommen
Und woraus die Planken wurden.

Igelknöchern sind die Seiten,
Rentierknochen sind im Grunde,
Vielfraßknöchern ist die Türwand,
Lämmerknöchern ist das Querholz.

Apfelhölzern sind die Sparren,
Masernholz die schönen Pfosten,
Wasserlilien sind am Ofen,
Brachsenschuppen an der Decke.

Eisern ist die lange Sitzbank,
Deutsche Planken sind die andern,
Goldgeschmückt sind alle Tische,
Seide deckt den ganzen Boden.

Kupfern sind des Ofens Wände,
Gute Steine sind am Herde,
Meeresstein am Dach des Ofens,
Kalews Baum dient zum Verschlage.

(Kalevala, 21. Gesang, Vers 153–174)

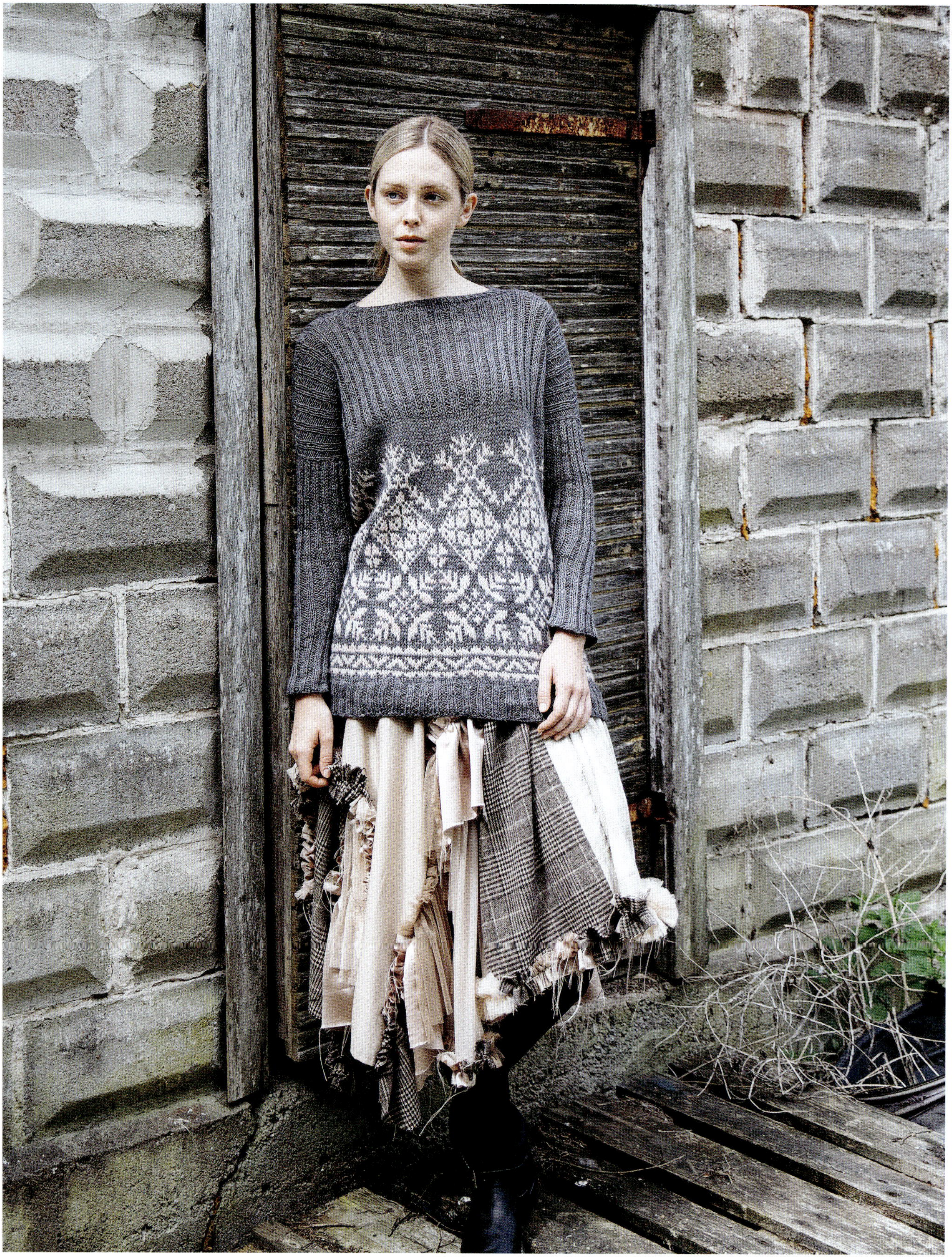

Im Kalevala wird das geheimnisvolle Pohjola, das Nordland, von Louhi, der Herrscherin des Nordlands, regiert. Wohlhabend und unabhängig ist der Ort auch der Ursprung von Frost, Eis, Wind und Krankheit. Er liegt nördlich von Kalevala, gehört aber nicht zu Lappland, das im Gedicht als eigenständiger Ort erwähnt wird. Das Nordland bildet den Gegenpol zu den Männern im Kalevala, ein Horst des Bösen, das dennoch wagemutige Freier anlockt.

Der 21. Gesang gehört zu einer Reihe von Hochzeitsgedichten im Epos. Darin werden der Bräutigam und sein Gefolge nach Nordland eingeladen, um die Hochzeit der Jungfrau des Nordlands zu feiern. Er beschreibt unter anderem die Ankunft des Bräutigams. Im mythischen Pohjola gab es ein großes Herrenhaus, umgeben von Steinhügeln und den Toren von Pohjola, in dem große Feste gefeiert wurden, ähnlich jenen von Walhalla in der skandinavischen Folklore.[42]

Vorstellungen in Bezug auf den Aufbau des Universums zählen zu den ältesten gemeinsamen Traditionen in Eurasien. In Nordeuropa glaubte man, dass der Polarstern der Mittelpunkt der Welt sei. Die Samen hielten ihn für eine kosmische Achse, die den Himmel über der Erde fixierte. In einigen Glaubenssystemen liegt die äußerste Grenze der Menschenwelt im Norden.[43] Das Pohjola im Kalevala wird oft unter dem Polarstern angesiedelt, wobei die Nordlichter über die Tore von Pohjola wachen.

Den unteren Teil des Pohjola-Pullovers ziert ein Schneekristall als Anspielung darauf, dass der Ort die Wiege von Frost und Eis ist. Der obere Musterteil enthält ein kleines Haus, über dem der Polarstern thront.

Pohjola

Dieser legere Sweater mit Jacquardmuster wird von unten nach oben gestrickt. Die Passe und die anliegenden Ärmel werden im Rippenmuster gearbeitet. Wählen Sie eine Größe, die locker sitzt und diesen Pullover so zu einem Hingucker macht. Sie können den Rumpf auch gerne länger machen. Achten Sie nur darauf, dass Sie genug Garn haben.

GRÖSSEN

XS (S, M, L, XL) (2XL, 3XL, 4XL)
Der Sweater hat eine leichte Oversize-Passform. Er sollte mit einer Bequemlichkeitszugabe von 10–15 cm im Brustbereich gestrickt werden.

MASSE DER FERTIGEN ARBEIT

Brustumfang: 114 (126, 139, 152, 164) (177, 190, 202) cm.
Rumpflänge: 146 (50, 54, 58, 64) (68, 70, 72) cm.
Armausschnitthöhe: 21 (23, 26, 30, 34) (38, 39, 40) cm.
Ärmellänge: 39 (39, 40, 40, 41) (42, 43, 44) cm.

GARN

Linnea DK von Pom Pom (70 % Biowolle, 30 % Leinen, 233 m/100 g).
GF: Hiili (Dunkelgrau)
KF: Lempi (Beige)

Sie können das Garn durch ein anderes dickes Garn mit vergleichbarem Gewicht und entsprechender Lauflänge ersetzen. Gute Alternative sind die finnischen Garne Tukuwool DK oder Suoma Single DK von Pom Pom, das portugiesische Garn Brusca von Rosa Pomar oder das isländische Garn Plötulopi von Ístex.

GARNMENGE

GF: 939 (1032, 1130, 1228, 1322) (1430, 1525, 1620) m.
KF: 207 (230, 253, 276, 299) (322, 345, 370) m.

Wenn Sie das Garn Linnea DK von Pom Pom verwenden, benötigen Sie:
GF: 5 (5, 5, 6, 6) (7, 7, 7) Knäuel.
KF: 1 (1, 2, 2, 2) (2, 2, 2) Knäuel.

NADELN

Für Glatt rechts, Jacquardmuster und das Rippenmuster auf Vorder-, Rückteil und Ärmeln: Rundstricknadel Nr. 4,0; 80–100 cm lang
Für den Halsausschnitt und das Bündchen am Saum: Rundstricknadel Nr. 3,5; 40 cm lang. Falls notwendig, die Nadelstärke wechseln, damit die Maschenprobe übereinstimmt.

SONSTIGES

Maschenmarkierer, Maschenhalter oder Hilfsfaden, Stopfnadel

MASCHENPROBE

19 M x 22 Rd = 10 x 10 cm; glatt rechts mit Nadel Nr. 4,0; leicht gespannt.

RUMPF

216 (240, 264, 288, 312) (336, 360, 384) M in GF mit Nadel Nr. 3,5 anschlagen. Die Arbeit zur Rd schließen und am Beginn der Rd einen M-Markierer setzen. Für das Bündchen 6 cm im 2/2 Rippenmuster str.

Mit Nadeln Nr. 4,0 weiterarb und das Jacquardmuster für den Rumpf nach dem Zählmuster arb. Den Musterrapport in jeder Rd 9 (10, 11, 12, 13) (14, 15, 16) x wdh.

Wenn Sie das Zählmuster fertiggestrickt haben, in GF und glatt re weiterarb, bis der Rumpf 46 (50, 54, 58, 64) (68, 70, 72) cm misst.

108 (120, 132, 144, 156) (168, 180, 192) M für das Rückteil auf einem M-Halter bzw. Hilfsfaden stilllegen. Mit dem Vorderteil weitermachen.

VORDERTEIL

Das Vorderteil wird in GF in R hin- und hergestr. Die 1. R re str und am R-Anfang sowie am -Ende jeweils 2 M re zus-str (2 Abnahmen/R). Jetzt liegen 106 (118, 130, 142, 154) (166, 178, 190) M auf der Nadel.

Wenn sich Ihre Fadenspannung beim Stricken des Rippenmusters ändert, wechseln Sie auf eine Nadelstärke, die ein Maschenbild wie jenes am Rumpf ergibt.

Das Rippenmuster für das Vorderteil folgendermaßen arb:

1. R (Rück-R): 2 M li, * 2 M re, 2 M li; ab * bis zum R-Ende wdh.
2. R (Hin-R): 2 M re, * 2 M li, 2 M re; ab * bis zum R-Ende wdh.

Im 2/2 Rippenmuster fortf, bis das Vorderteil ab dem Punkt, an dem die M in Vorder- und Rückteil aufgeteilt wurden, 15 (16, 18, 22, 24) (26, 28, 29) cm misst.
Mit einer Rück-R enden. Als Nächstes arbeiten wir den Halsausschnitt.
Für die Armausschnitte werden keine Abnahmen gestr.

Die folgende Hin-R wie folgt im 2/2 Rippenmuster str: 38 (42,47, 51, 55) (59, 63, 65) M str und dann stilllegen (für die linke Schulter), die nächsten 30 (34, 36, 40, 44) (48, 52, 60) M str und dann stilllegen (für den Halsausschnitt), die restlichen 38 (42, 47, 51, 55) (59, 63, 65) M str (für die rechte Schulter).

Rechte Schulter: Im 2/2 Rippenmuster weiterarb. Die Abnahmen für die rechte Seite des Halsausschnitts werden nur in den Hin-R gearb. Für die Abnahmen jeweils am R-Anfang (Ausschnittkante) 2 M re verschr zus-str (1 Abnahme/Hin-R). Die Abnahmen in jeder Hin-R insgesamt 8 (6, 5, 5, 5) (5, 4, 4) x arb. Auf der Nadel liegen jetzt 30 (36, 42, 46, 50) (54, 59, 61) M.
Im 2/2 Rippenmuster ohne Abnahmen fortf, bis die rechte Schulter ab dem Punkt, an dem die M in Vorder- und Rückteil aufgeteilt wurden, 21 (23, 26, 30, 34) (38, 39, 40) cm misst. Die M stilllegen.

Linke Schulter: Wie die rechte Schulter str. Dabei die Abnahmen am Ende der Hin-R arb. Nach den Abnahmen im 2/2 Rippenmuster weiterarb, bis die linke Schulter genauso hoch wie die rechte ist. Die M stilllegen.

RÜCKSEITE

Die Rückseite wird in GF in R hin- und hergestr.
Die 1. R re str und am R-Anfang sowie am Ende jeweils 2 M re zus-str (2 Abnahmen/R). Jetzt liegen 106 (118, 130,142, 154) (166, 178, 190) M auf der Nadel.

Wie beim Vorderteil im 2/2 Rippenmuster fortf: in Rück-R 2 M li, * 2 M re, 2 M li; in Hin-R 2 M re, * 2 M li, 2 M re; ab * jeweils bis zum R-Ende wdh. Im Rippenmuster fortf, bis die Rückseite ab dem Punkt, an dem die M in Vorder- und Rückteil aufgeteilt wurden, 21 (23, 26, 30, 34) (38, 39, 40) cm misst (selbe Höhe wie das Vorderteil).

Jetzt die Vorder- und die Rückseite miteinander verbinden und die vorderen und hinteren Schulternähte zusammenstr, indem Sie sie mit 3 Nadeln abk.
Dafür auf Links wenden.
Die restlichen 46 (46, 46, 50, 54) (58, 60, 68) M für den hinteren Halsausschnitt auf der Nadel lassen.

HALSAUSSCHNITT

Der Halsausschnitt wird in GF gestr. Die 46 (46, 46, 50, 54) (58, 60, 68) M für den hinteren Halsausschnitt auf Nadel Nr. 4,0 legen, 9 (10, 12, 14, 16) (18, 20, 24) M aus dem Ausschnittrand aufnehmen und re verschr abstr, die 30 (34, 36, 40, 44) (48, 52, 60) M für den vorderen Halsausschnitt auf die Nadel nehmen und 9 (10, 12, 14, 16) (18, 20, 24) M aus dem anderen Ausschnittrand aufnehmen und re verschr abstr.
Die Arbeit zur Rd schließen und am Beginn der Rd einen M-Markierer setzen. Jetzt liegen 94 (100, 106, 118, 130) (142, 152, 176) M auf der Nadel.

1 Rd glatt re str und dabei gleichmäßig verteilt 16 (22, 24, 30, 38) (44, 54, 58) M abn, indem Sie jeweils 2 M re zus-str.
Auf der Nadel liegen jetzt 78 (78, 82, 88, 92) (98, 100, 118) M.
Noch 2 Rd glatt re str. Zu Nadel Nr. 3,5 wechseln, 2 cm im 1/1 Rippenmuster arb und locker abk.

ÄRMEL

In GF und mit Nadel Nr. 4,0 92 (96, 104, 124, 138) (156, 164, 178) M aus dem Armausschnitt aufnehmen und re verschr abstr. Die Arbeit zur Rd schließen und in der mittleren M unter dem Arm für den Beginn der Rd einen M-Markierer setzen.

Im 2/2 Rippenmuster weiterarb und jeweils am Rd-Anfang und -Ende (auf beiden Seiten des M-Markierers) in jeder 2. (2., 3., 3., 3.) (4., 4., 4.) Rd 1 M abn, indem Sie 2 M re zus-str (2 Abnahmen/Rd). Mit den Abnahmen fortf, bis noch 40 (40, 44, 52, 60) (68, 68, 68) M auf der Nadel liegen.
Im Rippenmuster weiterarb, bis der Ärmel 39 (39, 40, 40, 41) (42, 43, 44) cm bzw. die gewünschte Länge misst.
Da der Sweater eine legere Passform hat und die gewählte Größe sich auf die Ärmellänge auswirkt, sollten Sie ihn zwischendurch anprobieren, um zu sehen, ob die Länge passt. Bei Pullovern mit Oversize-Passform werden die Ärmel oft etwas kürzer gestr, da die Armausschnitte tiefer als bei anliegenden Pullovern angesetzt werden.

Den zweiten Ärmel ebenso str.

FERTIGSTELLEN

Alle Garnenden vernähen, den Sweater befeuchten und auf Maß spannen.

ZÄHLMUSTER

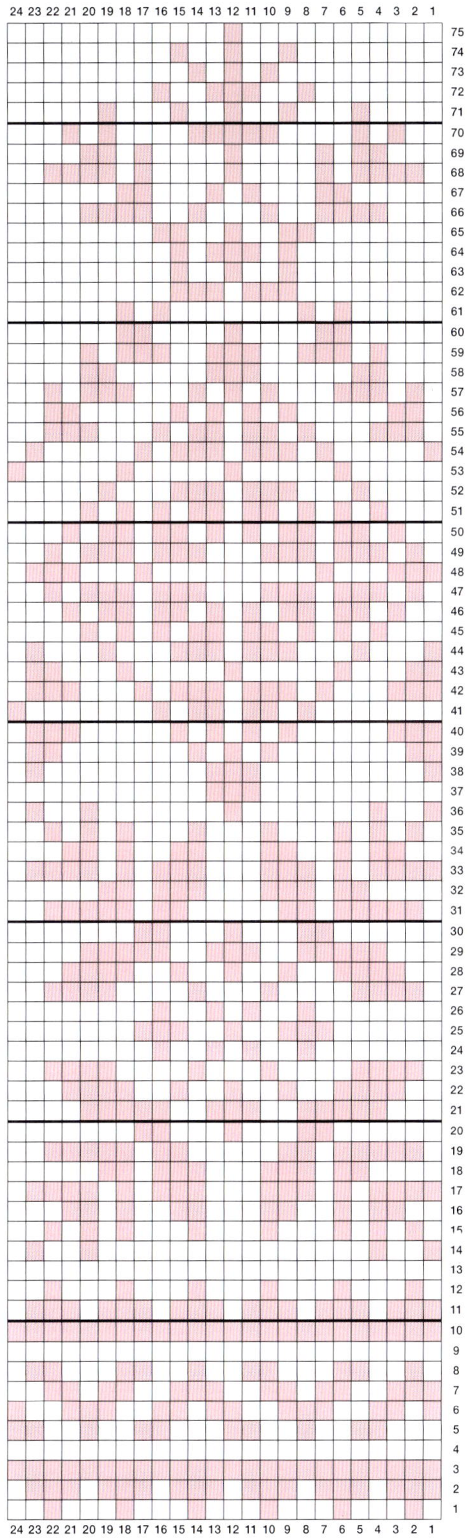

ZEICHENERKLÄRUNG

- ☐ GF
- ■ KF1

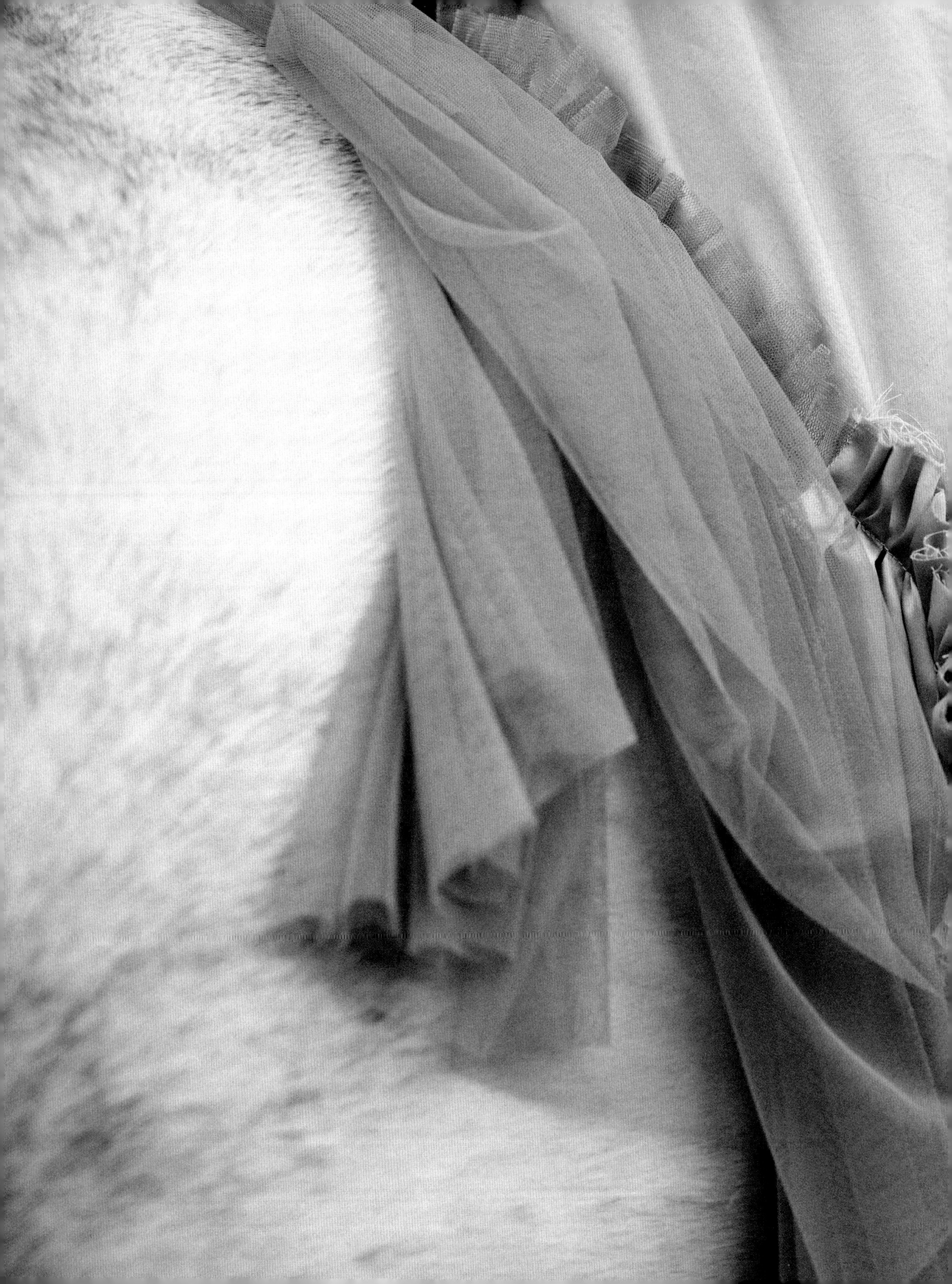

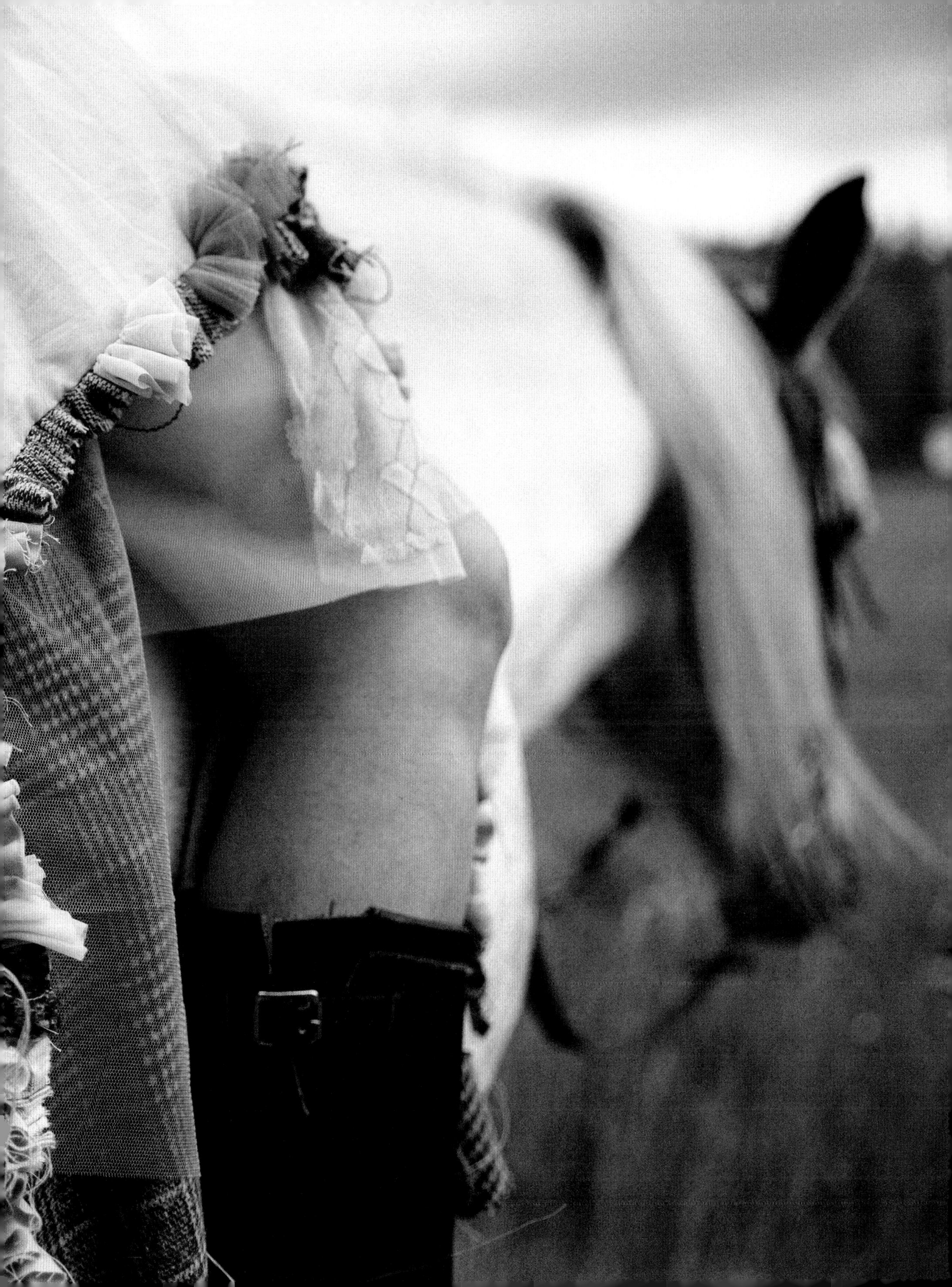

ANNA HUOLIA HEVOSEN

LASS DAS PFERD DEINE GROSSE LAST TRAGEN

Weshalb Jungfrau willst du weinen,
Willst du große Sorgen nähren?
Lass die Trauer du den Pferden,
Kummer du dem schwarzen Wallach,
Lass die Eisenmäul'gen klagen,
Jammern die mit großen Köpfen;
Bessre Köpfe haben Pferde,
Bessre Köpfe, härtre Knochen,
Mehr trägt ihres Nackens Krümmung,
Stärker ist des Körpers Masse.

(Kalevala, 22. Gesang, Vers 451–460)

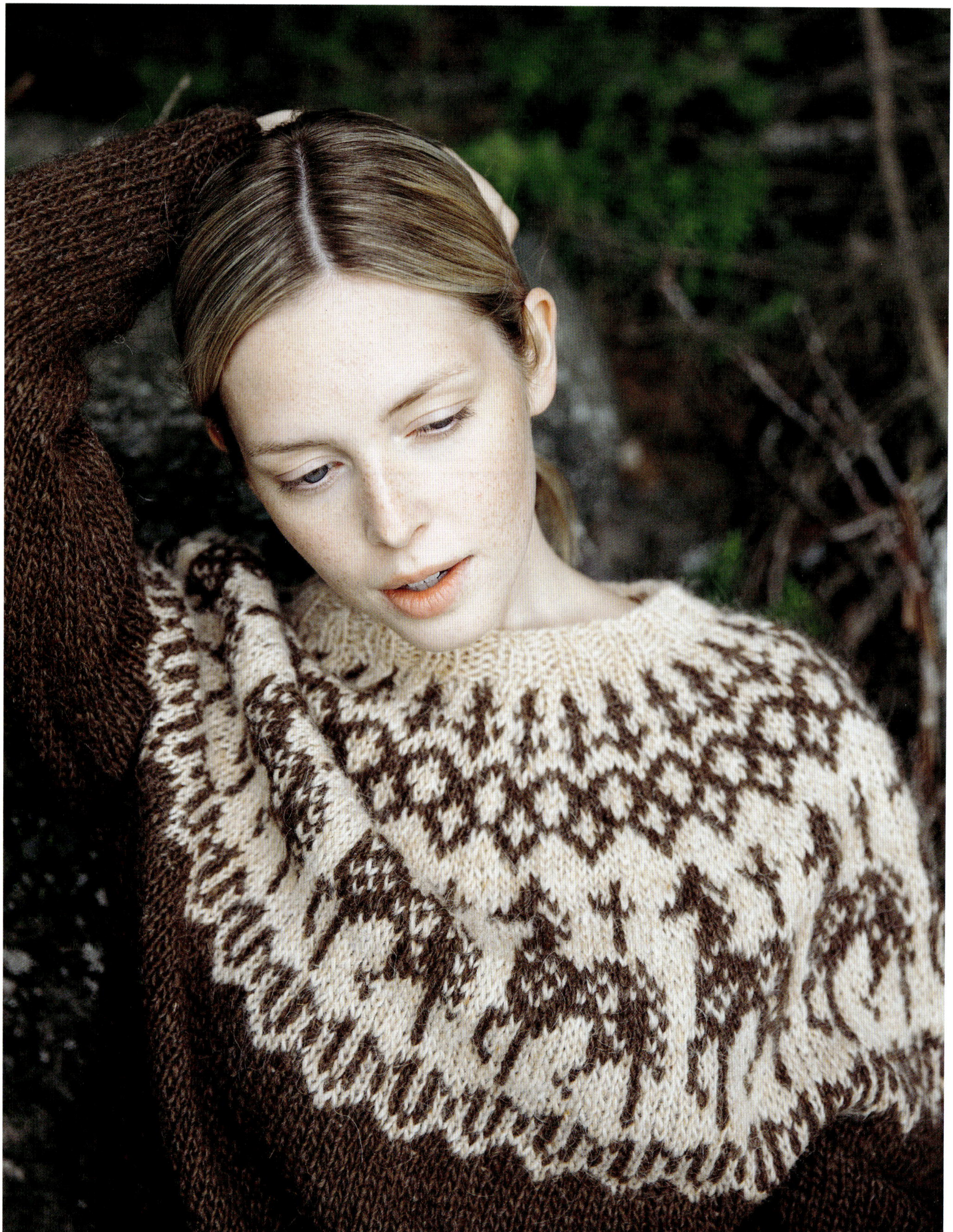

Im 22. Gesang des Kalevala geht es darum, die Jungfrau des Nordlands auf die Ehe vorzubereiten. Nach baltisch-finnischer Tradition gibt es den Brauch der Klagelieder vor der Hochzeit: Sie bestehen in Warnungen für die Braut, man beklagt den Verlust einer Tochter und Schwester und lässt sie schließlich zuversichtlich in ihr neues Leben eintreten. Diese Klagelieder (Itkuvirsi) finden sich vor allem in den östlichen Regionen: im russischen Teil Kareliens, Ladoga-Karelien, Ingrien, Südost-Estland und Setomaa. Die Klagelieder wurden von Frauen gesungen, oft nahe Verwandte der Braut. Die Hochzeitsklagen sind nur eine Kategorie der Klagelieder.[44]

In diesem Gesang wird die Braut aufgefordert, all ihre Sorgen von einem Pferd tragen zu lassen. In vielen Kulturen steht das Pferd für Treue, Zuverlässigkeit, Stärke und Freiheit. Pferde spielen in zahlreichen Dichtungen und Erzählungen verschiedener Kulturen eine Rolle. Ein paar bekannte Beispiele sind Sleipnir, das Pferd von Odin; Epona, eine Göttin in der keltischen und römischen Mythologie, die die Gestalt einer Schimmelstute annimmt; Pegasus, der Sprössling von Medusa und Poseidon und die Menschen fressenden Rosse des Diomedes in der griechischen Mythologie.[45]
Im Kalevala übernehmen Pferde viele verschiedene Rollen: es gibt den Wallach von Hiisi, Wäinämöinens Hengst und den zuverlässigen Lastenträger im 22. Gesang.

Das Pferd im Jacquardmuster ähnelt dem Pferd in Akseli Gallen-Kallelas Gemälde „Kullervo zieht in den Krieg“ von 1901. Die anderen Formen im Muster leiten sich von der skandinavischen Mythologie und alten Runen ab.

Das Symbol am unteren Rand, das wie ein M aussieht, ist die Rune Ehwaz, die „Pferd“ bedeutet und auch für Loyalität und Verlässlichkeit steht. Die Rune oben, Othala, bedeutet „Vergangenheit, Erbe“.[46]

ANNA HUOLIA HEVOSEN

Dieser Pullover hat eine Rundpasse mit Jacquardmuster und wird von unten nach oben gestrickt. Sie können Haupt- und Kontrastfarbe so wie im Zählmuster angegeben stricken oder die Farben tauschen, sodass im Muster die Farbe als Kontrastfarbe verwendet wird, mit der auch die Ärmel und der untere Pulloverrand gestrickt werden. Wenn Sie mit isländischer Wolle stricken, schützt der Pullover auch vor Regen, Wind und großer Kälte.

GRÖSSEN

XS (S, M, L, XL) (2XL, 3XL, 4XL, 5XL)
Der Pullover hat eine leichte Oversize-Passform.
Er sollte mit einer Bequemlichkeitszugabe von 5–10 cm im Brustbereich gestrickt werden.

MASSE DER FERTIGEN ARBEIT

Brustumfang: 89 (98, 107, 118, 127) (138, 147, 153, 160) cm.
Rundpassenhöhe: 26,5 (26,5; 27; 27,5; 28,5) (29; 30; 31; 31,5) cm.
Rumpflänge: 40 (42, 44, 46, 48) (50, 50, 51, 52) cm.
Ärmellänge: 46 (48, 50, 50, 52) (52, 53, 53, 54) cm.

GARN

Léttlopi von Ístex (100 % isländische Wolle, 100 m/50 g).
GF: 0867 Chocolate Heather (Maronenbraun)
KF: 0086 Light Beige Heather (Hellbeige)

Sie können das Garn durch ein anderes Garn mit vergleichbarem Gewicht und entsprechender Lauflänge ersetzen. Gute Alternativen sind zum Beispiel die finnischen Garne Manta oder Usko von Vuonue, das deutsche Garn Northern Lights von BC Garn oder das französische Garne Le Gros Lambswool von Biches et Bûches.

GARNMENGE

GF: 700 (800, 940, 1020, 1110) (1180, 1239, 1298, 1356) m.
KF: 170 (196, 224, 240, 310) (340, 357, 374, 425) m.

Wenn Sie Léttlopi von Ístex verwenden, benötigen Sie:
GF: 7 (8, 10, 11, 12) (12, 13, 13, 14) Knäuel.
KF: 2 (2, 3, 3, 4) (4, 4, 4, 5) Knäuel.

NADELN

Für Glatt rechts und Jacquardmuster: Rundstricknadel Nr. 4,5; 80–100 cm lang
Für das Rippenmuster: Rundstricknadel (80–100 cm lang) und Nadelspiel (falls nicht mit Magic Loop gearbeitet wird) Nr. 4,0. Falls notwendig, die Nadelstärke wechseln, damit die Maschenprobe übereinstimmt.

SONSTIGES

Maschenmarkierer, Maschenhalter oder Hilfsfaden, Stopfnadel

MASCHENPROBE

18 M x 20 Rd = 10 x 10 cm; glatt rechts mit Nadeln Nr. 4,5; leicht gespannt.

RUMPF

160 (176, 192, 212, 228) (248, 264, 276, 288) M in GF mit Nadeln Nr. 4,0 anschlagen. Die Arbeit zur Rd schließen und am Beginn der Rd einen M-Markierer setzen. Für das Bündchen 10 cm bzw. die gewünschte Länge im 2/2 Rippenmuster str.

Mit Nadel Nr. 4,5 weiterarb. In der nächsten Rd gleichmäßig 0 (2, 0, 2, 0) (2, 0, 2, 0) M abn, indem Sie jeweils 2 M re zus-str. Auf der Nadel liegen jetzt 160 (174, 192, 210, 228) (246, 264, 274, 288) M.

Glatt re str, bis der Rumpf 40 (42, 44, 46, 48) (50, 50, 51, 52) cm misst.

Jetzt die M in Vorder- und Rückteil sowie M für die Armausschnitte aufteilen. Wenn Sie die M für den Armausschnitt auf einem M-Halter bzw. Hilfsfaden stilllegen, werden diese später mit dem Maschenstich geschlossen. Wenn Sie die M abketten, werden sie mit dem Matratzenstich zusammengenäht.

9 (10, 13, 13, 14) (15, 15, 16, 16) M für den ersten Armausschnitt stilllegen oder abk; die nächsten 71 (77, 83, 92, 100) (108, 117, 121, 128) M für das Vorderteil auf der Stricknadel lassen bzw. stilllegen. Dann 9 (10, 13, 13, 14) (15, 15, 16, 16) M für den zweiten Armausschnitt stilllegen oder abk; die nächsten 71 (77, 83, 92, 100) (108, 117, 121, 128) M für das Rückteil auf der Nadel lassen bzw. stilllegen. Die Arbeit beiseitelegen und mit den Ärmeln weitermachen.

ÄRMEL

36 (40, 44, 44, 48) (48, 48, 52, 52) M in GF mit Nadeln Nr. 4,0 anschlagen. Die Arbeit zur Rd schließen und am Beginn der Rd einen M-Markierer setzen. Für das Bündchen 10 cm bzw. die gewünschte Länge im 2/2 Rippenmuster str.

Mit Nadel Nr. 4,5 weiterarb. In der nächsten Rd vor und nach der markierten M (Rd-Anfang und -Ende) 1 M zun. Diese Zunahmen in jeder 4. (4., 4., 4., 5.) (5., 5., 5., 5.) Rd insgesamt 14 (14, 15, 16, 14) (16, 17, 16, 17) x wdh. Auf der Nadel liegen jetzt 64 (68, 74, 76, 78) (80, 82, 84, 86) M.

Glatt re weiterarb, bis der Ärmel 46 (48, 50, 50, 52) (52, 53, 53, 54) cm misst.
Jetzt links und rechts der Markierung gleichmäßig 9 (10, 13, 13, 14) (15, 15, 16, 16) M für den Armausschnitt abk oder stilllegen.
Den ersten Ärmel beiseitelegen. Ärmel und Rumpf werden später miteinander verbunden.

Den zweiten Ärmel ebenso str.

PASSE

In der GF weiterarb. Rumpf und Ärmel folgendermaßen verbinden: 55 (58, 61, 63, 64) (65, 67, 68, 70) M für den linken Ärmel re str, 71 (77, 83, 92,100) (108, 117, 121, 128) M für das Vorderteil re str, 55 (58,61, 63, 64) (65, 67, 68, 70) M für den rechten Ärmel re str, 71 (77, 83, 92, 100) (108, 117, 121, 128) M für das Rückteil re str. Dabei gleichmäßig verteilt 0 (0, 0, 4, 4,) (4, 8, 0, 0) M abn, indem Sie jeweils 2 M re zus-str. Auf der Nadel liegen jetzt 252 (270, 288, 306, 324) (342, 360, 378, 396) M. Am Beginn der Rd einen M-Markierer setzen.

0 (0, 1, 2, 4) (5, 6, 7, 8) Rd glatt re str. Jetzt das Jacquardmuster nach Zählmuster str. Den Musterrapport mit 18 M in jeder Rd 14 (15, 16, 17, 18) (19, 20, 21, 22) x wdh. Wenn Sie mit dem Zählmuster fertig sind, liegen noch 84 (90, 96, 102, 108) (114, 120, 126, 132) M auf der Nadel. In GF noch 1 Rd glatt re str und dabei gleichmäßig verteilt 8 (10, 12, 14, 16) (18, 24, 26, 28) M abn, indem Sie jeweils 2 M re zus-str. Auf der Nadel liegen jetzt 76 (80, 84, 88, 92) (96, 96, 100, 104) M.

HALSAUSSCHNITT

Bevor Sie mit dem Halsausschnitt fortf, sollten Sie überprüfen, ob er passt. Wenn nötig noch eine Rd mit Abnahmen str, bevor Sie mit dem Rippenmuster beginnen. Mit Nadeln Nr. 4,0 weiterarb. Für das Bündchen in GF 2,5 cm im 2/2 Rippenmuster str und dann locker abk.

FERTIGSTELLEN

Die Armausschnitte mithilfe des Maschen- oder Matratzenstiches schließen und alle Garnenden vernähen. Den Pullover befeuchten und auf Maß spannen.

ZÄHLMUSTER

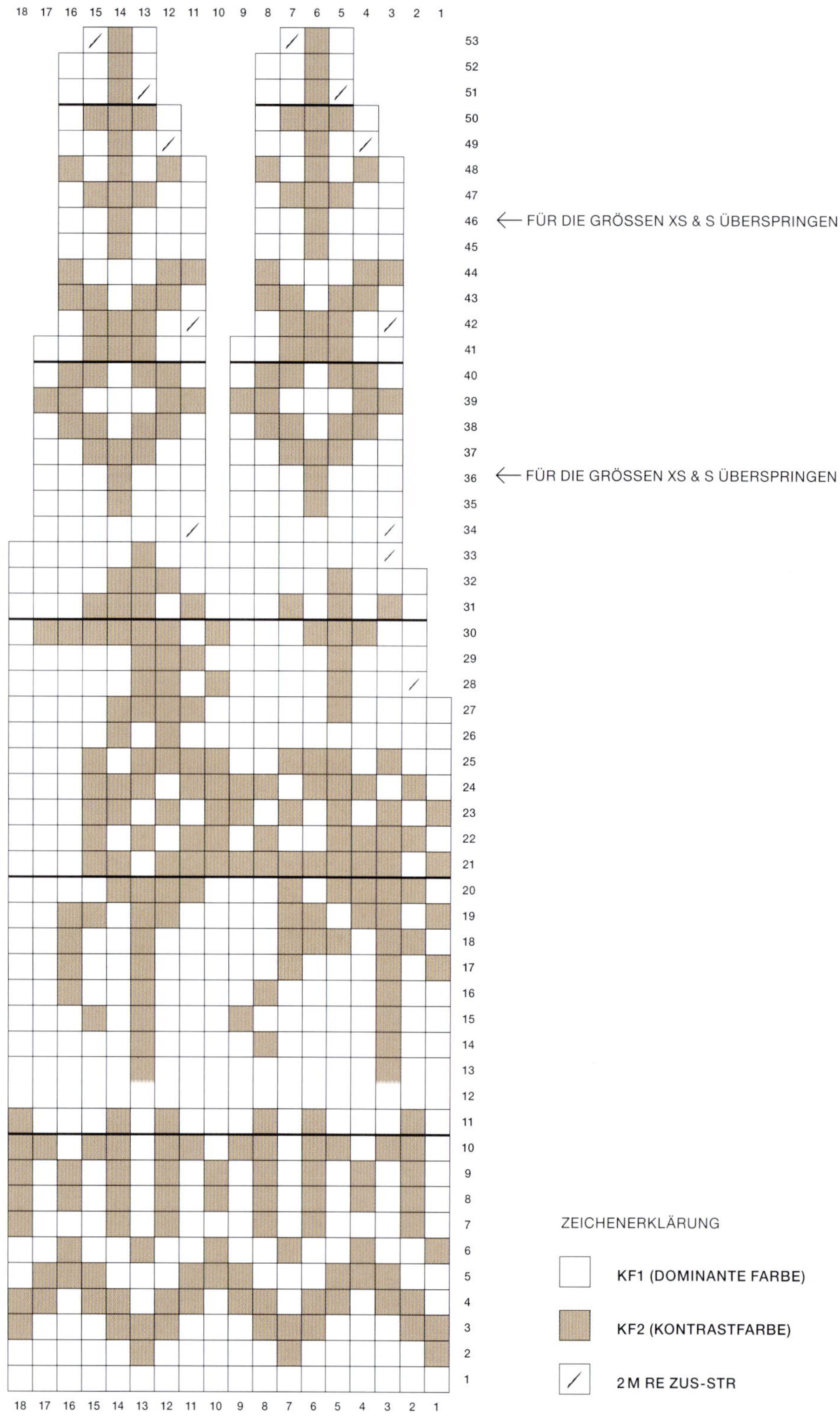

FÜR DIE GRÖSSEN XS & S ÜBERSPRINGEN
FÜR DIE GRÖSSEN XS & S ÜBERSPRINGEN
ZEICHENERKLÄRUNG
KF1 (DOMINANTE FARBE)
KF2 (KONTRASTFARBE)
2 M RE ZUS-STR

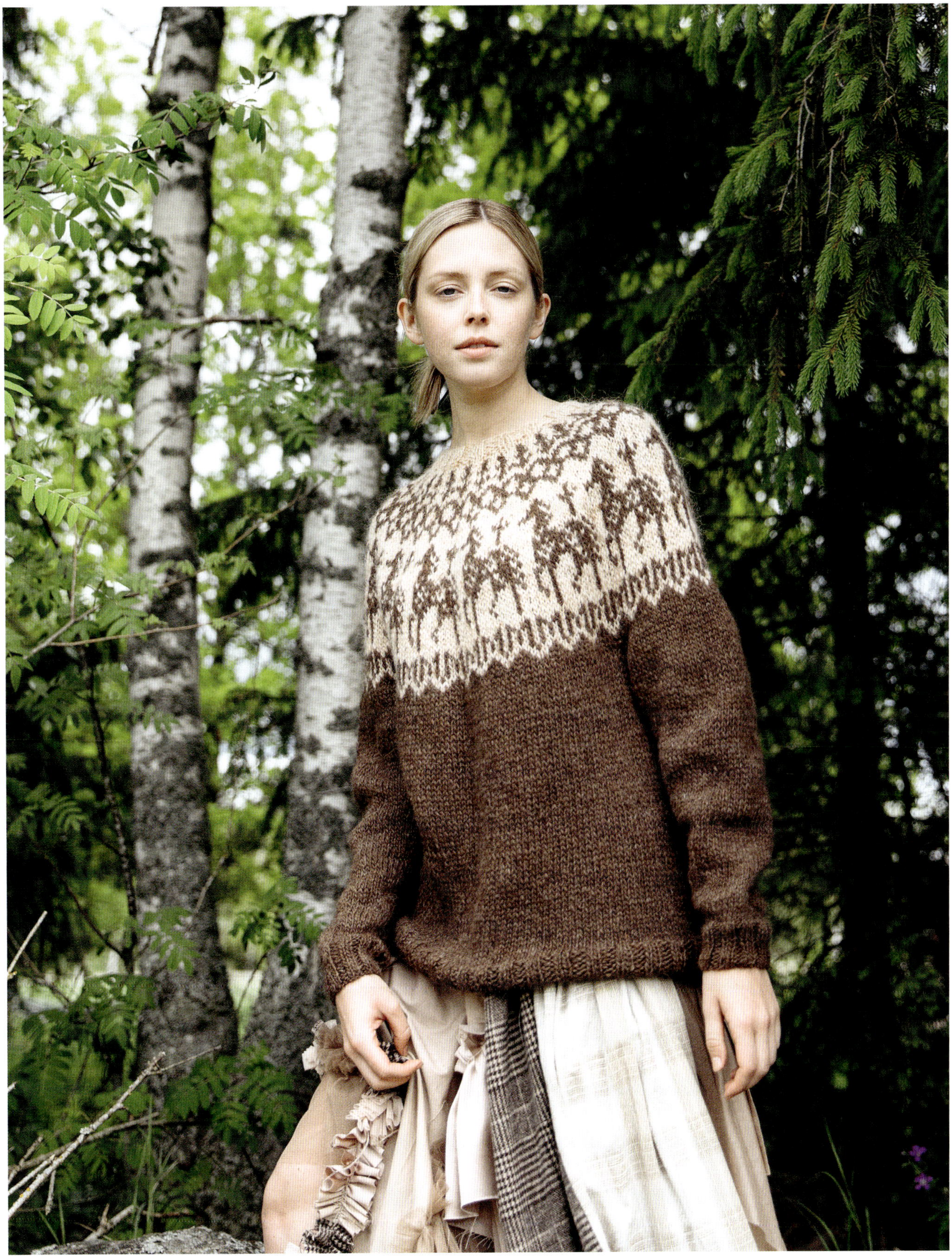

KULTANEITO

DIE GOLDENE JUNGFRAU

Selbst der Schmieder Ilmarinen
Fängt nun an recht frisch zu blasen;
Einmal bläst er, bläst das zweite,
Darauf bei dem dritten Male
Schaut er auf der Esse Boden,
Untern Rand des Blasebalges,
Was wohl aus der Esse käme,
Was sich aus dem Feuer drängte.

Kommt ein Mädchen aus der Esse,
Goldblond steht es vor dem Blasbalg,
Silberhäuptig, goldenlockig,
Wunderschön am ganzen Leibe;
Furcht ergreift drob alle andern,
Keine Furcht kennt Ilmarinen.

Darauf hämmert Ilmarinen,
Er, der Schmieder, das Gebilde,
Hämmert Nächte, ohn' zu ruhen,
Tage lang, ohn' anzuhalten;
Füße formt er so der Jungfrau,
Formt ihr Füße, bildet Hände,
Doch nicht taugt der Fuß zum Gehen,
Nicht die Arme zum Umschlingen.

Schmiedet Ohren wohl der Jungfrau,
Doch sie können nichts vernehmen;
Meisterhaft schafft er den Mund ihr,
Schön den Mund, die Augen lebhaft,
Doch der Mund ist ohne Worte,
Ohne Anmut ist das Auge.

Spricht der Schmieder Ilmarinen:
Wäre eine schöne Jungfrau,
Wenn sie Wortes Kraft auch hätte,
Ein Gemüt und eine Stimme.

(Kalevala, 37. Gesang, Vers 131–162)

Ilmarinen hat seine Frau, die Jungfrau des Nordlands, verloren. Sie wird von Raubtieren des Waldes getötet, die Kullervo aus Rache geschickt hat, nachdem sie ihn traktiert hat. Im 37. Gesang beschließt Ilmarinen sich eine neue Frau aus Gold und Silber zu schmieden. Er legt sich neben sie ins Bett, bemerkt aber am Morgen, wie kalt sie ist. Er bietet seine Braut Wäinämöinen an, doch der will sie nicht haben. Stattdessen rät er Ilmarinen, sie im Feuer zu schmelzen und zu irgendeinem Gerät zu verarbeiten. Im Kalevala gibt es niemandem, der Ilmarinen in der Schmiedekunst das Wasser reichen kann. Das beweist er durch die Herstellung des Sampos und der goldenen Jungfrau.

Ilmarinen ist einer der Helden des Kalevala. Außerhalb des Epos ist er der Gott des Windes, des Wetters und der Luft. Gottähnliche Figuren, die Ilmarinen ähneln, gibt es nicht nur in der baltisch-finnischen Kultur, sondern zum Beispiel auch in der samischen, nordischen und udmurtischen Folklore.[47] In der Volksdichtung entspricht Ilmarinen dem Schöpfer des Eisens, der Nordlichter und der Morgenröte sowie des Abendrots. Ein vermehrter Einsatz von Eisen könnte dazu beigetragen haben, dass sich Ilmarinen, der ursprünglich der Gott des Donners und des Wetters war, zu einem Meisterschmied entwickelte.[48]

Der Kultaneito-Pullover trägt auf der Passe Verzierungen, die sowohl die Spitzendekorationen imitieren, die im 19. Jahrhundert, als Lönnrot das Epos zusammenstellte, modern waren, als auch die imposanten Halsketten der prähistorischen finnischen Trachten.

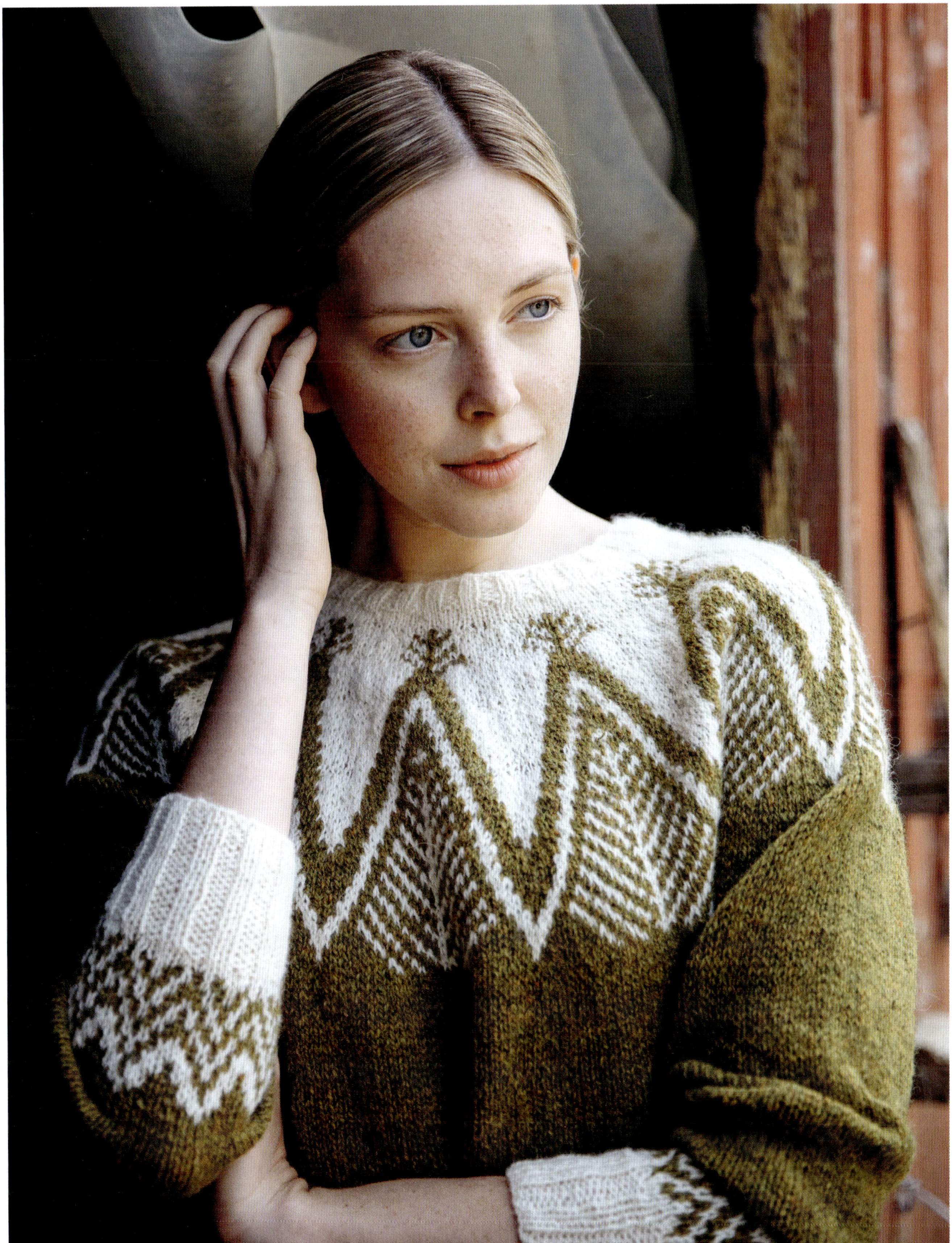

Kultaneito

Das Jacquardmuster wird hier auf Rundpasse, Saum und Ärmelbündchen gestrickt. Bei diesem Modell, das von oben nach unten gearbeitet wird, können Sie mit der Farbdominanz spielen. Hier übernimmt das grüne Garn von der 1.-24. Rd die dominante Rolle. Danach wechselt die Farbdominanz und geht bei den innenliegenden Zacken auf das weiße Garn über. Bei den äußeren Formen übernimmt wieder das grüne Garn die Hauptrolle.

GRÖSSEN

XS (S, M, L, XL) (2XL, 3XL, 4XL, 5XL)
Der Pullover hat eine leichte Oversize-Passform.
Er sollte mit einer Bequemlichkeitszugabe von 5–10 cm im Brustbereich gestrickt werden.

MASSE DER FERTIGEN ARBEIT

Brustumfang: 83 (89, 97, 107, 112) (121, 132, 143, 152) cm.
Rundpassenhöhe: 26 (27, 28, 30, 32) (34, 35, 36, 38) cm.
Rumpflänge: 46 (47, 48, 49, 50) (52, 54, 55, 56) cm.
Ärmellänge: 45 (46, 47, 48, 49) (50, 51, 52, 53) cm.

GARN

Lieko von Kehrätär (100 % finnische Wolle; 370 m/100 g).
GF: Gelbgrün
KF: Weiß

Sie können das Garn durch ein anderes Garn mit vergleichbarem Gewicht und entsprechender Lauflänge ersetzen. Gute Alternativen sind zum Beispiel die finnischen Garne Tukuwool Fingering oder Aurinkokehrä Fingering, das norwegische Garn Finull von Rauma, das dänische Garn Supersoft von Holst Garn und das portugiesische Garn Pegulhal von Rosa Pomar.

GARNMENGE

GF: 970 (1120, 1267, 1327, 1520) (1650, 1800, 1950, 2064) m.
KF: 315 (347, 378, 410, 441) (480, 512, 544, 576) m.

Wenn Sie das Garn Lieko von Kehrätär verwenden, benötigen Sie:
GF: 3 (4, 4, 4, 5) (5, 5, 6, 6) Knäuel.
KF: 1 (1, 2, 2, 2) (2, 2, 2, 2) Knäuel.

NADELN

Für Glatt rechts und Jacquardmuster: Rundstricknadel Nr. 3,5; 80–100 cm lang
Für das Rippenmuster: Rundstricknadel (80–100 cm lang) und Nadelspiel (falls nicht mit Magic Loop gearbeitet wird) Nr. 3,0. Falls notwendig, die Nadelstärke wechseln, damit die Maschenprobe übereinstimmt.

SONSTIGES

Maschenmarkierer, Maschenhalter oder Hilfsfaden, Stopfnadel

MASCHENPROBE

26 M x 30 Rd = 10 x 10 cm glatt rechts mit Nadel Nr. 3,5; leicht gespannt.

PASSE

116 (120, 128, 128, 136) (136, 140, 140, 140) M in KF mit Nadeln Nr. 3,0 anschlagen. Die Arbeit zur Rd schließen und am Beginn der Rd (hintere Mitte) einen M-Markierer setzen. 60 (66, 72, 78, 84) (90, 96, 102, 108) M nach der Markierung für den Rd-Anfang einen weiteren M-Markierer setzen (vordere Mitte). Für das Bündchen 3 cm im 2/2 Rippenmuster str.
Mit Nadel Nr. 3,5 weiterarb. 1 Rd glatt re str und dabei gleichmäßig verteilt 4 (12, 16, 28, 32) (44, 52, 64, 76) M zun. Auf der Nadel liegen jetzt 120 (132,144,156,168) (180.192, 204, 216) M.

Für eine bessere Passform wird der hintere Halsausschnitt mit verkürzten R mit DM gestr. Diese R werden nicht in der Rd, sondern in Hin- und Rück-R gearb.
1. R (Hin-R): 6 (6, 7, 7, 8) (8, 9, 9, 9) re M str, Arbeit wenden.
2. R (Rück-R): 1 DM arb, 12 (12, 14, 14, 16) (16, 18, 18, 18) M li str, Arbeit wenden.
3. R (Hin-R): 1 DM arb, 18 (18, 21, 21, 24) (24, 27, 27, 27) M re str, Arbeit wenden.
4. R (Rück-R): 1 DM arb, 24 (24, 27, 27, 32) (32, 36, 36, 36) M li str, Arbeit wenden.
5. R (Hin-R): 1 DM arb, re M bis zum R-Anfang str.

Weiter in Rd arb. Bevor Sie mit dem Jacquardmuster beginnen, setzen Sie für die Größen S, L, 2XL und 4XL einen weiteren M-Markierer, um das Zählmuster richtig zu positionieren: 6 (0, 6, 0, 6) (0, 6, 0, 6) M re str, M-Markierer setzen (für den Anfang der 1. Musterrapportwiederholung). Mit dem Jacquardmuster für die Passe nach Zählmuster A beginnen. Den Musterrapport in jeder Rd 10 (11, 12, 13, 14) (15, 16, 17, 18) x wdh.
Wenn Sie mit dem Zählmuster fertig sind, liegen noch 320 (352, 384,416, 448)(480, 512, 544, 576) M auf der Nadel.

In der GF weiterarb. Glatt re str, bis die Passe 26 (27, 28, 30, 32) (34, 35, 36, 38) cm misst.

RUMPF

Die M für den Rumpf und für die Ärmel folgendermaßen unterteilen: in GF 49 (52, 56, 62, 66) (70, 76, 82, 87) M für das Rückteil re str, dann 62 (72, 80, 84, 92) (100, 104, 108, 114) M auf einem M-Halter bzw. Hilfsfaden stilllegen (für den linken Ärmel), 10 (12, 14, 16, 16) (18, 20, 22, 24) M anschl (für den Armausschnitt), 98 (104, 112, 124, 132) (140, 152, 164, 174) M für das Vorderteil re str, dann 62 (72, 80, 84, 92) (100, 104, 108, 114) M stilllegen (für den rechten Ärmel), 10 (12, 14, 16, 16) (18, 20, 22, 24) M anschl (für den Armausschnitt), 49 (52, 56, 62, 66) (70, 76, 82, 87) M re bis zum Rd-Anfang str (für das Rückteil).
Auf der Nadel liegen jetzt 216 (232, 252, 280, 296) (316, 344, 372, 396) Rumpf-M.

Glatt re weiterarb, bis der Rumpf ab dem Armausschnitt 34 (35, 36, 37,38) (40, 42, 44, 45) cm misst. In der nächsten Rd gleichmäßig 8 (8, 12, 8, 8) (12, 8, 12, 12) M abn, indem Sie jeweils 2 M re zus-str. Auf der Nadel liegen jetzt 208 (224, 240, 272, 288) (304, 336, 363, 384) M.

Jetzt das Jacquardmuster nach Zählmuster B str.
Wenn Sie das Zählmuster fertiggestrickt haben, mit KF weiterarb. 2 Rd glatt re str und in der 2. Rd dabei gleichmäßig verteilt 8 (8, 8, 8, 4) (4, 4, 4, 4) M abn, indem Sie jeweils 2 M re zus-str. Auf der Nadel liegen jetzt 200 (216, 232, 264, 284) (300, 332, 359, 380) M.

Zu Nadeln Nr. 3,0 wechseln, 6 cm im 2/2 Rippenmuster arb und locker abk.

ÄRMEL

Die 62 (72, 80, 84, 92) (100, 104, 108, 114) stillgelegten M für den Ärmel auf Nadel Nr. 3,5 transferieren.
In GF 10 (12, 14, 16, 16) (18, 20, 22, 24) M aus dem Armausschnitt aufnehmen und re verschr abstr.
Auf der Nadel liegen jetzt 72 (84, 94, 100, 108) (118, 124, 130, 138) M. Die Arbeit zur Rd schließen und in der

mittleren M unter dem Arm für den Beginn der Rd einen M-Markierer setzen.

2 cm glatt re str und dann mit den Abnahmen für den Ärmel beginnen.
Abnahme-Rd: 1 M re, 2 M re zus-str, bis 3 M vor dem M-Markierer re M str, 2 M re zus-str, 1 M re (2 Abnahmen). Die Abnahme-Rd in jeder 4. (5., 5., 5., 5.) (6., 6., 6., 6) Rd insgesamt 8 (14, 19, 22, 22) (27, 26, 29, 33) x wdh. Auf der Nadel liegen jetzt 56 (56, 56, 56, 64) (64, 72, 72, 72) M.

Glatt re weiterarb, bis der Ärmel 33 (34, 35, 36,37) (38, 39,40,41) cm misst. Dann das Jacquardmuster nach Zählmuster B arb.

In der KF weiterarb. 1 Rd glatt re str und dabei gleichmäßig verteilt 8 (8, 8, 8, 8) (8, 8, 8, 8) M abn, indem Sie jeweils 2 M re zus-str. Eine weitere Rd glatt re str und dabei noch 8 (8, 4, 4, 8) (4, 8,4, 0) M abn. Auf der Nadel liegen jetzt 40 (40, 44, 44, 48) (52, 56, 60, 64) M.

Zu Nadeln Nr. 3,0 wechseln, 6 cm im 2/2 Rippenmuster arb und locker abk.

Den zweiten Ärmel ebenso str.

FERTIGSTELLEN
Alle Garnenden vernähen, den Pullover befeuchten und auf Maß spannen.

ZÄHLMUSTER ÄRMEL

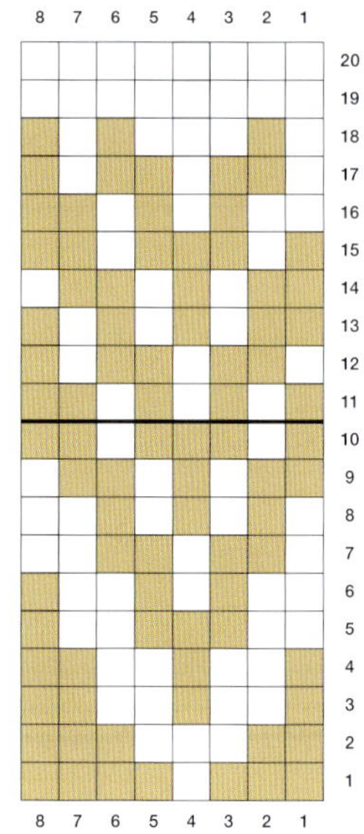

ZÄHLMUSTER PASSE

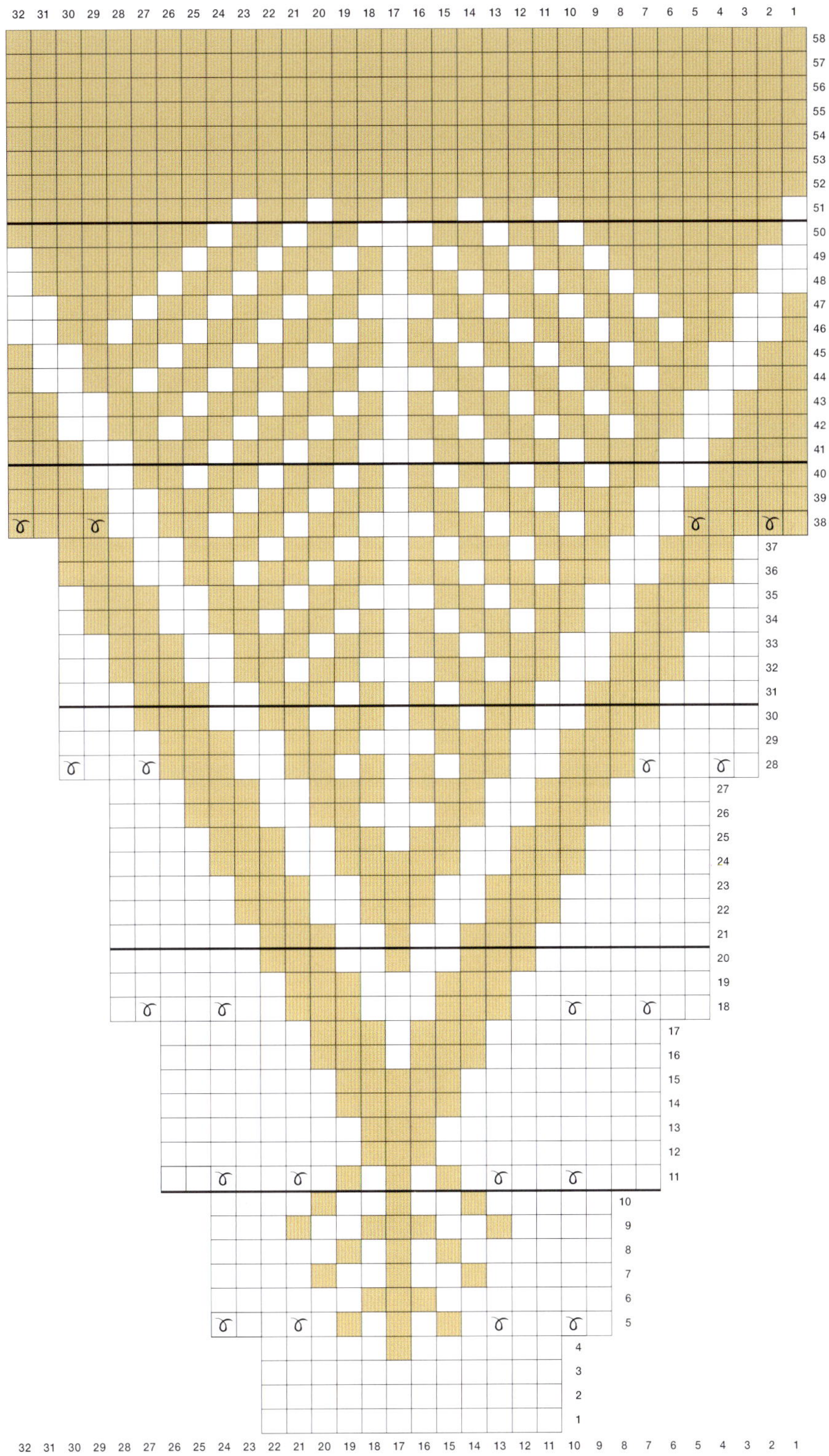

ZEICHENERKLÄRUNG

GF

KF

1 M ZUN

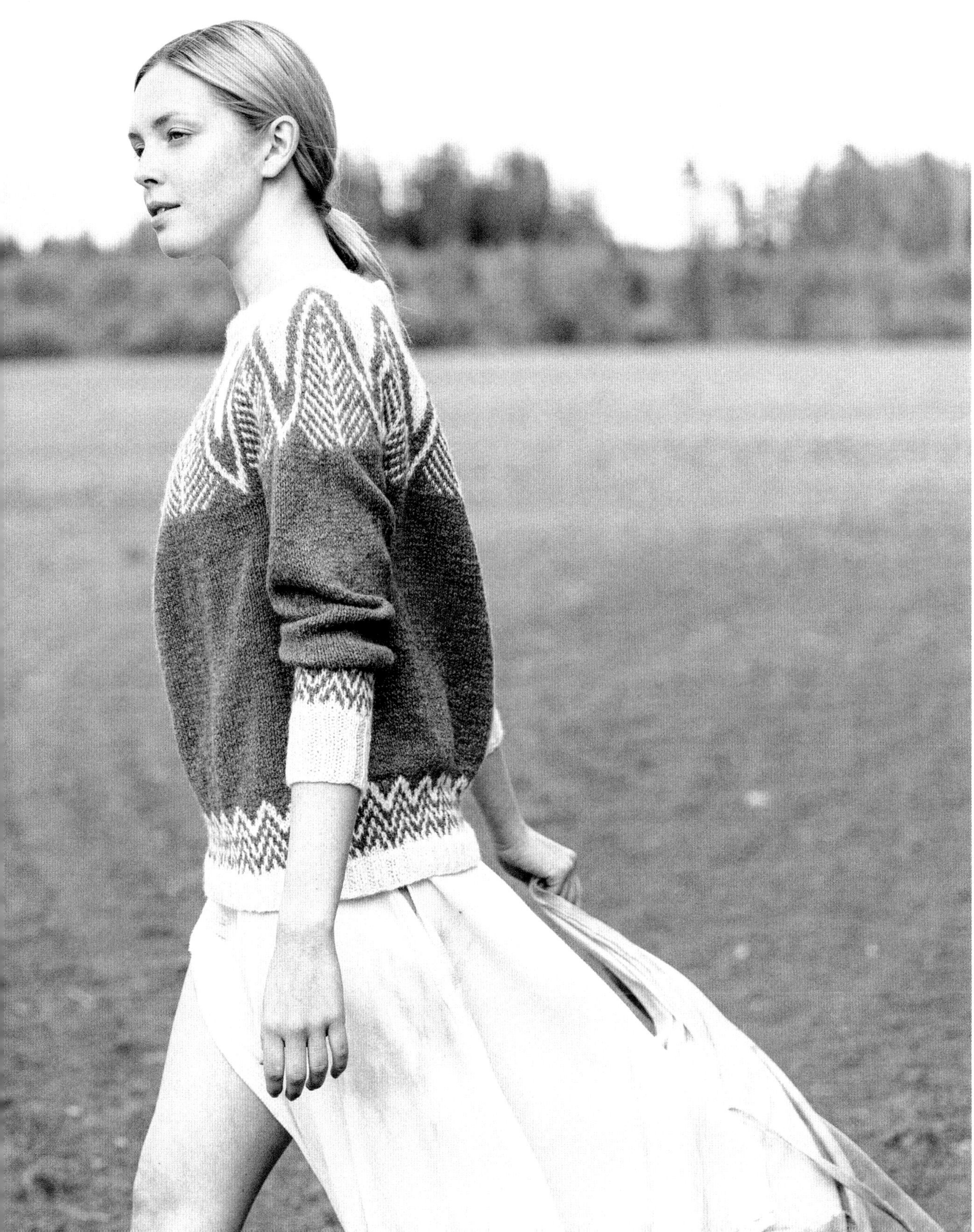

IKU-TURSO

Louhi, sie, des Nordlands Wirtin,
Wurde nun gewaltig böse,
Merkte, dass die Macht ihr schwindet,
Dass ihr Ansehn niedersinket.
Also fleht sie zu Udutar:
Nebeltochter, Nebeljungfrau!
Streue mit dem Siebe Nebel,
Sende dichte Dünste nieder,
Schicke dicke Luft vom Himmel,
Senke Dämpfe aus den Lüften
Auf des klaren Meeres Rücken,
Auf die weitgedehnte Öde,
Dass nicht Wäinämöinen fliehe,
Nicht der Wogenfreund entkomme!

Sollte dies genug nicht scheinen,
Iku-Turso, Sohn des Alten,
Heb' dein Haupt du aus dem Meere,
Deinen Scheitel aus den Fluten,
Stürz' die Männer von Kaleva
Und versenk' die Wogenfreunde
Lasse all die bösen Helden
In der Fluten Tiefe sinken,
Bring' den Sampo nach Pohjola,
Ohn' ihn aus dem Boot zu wälzen!

(Kalevala, 42. Gesang, Vers 333–356)

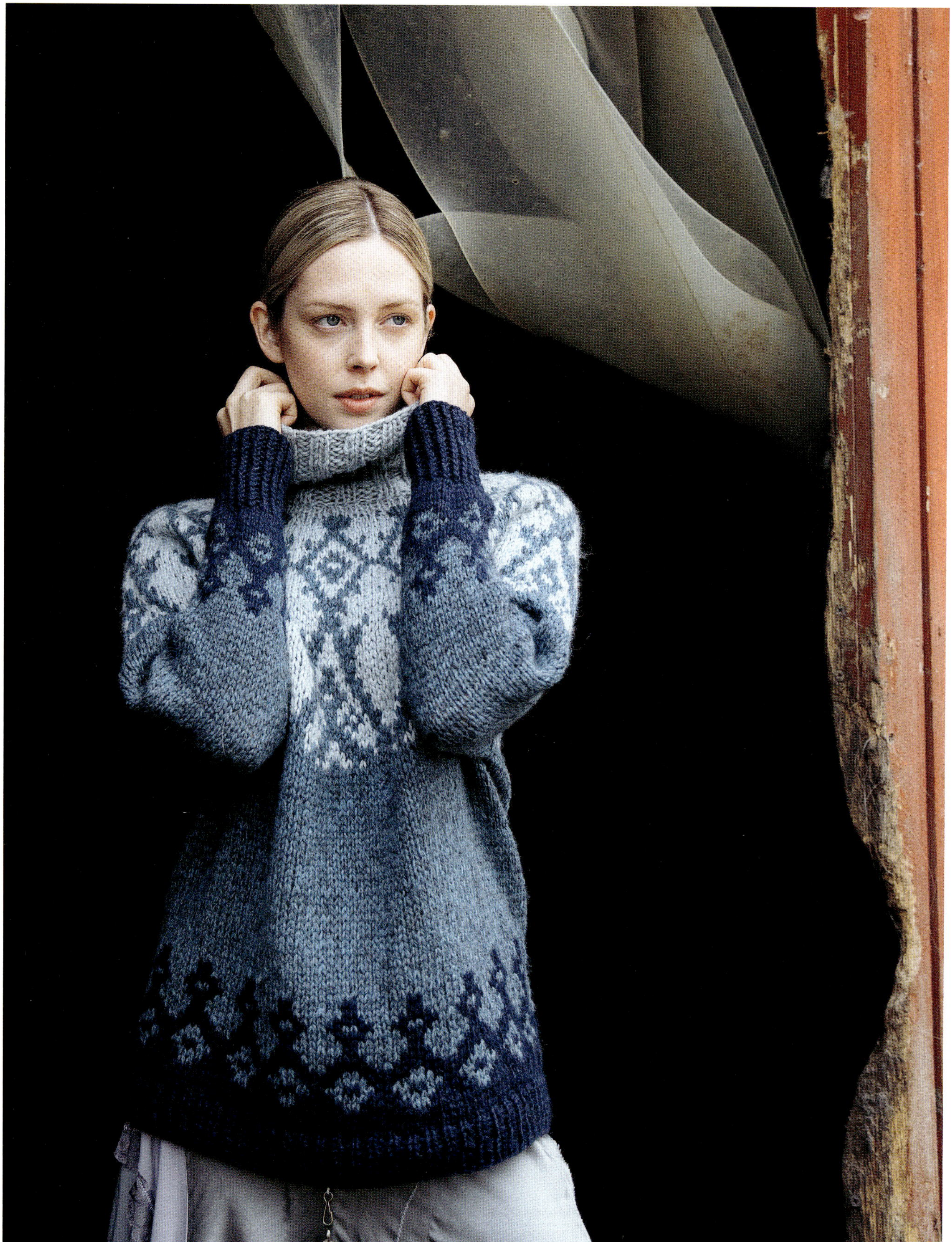

Iku-Turso ist ein Meeresungeheuer oder Wassergeist aus dem Kalevala und der baltisch-finnischen Mythologie. Er galt als Gott des Krieges und Vater von Krankheiten, und sein Name steht etymologisch in Zusammenhang mit den skandinavischen Göttern Thor und Tyr sowie mit dem urgermanischen Wort für „Riese". Die Mythologie, die sich um Iku-Turso rankt, ähnelt auch dem Mythos der Weltenschlange in der nordischen Mythologie.[49]

Im 42. Gesang stehlen Wäinämöinen und Ilmarinen den magischen Sampo aus dem Nordland. Als die Herrscherin des Nordlands das bemerkt, lässt sie dichten Nebel entstehen und befiehlt Iku-Turso aus den Tiefen zu steigen und die Räuber zu fangen. Iku-Turso hebt seinen Kopf direkt neben ihrem Boot aus dem Wasser, doch Wäinämöinen packt ihn am Ohr und fordert ihn auf, wieder im Meer abzutauchen. Iku-Turso tut wie ihm geheißen und versucht nie mehr, die Menschen zu traktieren. Doch Wäinämöinen verliert seine Kantele (ein traditionelles finnisch-karelisches Saiteninstrument, das gezupft wird), während er mit dem Meeresungeheuer kämpft.

Der finnische Glaube an Iku-Turso hat sich in lokalen Namen, Legenden und Symbolen manifestiert. Zum Beispiel im „Herz des Tursas", ein vorchristliches Symbol, das vor allem in Nordfinnland weit verbreitet ist und dessen Zentrum einem Hakenkreuz ähnelt.
Das Symbol sollte seinem Träger Glück bringen und ihn beschützen. Man ritzte es auf Häusern und Kuhställen, um diese vor dem Bösen zu schützen.

In der Passe des Iku-Turso-Pullovers steigt ein Meeresungeheuer aus den Tiefen und bewegt sich auf die ahnungslosen Ruderer zu.

Iku-Turso

Dieser warme Rollkragenpullover hat an der Passe, am Saum und an den Ärmelbündchen ein Jacquardmuster und wird von oben nach unten gestrickt. Sie können ihn, wie angegeben, in drei Farben stricken oder neben der Hauptfarbe nur eine Kontrastfarbe verwenden. Der lange, umgeschlagene Kragen wird zuletzt gestrickt. Aufgrund der kuschelig-dicken Wolle kann er an sehr kalten Tagen als wärmende Außenschicht getragen werden.

GRÖSSEN

XS (S, M, L, XL) (2XL, 3XL, 4XL)
Der Pullover hat eine leichte Oversize-Passform.
Er sollte mit einer Bequemlichkeitszugabe von 10–15 cm auf Brustkorbhöhe gestrickt werden.

MASSE DER FERTIGEN ARBEIT

Brustumfang: 91 (102, 112, 120, 130) (138, 151, 165) cm.
Rundpassenhöhe: 26 (29, 30, 32, 34) (35, 36, 37) cm.
Rumpflänge: 40 (41, 42, 44, 46) (48, 50, 52) cm.
Ärmellänge: 40 (41, 42, 44, 46) (48, 50, 52) cm.

GARN

Vams von Rauma (100 % norwegische Wolle, 83 m/50 g).
GF: 405 Petrol meliert
KF1: 49 Hellblau
KF2: 404 dunkles Petrol

Sie können das Garn durch ein anderes dickes Garn mit vergleichbarem Gewicht und entsprechender Lauflänge ersetzen. Gute Alternativen sind zum Beispiel das finnische Garn Unelma von Vuonue oder das isländische Garn Alafosslopi von Ístex.

GARNMENGE

GF: 462 (498, 581, 664, 730) (797, 830, 889) m.
KF1: 308 (332, 382, 415, 448) (481, 498, 525) m.
KF2: 275 (299, 365, 399, 435) (460, 484, 516) m.

Wenn Sie Vams von Rauma verwenden, benötigen Sie:
GF: 6 (6, 7, 8, 9) (10, 10, 11) Knäuel.
KF1: 4 (4, 5, 5, 6) (6, 6, 7) Knäuel.
KF2: 4 (4, 5, 5, 6) (6, 6, 7) Knäuel.

NADELN

Für Glatt rechts und Jacquardmuster: Rundstricknadel Nr. 6,0; 80–100 cm lang
Für das Rippenmuster: Rundstricknadel (80–100 cm lang) und Nadelspiel (falls nicht mit Magic Loop gearbeitet wird) Nr. 5,0. Falls notwendig, die Nadelstärke wechseln, damit die Maschenprobe übereinstimmt.

SONSTIGES

Maschenmarkierer, Maschenhalter oder Hilfsfaden, Stopfnadel

MASCHENPROBE

13 M x 15 Rd = 10 x 10 cm; glatt rechts mit Nadel Nr. 6,0; leicht gespannt.

PASSE

66 (72, 72, 80, 84) (88, 92, 96) M in KF1 mit Nadel Nr. 6,0 anschlagen. Die Arbeit zur Rd schließen und am Beginn der Rd einen M-Markierer setzen (hintere Mitte). 1 Rd glatt re str und dabei gleichmäßig verteilt 0 (0, 6, 4, 6) (8, 10, 12) M zun. Auf der Nadel liegen jetzt 66 (72, 78, 84, 90) (96,102,108) M.

Für eine bessere Passform werden am hinteren Halsausschnitt verkürzte R mit DM gestr. Es wird nicht in der Rd, sondern in Hin- und Rück-R gearb.
1. R (Hin-R): 6 (6, 7, 7, 7) (8, 8, 8) M re str, Arbeit wenden.
2. R (Rück-R): 1 DM arb, 12 (12, 14, 14, 14) (16, 16, 16) M li str, Arbeit wenden.
3. R (Hin-R): 1 DM arb, 18 (18, 21, 21, 21) (24, 24, 24) M re str, Arbeit wenden.
4. R (Rück-R): 1 DM arb, 24 (24, 28, 28, 28) (32, 32, 32) M li str, Arbeit wenden.

Bis zur Markierung am Rd-Anfang re M str und dann 1 Rd glatt re arb (die restlichen DM als eine M str).

Nach Zählmuster A mit dem Jacquardmuster für die Passe beginnen. Den Musterrapport in jeder Rd 11 (12, 13, 14, 15) (16, 17, 18) x wdh. Wenn Sie mit dem Zählmuster fertig sind, liegen noch 198 (216, 234, 252, 270) (288, 306, 324) M auf der Nadel.

In GF glatt re weiterarb, bis die Passe ab dem hinteren Halsausschnitt 26 (29, 30, 32, 34) (35, 36, 37) cm misst.

RUMPF

Die M für den Rumpf und für die Ärmel folgendermaßen unterteilen: 26 (30, 33, 36, 38) (41, 45, 48) M für das Rückteil re str, dann 46 (48, 50, 54, 59) (62, 63, 65) M auf einem M-Halter bzw. Hilfsfaden stilllegen (für den linken Ärmel), 6 (6, 6, 6, 8) (8, 8, 10) M anschl (für den Armausschnitt), 53 (60, 66, 72, 76) (82, 90, 97) M für das Vorderteil re str, dann 46 (48, 50, 54, 59) (62, 63, 65) M stilllegen (für den rechten Ärmel), 6 (6, 6, 6, 8) (8, 8, 10) M anschl (für den Armausschnitt), 27 (30, 35, 36, 38) (41, 45, 49) M bis zum Rd-Anfang re str (für das Rückteil).

M-Markierer entfernen, 29 (33, 36, 39, 42) (45, 49, 53) M (bis zur Mitte des Armausschnitts) re str und M-Markierer setzen. Das ist der neue Rd-Anfang. Für den Rumpf befinden sich jetzt 118 (132, 146 ,156,168) (180, 196, 214) M auf der Nadel.

In der nächsten Rd gleichmäßig verteilt 6 (4, 2, 4, 0) (4, 4, 6) M abn, indem Sie jeweils 2 M re zus-str. Glatt re weiterarb, bis der Rumpf ab den Armausschnitten 23 (24, 25, 27, 29) (31, 33, 35) cm misst.

Dann das Jacquardmuster am Saum gemäß Zählmuster B arb. Wenn Sie das Zählmuster fertiggestrickt haben, mit KF2 weiterarb. Zu Nadeln Nr. 5,0 wechseln, 5 cm im 1/1 Rippenmuster str und locker abk.

ÄRMEL

Die 46 (48, 50, 54, 59) (62, 63, 65) stillgelegten M für den Ärmel auf Nadel Nr. 6,0 legen. In GF 6 (6, 6, 6, 8) (8, 8,10) M aus dem Armausschnitt aufnehmen und re verschr abstr. Auf der Nadel liegen jetzt 52 (54, 56, 60, 67) (70,71, 75) M. Die Arbeit zur Rd schließen und in der mittleren M unter dem Arm für den Beginn der Rd einen M-Markierer setzen.

4 (5, 5, 6, 6) (7, 7, 7) cm glatt re str. In der nächsten Rd auf beiden Seiten des M-Markierers Abnahmen arb (am Rd-Anfang und -Ende), indem Sie jeweils 2 M re zus-str (2 Abnahmen). Diese Abnahmen in jeder 3. (3., 3., 3., 4.) (4., 4., 4.) Rd insgesamt 6 (7, 8, 10, 9) (11, 11, 13) x wdh. Auf der Nadel liegen jetzt 40 (40, 40, 40, 49) (48, 49, 49) M.
Für die Größen XL, 3XL und 4XL 1 zusätzliche M abn.

Wenn der Ärmel 23 (24,25, 27,29) (31,33, 35) cm lang ist, mit dem Jacquardmuster für den Ärmel nach Zählmuster B beginnen. Wenn Sie das Zählmuster fertiggestrickt haben, eine Abnahme-Rd str und dabei gleichmäßig verteilt 6 (6, 4, 4, 8) (8, 4, 4) M abn, indem Sie jeweils 2 M re zus-str. Auf der Nadel liegen jetzt 34 (34, 36, 36, 40) (40, 44, 44) M.

Mit Nadeln Nr. 5,0 5 cm im 1/1 Rippenmuster arb und locker abk.

Den zweiten Ärmel ebenso str.

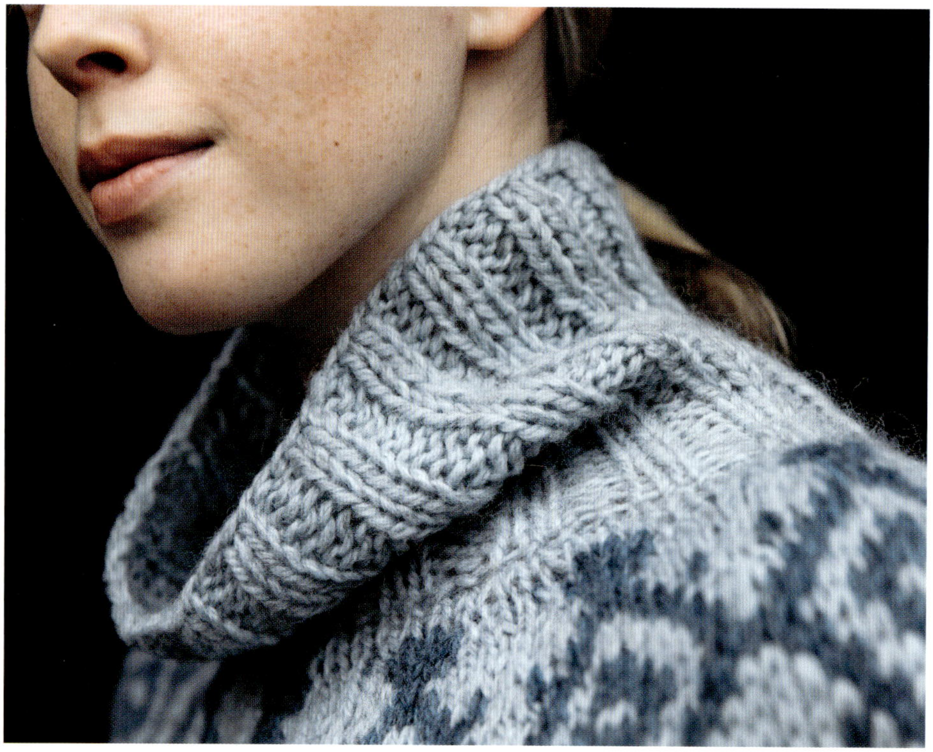

KRAGEN
Mit Nadeln Nr. 5,0 in KF1 64 (72, 72, 80, 84) (88, 92, 96) M aufnehmen und re verschr abstr. 20 cm bzw. die gewünschte Länge im 2/2 Rippenmuster str. Dann M locker abk.

FERTIGSTELLEN
Alle Garnenden vernähen, den Pullover befeuchten und auf Maß spannen.

ZÄHLMUSTER A PASSE

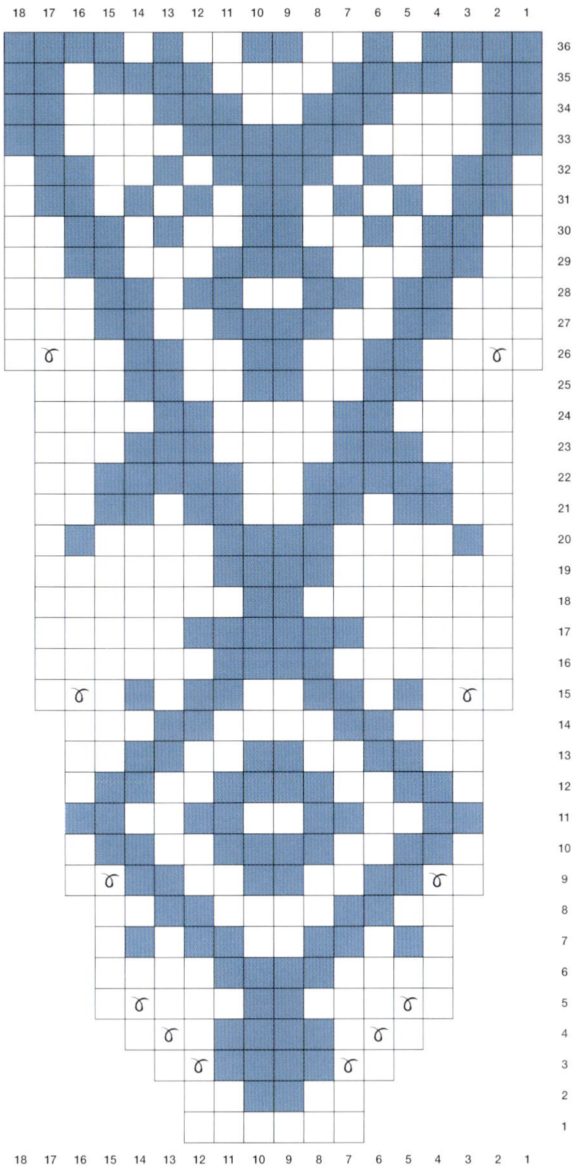

ZÄHLMUSTER B SAUM UND ÄRMELBÜNDCHEN

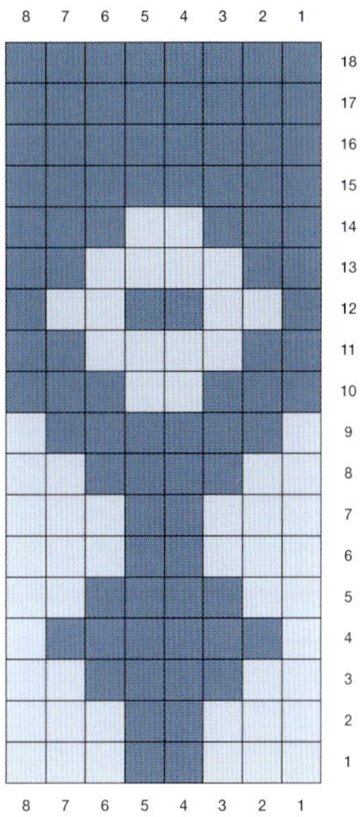

ZEICHENERKLÄRUNG

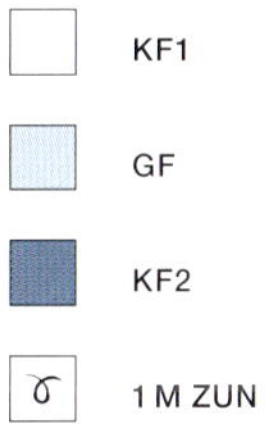

ILMATAR

Wiegt das Feuer so die Jungfrau,
Schaukelt hin und her die Flamme,
Pflegt das Feuer mit den Fingern,
Hütet es mit ihren Händen:
Plötzlich lässt's die Dumme fallen,
Diese Jungfrau ohne Vorsicht,
Aus den Händen, die es wenden,
Aus den Fingern, die es pflegen.

Berstend spaltet sich der Himmel,
Öffnet sich der ganze Luftraum;
Nieder fällt der Feuerfunken,
Rauscht herab der rote Tropfen,
Gleitet durch des Himmels Decke,
Zischet durch der Wolken Hülle,
Durch neun Himmel eilt herab er,
Durch sechs buntgestirnte Festen.

(Kalevala, 47. Gesang, Vers 95–110)

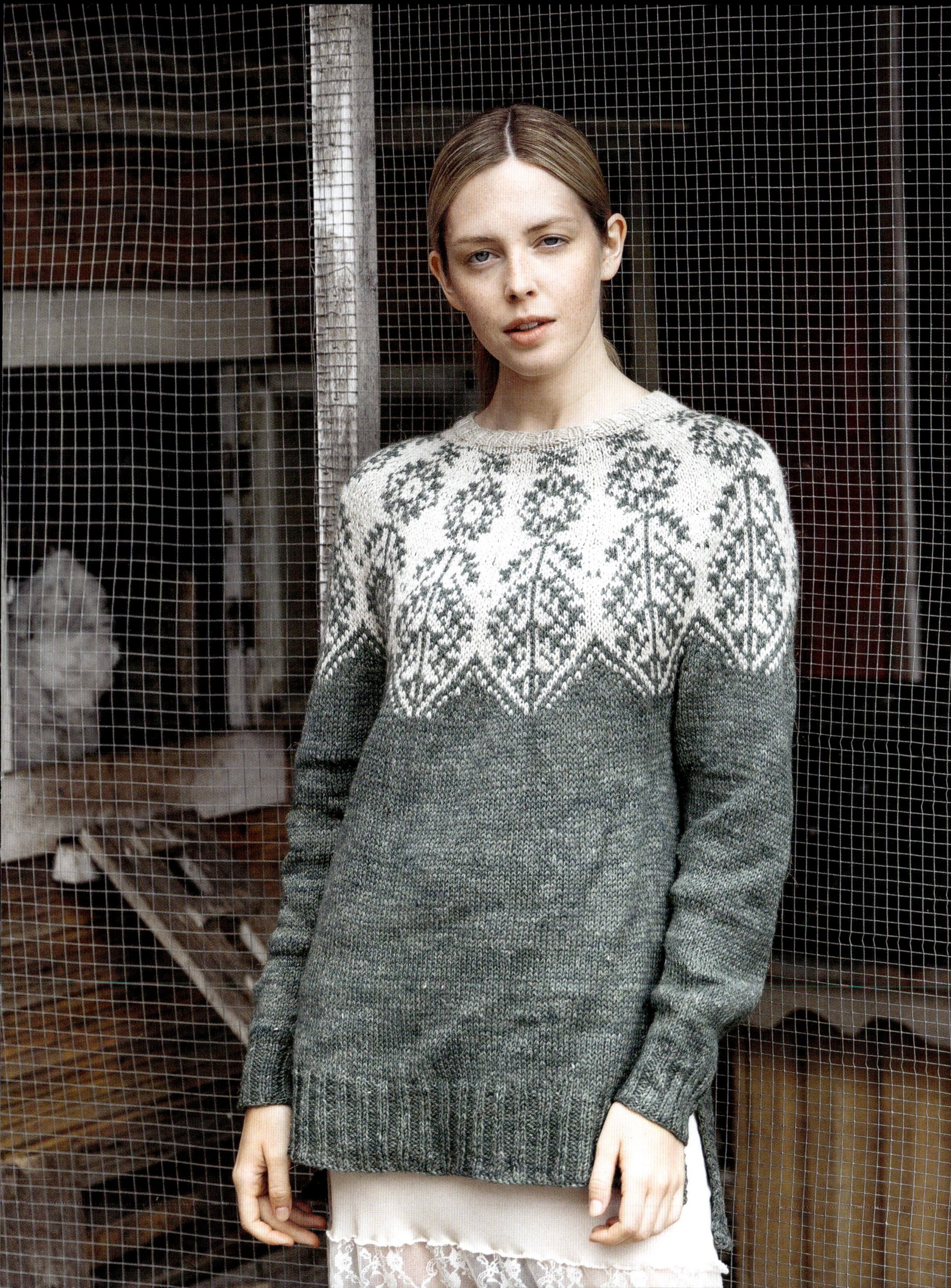

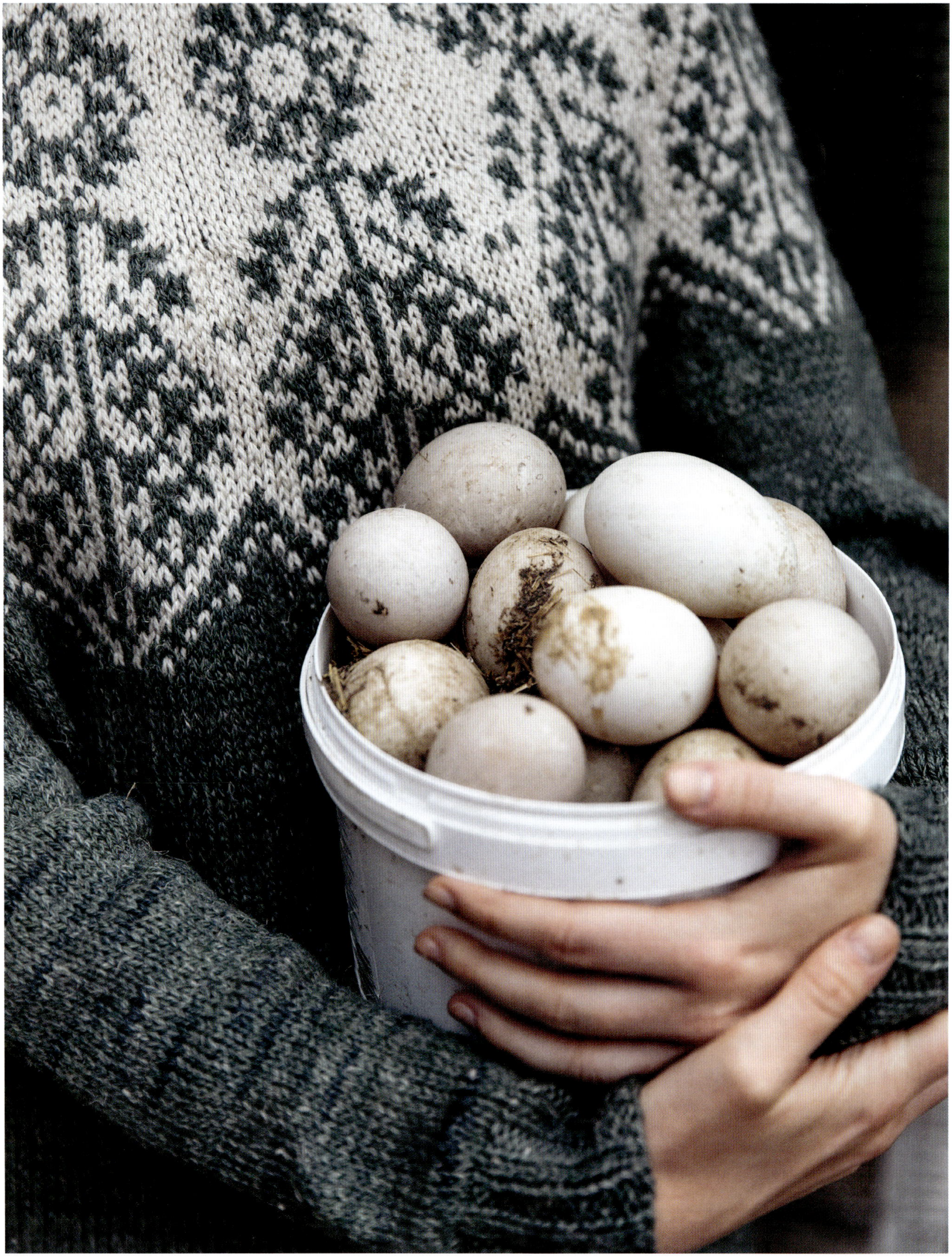

Im 47. Gesang des Kalevala werden die Sonne und der Mond von der Herrscherin des Nordlands gestohlen, nachdem sie auf die Erde herabgestiegen waren, um Wäinämöinen beim Spielen seiner neuen Kantele zu lauschen. Louhi versteckt die Sonne und den Mond in einem Berg und stiehlt das Feuer aus Kalevala. Der oberste Gott, Ukko, wundert sich über die Dunkelheit. Er schlägt ein Feuer, um daraus eine neue Sonne zu erschaffen. Doch das Feuer fällt auf die Erde herab und verschwindet. Ilmarinen und Wäinämöinen machen sich auf, es zu suchen, und Ilmatar, die Göttin der Lüfte, erzählt ihnen, dass das Feuer in einen See gefallen und von einem Fisch verschluckt worden sei.

In der Dichtung des Kalevala sind Ilmatar und die anderen Geister der Luft Jungfrauen, die im Himmel leben. Im Epos selbst taucht Ilmatar gleich im ersten Gesang auf (siehe Seite 24), als eine Ente ein Ei auf ihrem Knie ablegt. Sie wird in der Folge vom Wind schwanger und bringt Wäinämöinen zur Welt. Ilmatar ist neben Paivatar, Kuutar, Otavatar, Luonnotar und Suvetar eine von mehreren weiblichen Naturgeistern. In Finnland war sie ein beliebtes Motiv für Gemälde, eines davon ist Ilman Impi, 1913-1916, von Joseph Alanen.

Im Jacquardmuster des Ilmatar-Pullovers durchbohrt das fallende Feuer die Wolken und das Firmament. Die Kontrastfarbe auf der Passe wird später zur Hauptfarbe. Die Seitenschlitze am Saum verleihen dem Pullover ein legeres Design.

ILMATAR

Dieser Pullover erhält ein Jacquardmuster an der Rundpasse und wird von oben nach unten gestrickt. Er hat Seitenschlitze am Saum und die Rückseite ist länger als die Vorderseite. Dadurch wirkt der Pullover luftig und leicht. Durch sein Woll-Leinengemisch eignet er sich perfekt für laue Frühlings- und Sommerabende.

GRÖSSEN

S (M, L, XL) (2XL, 3XL, 4XL)
Der Pullover hat eine leichte Oversize-Passform. Er sollte mit einer Bequemlichkeitszugabe von 5–10 cm im Brustbereich gestrickt werden.

MASSE DER FERTIGEN ARBEIT

Brustumfang: 94 (106, 116, 126) (136, 148, 158) cm.
Rundpassenhöhe: 26 (27, 27, 28) (28, 30, 33) cm.
Rumpflänge: 51 (52, 54, 55) (57, 58, 59) cm.
Ärmellänge: 43 (45, 46, 47) (49, 50, 51) cm.

GARN

Linnea DK von Pom Pom (70 % Biowolle, 30 % Leinen, 233 m/100 g).
KF1: Dyyni (Wollweiß)
KF2: Metsä (Moosgrün)

Sie können das Garn durch ein anderes dickes Garn mit vergleichbarem Gewicht und entsprechender Lauflänge ersetzen. Gute Alternativen sind zum Beispiel das finnische Garn Hellä von Kaarama Lankastudio, das dänische Garn Jensen von Isager, das isländische Garn Plötulopi von Ístex und das portugiesische Garn Brusca von Rosa Pomar.

GARNMENGE

KF1: 203 (230, 262, 291) (320, 350, 385) m.
KF2: 958 (1032, 1220, 1300) (1410, 1495, 1578) m.

Wenn Sie das Garn Linnea DK von Pom Pom verwenden, benötigen Sie:
KF1: : 1 (1, 2, 2) (2, 2, 2) Knäuel.
KF2: 5 (5, 6, 6) (7, 7, 7) Knäuel.

NADELN

Für Glatt rechts und Jacquardmuster: Rundstricknadel Nr. 4,0; 80–100 cm lang
Für das Rippenmuster: Rundstricknadel (80–100 cm lang) und Nadelspiel (falls nicht mit Magic Loop gearbeitet wird) Nr. 3,5. Falls notwendig, die Nadelstärke wechseln, damit die Maschenprobe übereinstimmt.

SONSTIGES

Maschenmarkierer, Maschenhalter oder Hilfsfaden, Stopfnadel

MASCHENPROBE

20 M x 22 Rd = 10 x 10 cm; glatt rechts mit Nadel Nr. 4,0; leicht gespannt.

PASSE

88 (92, 96, 96) (120,120,124) M in KF1 mit Nadeln Nr. 3,5 anschlagen. Die Arbeit zur Rd schließen und am Beginn der Rd einen M-Markierer setzen (hintere Mitte). Für das Bündchen 2,5 cm im 2/2 Rippenmuster str.

Mit Nadel Nr. 4,0 weiterarb und 1 Rd glatt re str. In der nächsten Rd gleichmäßig verteilt 0 (4, 8, 16) (0, 8, 12) M zun. Jetzt liegen 88 (96, 104, 112) (120, 128, 136) M auf der Nadel. Für eine bessere Passform werden am hinteren

Halsausschnitt verkürzte R mit DM gestr. Es wird nicht in der Rd, sondern in Hin- und Rück-R gearb.

1. R (Hin-R): 8 (10, 10, 12) (12 ,14,14) M re str, Arbeit wenden.
2. R (Rück-R): 1 DM arb, (20, 20, 24) (24, 28, 28) M li str, Arbeit wenden.
3. R (Hin-R): 1 DM arb, 24 (30, 30, 36) (36, 42,42) M re str, Arbeit wenden.
4. R (Rück-R): 1 DM arb, 32 (40, 40, 48) (48, 56, 56) M li str, Arbeit wenden.
5. R (Hin-R): 1 DM arb, re M bis zum R-Anfang str.

Weiter in Rd arb. Bevor Sie mit dem Zählmuster beginnen, den M-Markierer am Rd-Anfang für die Größen S, L, 2XL und 4XL versetzen, um den Anfang des Musters richtig zu positionieren. Mit KF1 4 (0, 4, 0) (4, 0, 4) M re str, M-Markierer setzen (neuer Rd-Anfang). Jetzt das Jacquardmuster nach Zählmuster str. Den Musterrapport in jeder Rd 11 (12, 13, 14) (15, 16, 17) x wdh. Nach dem Arb des Zählmusters liegen noch 308 (336, 364, 392) (420, 448, 476) M auf der Nadel.
Nach dem Passenmuster wird KF2 zur Hauptfarbe.

Mit KF2 glatt re weiterarb, bis die Passe 26 (27, 27, 28) (28, 30, 33) cm misst.

RUMPF

Die M für Rumpf und Ärmel folgendermaßen unterteilen: 43 (49, 53, 58) (63, 66, 72) M für das Rückteil re str, dann 67 (70, 75, 80) (84, 91, 94) M auf einem M-Halter bzw. Hilfsfaden stilllegen (für den linken Ärmel), 8 (8, 9,10) (10, 14, 14) M anschl (für den Armausschnitt), 87 (98, 107, 116) (126, 133, 144) M für das Vorderteil re str, dann 67 (70, 75, 80) (84, 91, 94) M stilllegen (für den rechten Ärmel), 8 (8, 9, 10) (10, 14, 14) M anschl (für den Armausschnitt), re M bis zum Rd-Anfang str (für das Rückteil). Auf der Nadel liegen jetzt 190 (212, 232, 252) (272, 294, 316) Rumpf-M. Für die Seitennähte in der Mitte unter dem Arm (Mitte der angeschlagenen M) M-Markierer setzen.

Glatt re weiterarb, bis der Rumpf ab dem Armausschnitt 36 (37, 39, 40) (42, 43, 44) cm (bzw. die gewünschte Länge) misst. Die M wie folgt für das vordere und hintere Bündchen unterteilen: beginnend beim M-Markierer für die Seitennaht 95 (106, 116, 126) (136,147,158) M auf einen M-Halter bzw. Hilfsfaden legen. Auf der Nadel liegen jetzt 95 (106, 116, 126) (136, 147, 158) M für das Vorderteil. Die Vorder- und Rückseite werden offen gestr (die Rd nicht schließen, sondern auf der Rundstricknadel in R hin- und herstr).
Zuerst das vordere Bündchen str. In der 1. R (Hin-R) alle M re str und dabei gleichmäßig verteilt 1 (0, 2, 0) (2, 1, 0) M abn, indem Sie jeweils 2 M re zus-str. Arbeit wenden und mit dem Bündchen beginnen:
1. R (Rück-R): * 2 M li, 2 M re; ab * wdh, bis nur noch 2 M auf der Nadel liegen, 2 M li.
2. R (Hin-R): * 2 M re, 2 M li; ab * wdh, bis nur noch 2 M auf der Nadel liegen, 2 M re.
Diese beiden R wdh, bis das Bündchen 10 cm lang ist und dann locker abk. Jetzt das rückwärtige Bündchen str.

Genau wie das vordere Bündchen arb, jedoch 15 cm im Rippenmuster str und dann locker abk.

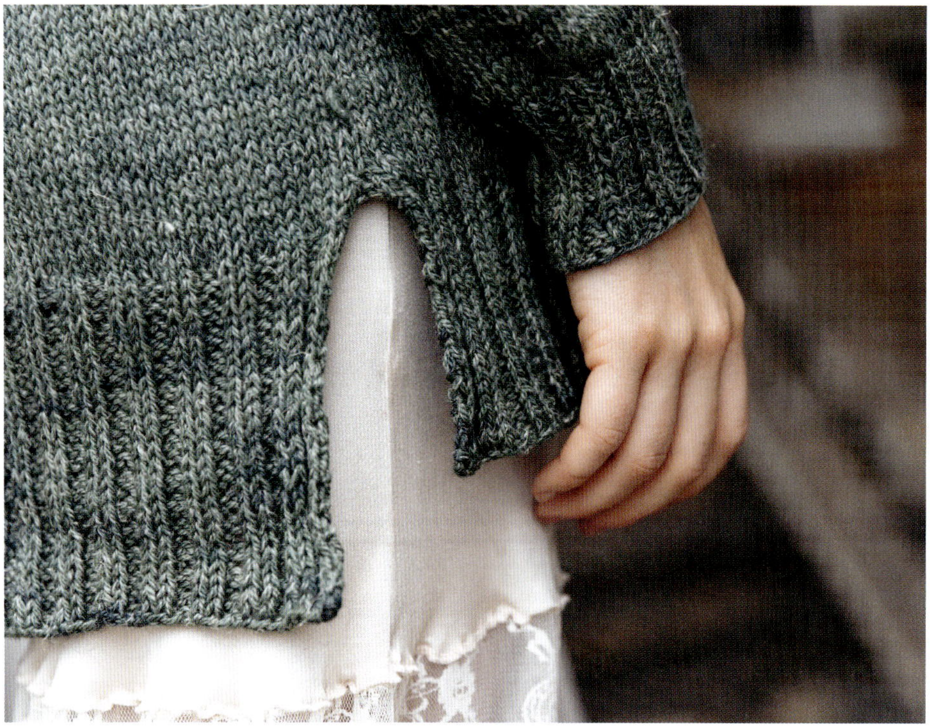

ÄRMEL

Die 67 (70,75, 80) (84, 91, 94) stillgelegten M für den Ärmel auf Nadel Nr. 4,0 transferieren. In KF2 8 (8, 9, 10) (10, 14, 14) M aus dem Armausschnitt aufnehmen und re verschr abstr. Für den Ärmel befinden sich jetzt 75 (78, 84, 90) (94,105,108) M auf der Nadel. Die Arbeit zur Rd schließen, in der mittleren M unter dem Arm für den Beginn der Rd einen M-Markierer setzen und
5 cm glatt re str.

1 M vor und 1 M nach der Markierung Abnahmen arb, indem Sie jeweils 2 M re zus-str (2 Abnahmen/Rd). Die Abnahmen in jeder 6. (6., 6., 5.) (5., 4., 4.) Rd insgesamt 12 (12, 13, 16) (16, 22, 22) x wdh. Auf der Nadel liegen jetzt 49 (52, 56, 56) (60, 59, 62) M.

Glatt re weiterarb, bis der Ärmel 36 (38, 39, 40) (42, 43, 44) cm misst. In der nächsten Rd gleichmäßig verteilt 13 (12, 12, 8) (12, 7, 10) M abn, indem Sie jeweils 2 M re zus-str. Auf der Nadel liegen jetzt 36 (40, 44, 44) (48, 52, 52) M.

Zu Nadel Nr. 3,5 wechseln, 7 cm im 2/2 Rippenmuster arb und locker abk.

Den zweiten Ärmel ebenso str.

FERTIGSTELLEN

Alle Garnenden vernähen, den Pullover befeuchten und auf Maß spannen.

ZÄHLMUSTER

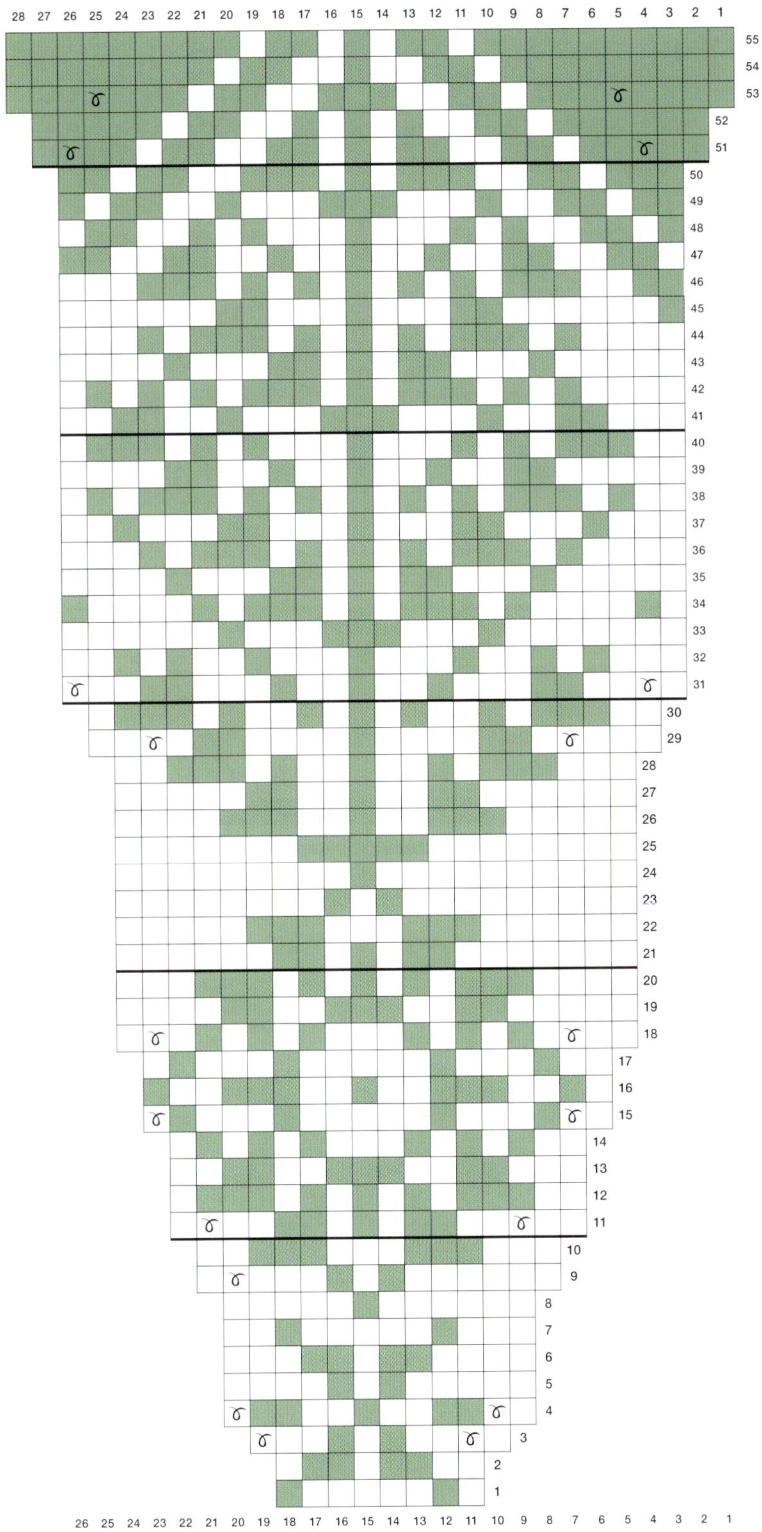

ZEICHENERKLÄRUNG

- KF1
- KF2
- 1 M ZUN

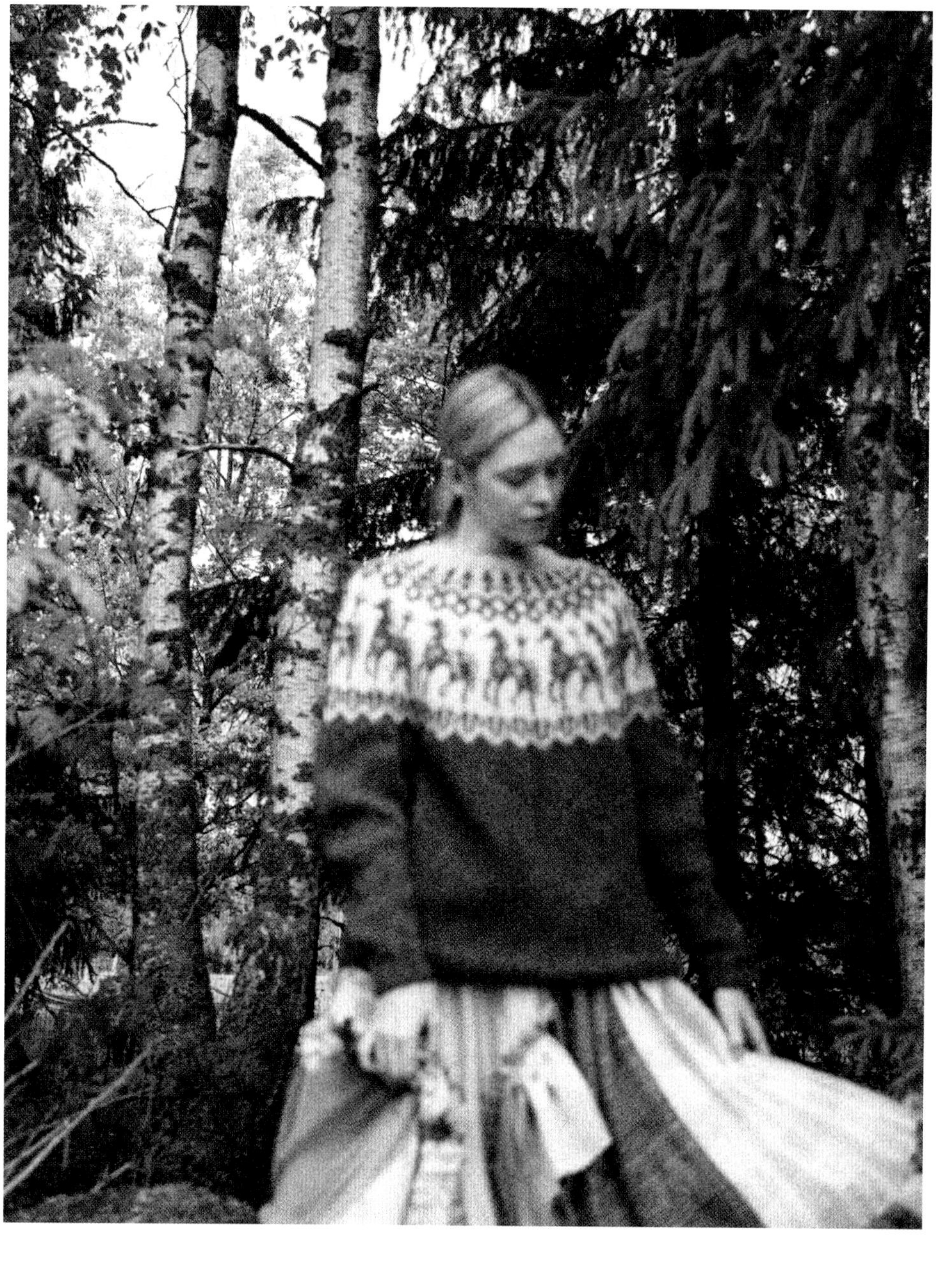

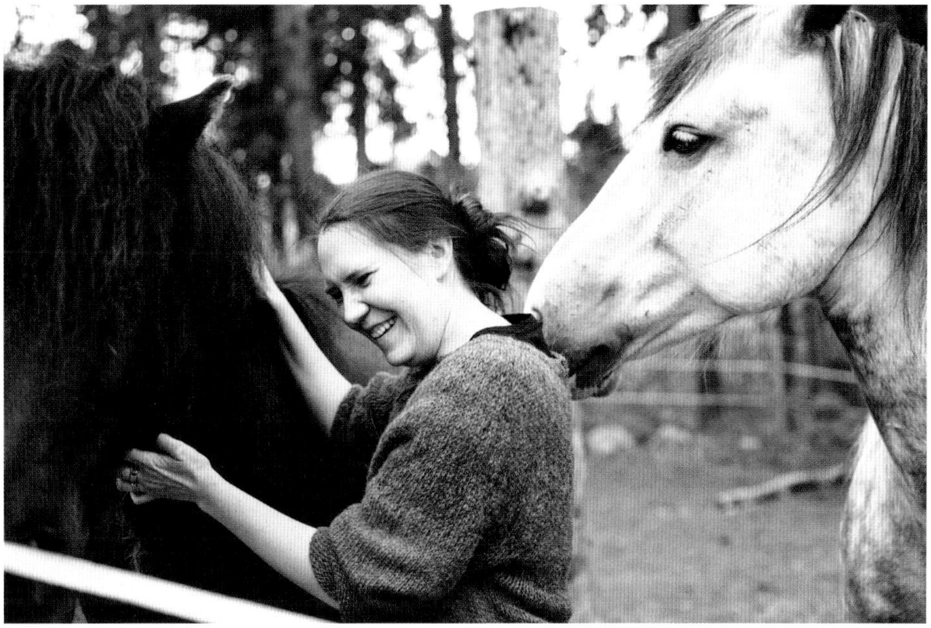

DANK

Dieses Buch würde ohne die Teststrickerinnen, die Unterstützung und den Zuspruch, den ich von meiner Strick-Community bekommen habe, und der Hilfe und Fachkompetenz verschiedener Wollladenbesitzer*innen nicht existieren. Vielen Dank an meine Teststrickerinnen, die Studentinnen des Somero opisto, an Vuonue, Jalovilla, IloFinland, Käsityökupla, Kässäkerho PomPom, Titityy, Kässäpuoti, Kaaraman Lankastudio und alle anderen, die mir geholfen haben, das bestmögliche Garn für die Modelle in diesem Buch zu finden.

Danke an das Komitee für öffentliche Information und den Verband der finnischen Sachbuchautor*innen für die finanzielle Unterstützung bei meinen Forschungen.

Danke auch an Tuija Sulisalo für das technische Lektorat meiner bereits veröffentlichten Strickmuster und an Pauliina Kuunsola bei Laine Publishing für die Sorgfalt (und Geduld), die beim Korrekturlesen der Anleitungen für dieses Buch nötig waren. Ich kann leider nicht versprechen, in Zukunft richtig zu zählen. Doch zumindest weiß ich, wo ich meine Fehler am ehesten suchen muss. Danke an alle Laine-Mitarbeitenden, dass ihr dieses ehrgeizige Projekt möglich gemacht habt.

Silja, vielen lieben Dank, nicht nur dafür, dass du mehrere Pullover für dieses Buch gestrickt hast, sondern auch dafür, dass du dir all meine verrückten Ideen geduldig angehort und mich dazu ermutigt hast, sogar jene in Angriff zu nehmen, die zu Beginn absolut keinen Sinn ergaben.

Danke an meinen Mann für seine Geduld, der unfertige Projekte im Kühlschrank, Badezimmer, in unserem Auto und an anderen unerwarteten Orten gefunden hat. Ich weiß, dass Strickarbeiten in den Garnkorb gehören, aber …

REFERENZEN

VORWORT

1 Koskennurmi-Sivonen, Ritva. Neulomisen perusteet, Helsingin yliopiston käyttäytymistieteiden tiedekunta, kotitalous- ja käsityötieteiden laitos, 2009.
2 Ervola, Aura. Suomalaisen neuleen aika [Master-Arbeit, Online-Publikation], Metropolia University of Applied Sciences, 2017, S. 13. Siehe auch Almay, Mirja & Luutonen, Marketta & Mitronen, Kyllikki. Sydä men lämmittä jiä ja tikkuripaita, Tammi, 1993.
3 Rauhala, Anna. Neulonnan taito [Dissertation], The Finnish Antiquarian Society, ethnographische Sammlung, Universität von Helsinki, 2019, S. 49-52.
4 Ervola, Aura. Suomalaisen neuleen aika [Master-Arbeit, Online-Publikation], Metropolia University of Applied Sciences, 2017, S. 18-19.
5 Rauhala, Anna. Neulonnan taito [Dissertation], The Finnish Antiquarian Society, ethnographische Sammlung, Universität von Helsinki, 2019, S. 68.
6 EZ.B. Piilola Tiina. Kalevalan naiset, Kustantamo S&S, 2019.
7 Karelien ist ein sowohl in Finnland als auch in Russland gelegenes ethno-geographisches Gebiet.
8 Z.B. Kuusi, Matti. Zusammenfassung von Matti Kuusis Missä Kalevala on syntynyt?, Finnische Literaturgesellschaft SKS, 1978.
9 Z.B. Pöllä, Matti Vienan Karjalan etnisen koostumuksen muutokset 1600-1800 IuvuIIa, Finnische Literaturgesellschaft SKS, 1995.
10 Z.B. Hästesko, F.A. Länsisuomalainen loitsurunous, Suomalaisen kirjallisuuden seuran toimituksia 161, Finnische Literaturgesellschaft SKS, 1918.
11 https://skvr.fi
12 Karkama, Pertti. *Kalevala kansalliseepoksena: Kalevalan kulttuurihistoria*, Kalevalaseura, 2008.
13 Z.B. Haapoja-Mäkelä, Heidi *Silencing OVS voice? On Cultural Appropriation and Alleged Finnishness of Kalevalaic Runo singing*, Etnologia Fennica 47 [Online-Publikation], 2020. Und Anttonen, Pertti. „Kalevala ja suomalaisuus". *Kalevala-lipas*, Finnische Literaturgesellschaft SKS, 1999, S. 307-319.
14 Aro, Laura. „Identiteetti ja perinne". *Kulttuurin muuttuvat kasvot – johdatusta etnologiatieteisiin*, Finnische Literaturgesellschaft SKS, 1999, S. 186.
15 Vgl. Rauhala, Anna, 2019, S. 21: Talve, Ilmar. Suomalainen kansatiede: Tähänastista kehitystä ja tulevaisuuden tehtäviä, Universität Åbo, 1963.

MAAILMAN SYNTY / DIE ENTSTEHUNG DER WELT

16 Z.B. Siikala, Anna-Leena. *Itämerensuomalaisten mytologia*, Finnische Literaturgesellschaft SKS, 2014, S. 154.
17 Siikala, Anna-Leena. *Itämerensuomalaisten mytologia*, Finnische Literaturgesellschaft SKS, 2014, S. 291.
18 Z.B. Oja, Heikki. *Riimut – Viestejä viikingeiltä*. Finnische Literaturgesellschaft SKS, 2020. Oder Paasio, Harri. *Riimut – Viikinkien oraakkeli*, Delfiini kirjat, 2001.
19 https://koitadesign.fi/mika-on-kukkilintu, April 7, 2022.

SUOLAULU / DAS MOORLIED

20 Knuuttila Seppo. „Sankarien varjot". *Kalevalan hyvät ja hävyttömät*, Finnische Literaturgesellschaft SKS, 1999, S. 13-14.
21 Siikala, Anna-Leena. *Itämerensuomalainen mytologia*, Finnische Literaturgesellschaft SKS, 2014, S. 253–255.

KULTAINEN KÄKI / DER GOLDENE KUCKUCK

22 Piilola Tiina. *Kalevalan naiset*, Kustantamo S&S, 2019, S. 88.
23 Piilola, Tiina. *Kalevalan naiset*, Kustantamo S&S, 2019, S. 65–67. Auch: Hämäläinen, Niina. *Aino-runo ja sen taustat*, April 7, 2022: http://aino.finlit.fi/omeka/ohjeet/taustaa.
24 Kaski, Liisa. *Myyttiset eläimet – Tarua ja totta eläinten mahdista*, Finnische Literaturgesellschaft SKS, 2019, S. 128–313.

JOUKAHAINEN

25 Z.B. Anna-Leena Siikala. *Suomalainen samanismi*, Finnische Literaturgesellschaft SKS, 1999.
26 Knuuttila, Seppo. *Joukahainen*, Kansallisbiografia-verkkojulkaisu, Studia Biographica 4, Helsinki: Finnische Literaturgesellschaft SKS, 1997. April 7, 2022.

POHJOLAN EMÄNTÄ / DIE HERRIN DES NORDLANDS

27 Vakimo Sinikka. „Louhi – sopimaton nainen". *Kalevalan hyvät ja hävyttömät*, Finnische Literaturgesellschaft SKS, 1999, S. 56–57.
28 Siikala, Anna-Leena. *Itämerensuomalainen mytologia*, Finnische Literaturgesellschaft SKS, 2014, S. 291–292.
29 Vakimo Sinikka. „Louhi – sopimaton nainen". *Kalevalan hyvät ja hävyttömät*, Finnische Literaturgesellschaft SKS, 1999, S. 64–65.
30 Vakimo Sinikka. „Louhi – sopimaton nainen". *Kalevalan hyvät ja hävyttömät*, Finnische Literaturgesellschaft SKS, 1999, S. 59.

POHJOLAN NEITO / DIE JUNGFRAU DES NORDLANDS

31 Siikala, Anna-Leena. *Itämerensuomalainen mytologia*, Suomalaisen kirjallisuuden seura, 2014, S. 220 und S. 287–289.
32 Siikala, Anna-Leena. *Itämerensuomalainen mytologia*, Suomalaisen kirjallisuuden seura, 2014, S. 220 und S. 301–302.
33 Molarius, Päivi. „Tavoiteltu ja vierottu Pohjolan tytär". *Kalevalan hyvät ja hävyttömät*, Finnische Literaturgesellschaft SKS, 1999, S. 135–136.
34 Piilola Tiina. *Kalevalan naiset*, Kustantamo S&S, 2019, S. 130.

SAARI

35 Ganander, Christfrid. *Mythologia Fennica -1789*, Salakirjat, 2016, S. 135.

KYLLIKKI

36 Z.B. Piilola Tiina. *Kalevalan naiset*, Kustantamo S&S, 2019. Siehe auch: Kupiainen, Tarja. „Kyllikki – moderni nainen". *Kalevalan hyvät ja hävyttömät*, Suomalaisen Kirjallisuuden Seuran Toimituksia 746, Finnische Literaturgesellschaft SKS, 1999, S. 148–156.

37 Virtanen, Leea. *Suomalainen kansanperinne*, Finnische Literaturgesellschaft SKS, 1999, S. 119–121
38 Piippo, Sinikka. *Mielen ja rakkauden kasvit*. Wsoy, 2006, S. 147–149.

TUONEN KARHU / DER BÄR VON TUONI

39 Z.B. Hako, Matti. *Kansanomainen lääkintätietous*, Suomalaisen Kirjallisuuden Seuran Toimituksia 229: 4 Osa, Finnische Literaturgesellschaft SKS, 1957.
40 Kaski, Liisa. *Myyttiset eläimet – Tarua ja totta eläinten mahdista*, Finnische Literaturgesellschaft SKS, 2019, S. 76–79.
41 Talve, Ilmar. *Suomen kansankulttuuri*, Finnische Literaturgesellschaft SKS, 1979, S. 263.

POHJOLA

42 Z.B. Setälä, Emil Nestor. *Sammon arvoitus*, Kirjaparoni 2010, 1932.
43 Siikala, Anna-Leena. *Itämerensuomalainen mytologia*, Finnische Literaturgesellschaft SKS, 2014, S. 168–171.

ANNA HUOLIA HEVOSEN / LASS DAS PFERD DEINE GROSSE LAST TRAGEN

44 Honko, Lauri. *Itkuvirsirunous*, Suomen kirjallisuus I, Finnische Literaturgesellschaft SKS, 1963, S. 81–128. Und: Talve, Ilmar. *Suomen kansankulttuuri*, Finnische Literaturgesellschaft SKS, 1979, S. 281–282.
45 Hjelt Marjut. *Tarujen hevoset – Aavehevosesta yksisarvisiin*, Karisto, 2019.
46 Z.B. Oja, Heikki. *Riimut – Viestejä viikingeiltä*, Finnische Literaturgesellschaft SKS, 2020. Und: Paasio, Harri. *Riimut – Viikinkien oraakkeli*, Delfiini kirjat, 2001.

KULTANEITO / DIE GOLDENE JUNGFRAU

47 Hakamies, Pekka. „Ilmarinen ja sepän sankaruus". *Kalevala ja laulettu runo*, Finnische Literaturgesellschaft SKS, 2004, S. 69–82.
48 Lesell, Kreetta & Meriluoto, Marjo & Raninen, Sami. *Tursiannotko*, Tutkimuksia hämäläiskylästä viikinkiajalta keskiajalle, Tampereen museoiden julkaisuja 148, 2017, S. 109-110.

IKU-TURSO

49 Ganander, Christfrid. *Mythologia Fennica -1789*, Salakirjat, 2016, S. 154. Siehe auch: Heikkilä, Mikko. *Birkan koivut vai Saksan karhu hiiden ja vesihiiden naapurina Pirkkalankylässä?*, Pirkan maan alta 15, Tampereen museot – Pirkanmaan maakuntamuseo, 2018.

BIBLIOGRAFIE

Zitate aus dem Kalevala

Anton Schiefner *Kalewala, das Nationalepos der Finnen (Übersetzung), 1852.*

Hämäläinen, Niina & Holopainen, Reeta & Luhtala, Marika & Saarelainen, Juhana & Sykäri, Venla. *Avoin Kalevala*. Kansalliseepoksen digitaalinen, kriittinen editio. Osa I. Finnische Literaturgesellschaft SKS, Helsinki, 2019: ISSN 2490-1318.

BÜCHER

Almay, Mirja & Luutonen, Marketta & Mitronen, Kyllikki. *Sydämen lämmittäjiä ja tikkuripaita, Tammi*, 1993.

Laura Aro. *Identiteetti ja perinne teoksessa Kulttuurin muuttuvat kasvot – johdatusta etnologiatieteisiin*. Finnische Literaturgesellschaft SKS, 1999.

Ganander, Christfrid. *Mythologia Fennica* (1789), *Salakirjat, 2016.*

Haavio, Martti. *Suomalainen mytologia, Werner Söderström Osakeyhtiö, 1967.*

Hakamies, Pekka. „Ilmarinen ja sepän sankaruus". *Kalevala ja laulettu runo*, Finnische Literaturgesellschaft SKS, 2004.

Hako, Matti (editor). *Kansanomainen lääkintätietous, Suomalaisen kirjallisuuden seuran Toimituksia 229: 4 Osa*, Finnische Literaturgesellschaft SKS, 1957.

Hjelt, Marjut. *Tarujen hevoset – Aavehevosesta yksisarvisiin*, Karisto, 2019.

Honko, Lauri. *Itkuvirsirunous*, Suomen kirjallisuus I, Finnische Literaturgesellschaft SKS, 1963.

Hästesko, F. A. *Länsisuomalainen loitsurunous, Suomalaisen kirjallisuuden seuran toimituksia 161*, Finnische Literaturgesellschaft SKS, 1918.

Kaski, Liisa. *Myttiset eläimet – Tarua ja totta eläinten mahdista*, Finnische Literaturgesellschaft SKS, 2019.

Knuuttila Seppo. „Sankarien varjot". *Kalevalan hyvät ja hävyttömät*, Finnische Literaturgesellschaft SKS, 1999.

Koskennurmi-Sivonen, Ritva. *Neulomisen perusteet*, Helsingin yliopiston käyttäytymistieteiden tiedekunta, kotitalous- ja käsityötieteiden laitos, 2009.

Kupiainen, Tarja. „Kyllikki – moderni nainen". *Kalevalan hyvät ja hävyttömät, Suomalaisen Kirjallisuuden Seuran Toimituksia 746*, Finnische Literaturgesellschaft SKS, 1999.

Lesell, Kreetta & Meriluoto, Marjo & Raninen, Sami. *Tursiannotko*, Tutkimuksia hämäläiskylästä viikinkiajalta keskiajalle, Tampereen museoiden julkaisuja 148, 2017.

Lönnrot, Elias. *Kalevala* (1849), Finnische Literaturgesellschaft SKS, 2005.

Molarius, Päivi. „Tavoiteltu ja vierottu Pohjolan tytär". *Kalevalan hyvät ja hävyttömät*, Finnische Literaturgesellschaft SKS, 1999.

Oja, Heikki. *Riimut – Viestejä viikingeiltä*, Finnische Literaturgesellschaft SKS, 2020.

Paasio, Harri. *Riimut – Viikinkien oraakkeli, Delfiini kirjat*, 2001.

Piilola Tiina. *Kalevalan naiset, Kustantamo S&S*, 2019.

Piippo, Sinikka. *Mielen ja rakkauden kasvit*, Wsoy, 2006.

Setälä, Emil Nestor. *Sammon arvoitus* (1932), Kirjaparoni, 2010.

Siikala, Anna-Leena. *Itämerensuomalaisten mytologia*, Finnische Literaturgesellschaft SKS, 2014.

Siikala, Anna-Leena. *Suomalainen samanismi*, Finnische Literaturgesellschaft SKS, 1999.

Talve, Ilmar. *Suomen kansankulttuuri* (1979), Finnische Literaturgesellschaft SKS, 2012.

Vakimo, Sinikka. „Louhi - sopimaton nainen". *Kalevalan hyvät ja hävyttömät*, Finnische Literaturgesellschaft SKS, 1999.

Virtanen, Leea. *Suomalainen kansanperinne*, Finnische Literaturgesellschaft SKS, 1999.

ONLINE-QUELLEN

Crawford, John Martin. *Kalevala (translation), 1888: https://www.sacred-texts.anschlm/neu/kveng/kvtoc.htm*

Heikkilä, Mikko. Birkan koivut vai Saksan karhu hiiden ja vesihiiden naapurina Pirkkalankylässä?, Pirkan maan alta 15, Tampereen museot - Pirkanmaan maakuntamuseo (2018), 8. April 2022: https://issuu.anschlm/vapriikki/docs/pma_17_nettiversio

Ervola, Aura. Suomalaisen neuleen aika, Metropolia University of Applied Sciences (Thesis, 2017), 11. April 2022: https://www.seus.fi/bitstream/handle/10024/130152/Ervola_Aura.pdf?sequence=1

Kalevala: Laulut Kalevalan takana, Suomalaisen kirjallisuuden seura, 11. April 2022: http://nebu.finlit.fi/kalevala/index.php?m=11&s=38&l=1

Hämäläinen, Niina & Katajamäki, Sakari & Niku, Maria. Kalevalan Aino, Finnische Literaturgesellschaft SKS (2017), 7. April 2022: http://aino.finlit.fi/omeka/ohjeet/taustaa

Karkama, Pertti. „Kalevalan kulttuurihistoria". Kalevala kansalliseepoksena. Kalevalaseura (2008), 11. April 2022: https://kaku.kalevalaseura.fi/kalevala-kansalliseepoksena/

Knuuttila, Seppo. Joukahainen, Kansallisbiografia-verkkojulkaisu, Studia Biographica 4, Finnische Literaturgesellschaft SKS (1997), 7. April 2022: http://urn.fi/urn:nbn:fi:sks-kbg-005429

Koita Design, 7. April 2022: https://koitadesign.fi/mika-on-kukkilintu

Kuusi, Matti. Summary of Matti Kuusi's Missä Kalevala on syntynyt?, Finnische Literaturgesellschaft SKS (1978), 11. April, 2022: http://web.archive.org/web/20041103164118/http://www.muhos.fi/koivujatahtipaivat/missa_kalevala_on_syntynyt.htm

Rauhala, Anna. Neulonnan taito, The Finnish Antiquarian Society, ethnographische Sammlung (sis, 2019), 11. April 2022: http://urn.fi/URN:ISBN:978-952-6655-15-4

Suomen Kansan Vanhat Runot -tietokanta SKVR: https://skvr.fi

WEITERFÜHRENDE LITERATUR (AUF ENGLISCH)

Apo, Satu & Nenola, Aili & Stark-Arola, Laura. *Gender and folklore: perspectives on Finnish and Karelian culture, Finnische Literaturgesellschaft SKS,* 1998.

Brooks, Kaarina. *Kalevala (translation), Wisteria Publications,* 2020 & 2021.

Crawford, John Martin. *Kalevala (translation), 1888: https://www.sacred-texts.anschlm/neu/kveng/kvtoc.htm*

Honko, Lauri. *Kalevala and world's traditional epics, Studia Fennica, Finnische Literaturgesellschaft SKS,* 2002.

Järvinen, Irma-Riitta. *Kalevala guide, Finnische Literaturgesellschaft SKS,* 2017.

Kuusi, Matti & Abksley, Keith & Branch, Michael. *Finnish folk poetry 1977*, Suomalaisen kirjallisuuden seura.

Magic Songs of the Finns 1896, Salakirjat, 2011.

Mäkinen, Kirsti & Brooks, Kaarina & Surojegin, Pirkko-Liisa. *Kalevala – Tales of magic and adventure, Simply Read Abkoks,* 2009.

Oinas, Felix J. *Studies in Finnic folklore: homage to Kalevala, Finnish Liteature Society SKS,* 1985.

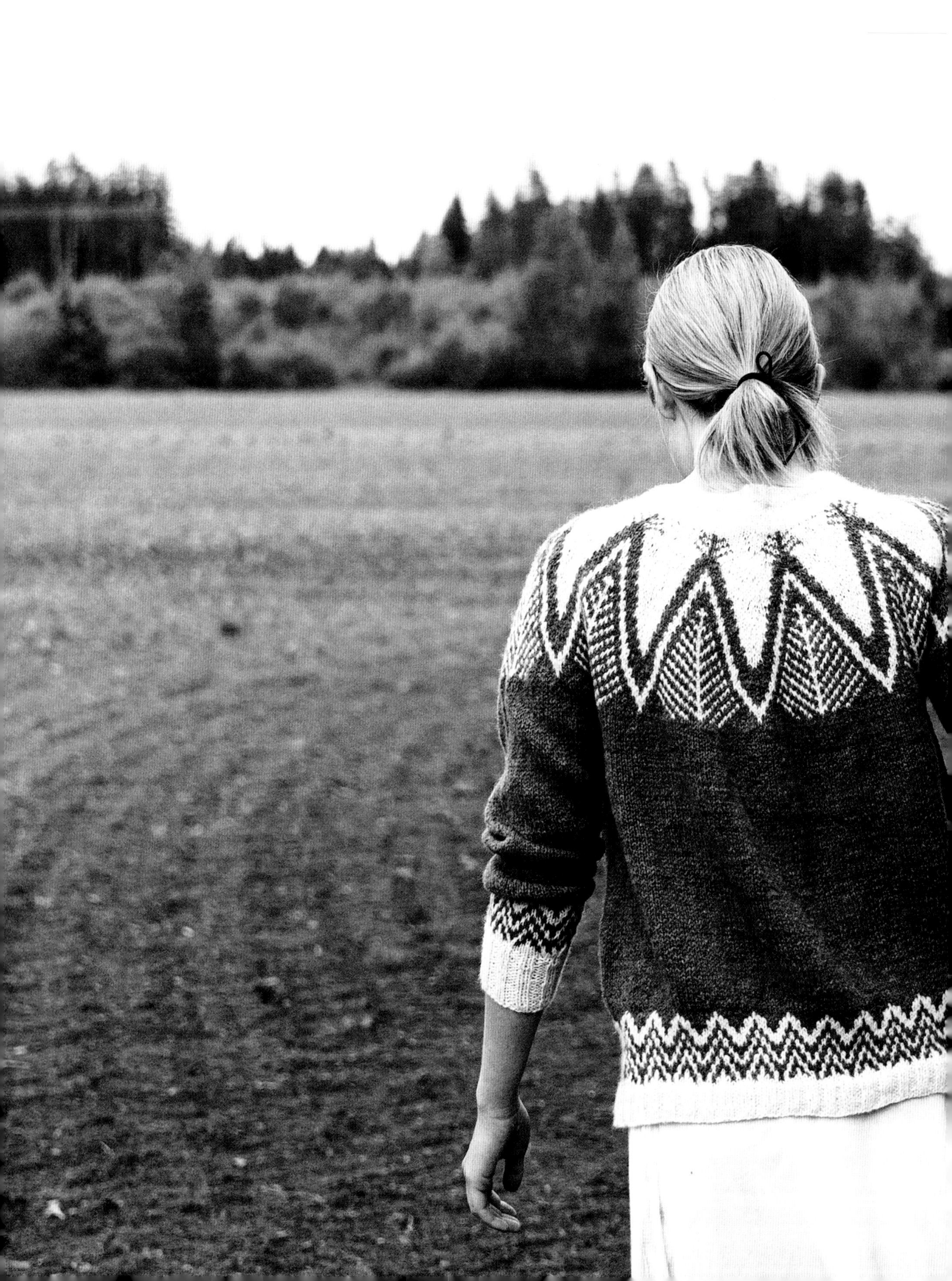

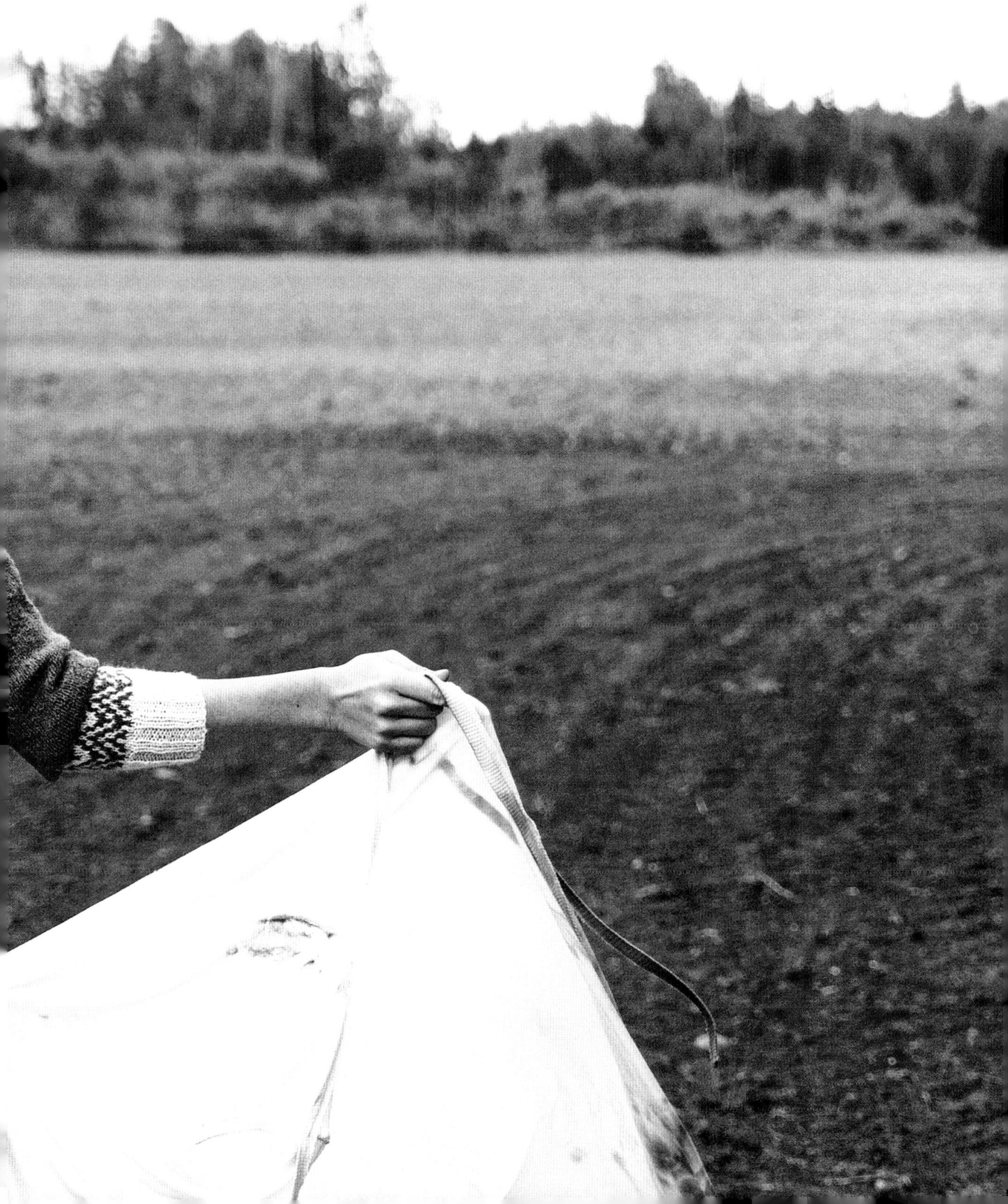